孩子从来不是被说服的

著名心理学专家的育儿经验

王莲君
朱彤彤

著

天津出版传媒集团

天津人民出版社

图书在版编目（CIP）数据

孩子从来不是被说服的 / 王莲君，朱彤彤著 . -- 天津 : 天津人民出版社 , 2021.1
ISBN 978-7-201-16666-7

Ⅰ . ①孩… Ⅱ . ①王… ②朱… Ⅲ . ①儿童教育—家庭教育 Ⅳ . ① G782

中国版本图书馆 CIP 数据核字（2020）第 223322 号

孩子从来不是被说服的

HAIZI CONG LAI BU SHI BEI SHUO FU DE

王莲君　朱彤彤　著

出　　版　天津人民出版社
出 版 人　刘　庆
地　　址　天津市和平区西康路 35 号康岳大厦
邮政编码　300051
邮购电话　（022）23332469
电子信箱　reader@tjrmcbs.com

责任编辑　郭晓雪
特约编辑　丁　兴
装帧设计　艺琳设计
责任校对　余艳艳

制版印刷　三河兴达印务有限公司
经　　销　新华书店
开　　本　710 毫米 × 1000 毫米　1/16
印　　张　16.5
字　　数　260 千字
版次印次　2021 年 1 月第 1 版　2021 年 1 月第 1 次印刷
定　　价　56.00 元

不说服，被尊重的孩子才讲理

王莲君

你想养出一个独立的孩子吗？

当然。

你想养出一个听话的孩子吗？

当然。

醒醒吧，你在痴心妄想。

独立和听话，本身就是一对矛盾体。独立的本质是有自我的思考、决定、负责能力，它的核心是自我。而听话是听谁的话？毫无疑问，你的。所以听话的孩子要放弃自我，听从你的声音。没有了自我，孩子怎么独立？

有趣的是，很多父母无视这个矛盾，乐此不疲地努力着，希望自己的孩子是一个特例。而父母惯用的手法，就是说服。说服没有打骂那么激烈，我们常认为它不会压制孩子的自我。同时，说服又能让孩子听话。这样很自然的说服就受到了青睐。

可是在说服里，有人说，有人服，就有人赢，有人输。你想成为输的那个人吗？如果你摇头了，那就只有孩子输。然而，从本性上来说，孩子也不愿意输。所以说服的结果：要么是孩子妥协，违心地让自己输。要么孩子不听话，死活不认输，把我们气个半死。

　　说服经常搞得两败俱伤，但我们却死心不改，总是不自觉要说服孩子。为什么？这里面有我们的骄傲自大，更有我们的害怕失控。

　　在说服这件事儿上，我深受其害，又不知不觉让我的孩子也深受其害。我母亲能说出很正能量的道理，但是年纪越大，我越反感这些道理。比如，她会说："情绪是心魔。"在我没有思辨能力的时候接受了这个观点，成了一个没脾气的人。但我常发现有内心的纠结，在工作上和同事有了摩擦，我明明有情绪，却不让自己发火，还自我安慰"一切都是身外物"。可是，心里却忍不住愤愤不平。后来学了心理学，再看自己，发现自己从来没有完整过：我不接受会生气的自己，内心是分裂的。于是我从乖乖女变成了叛逆者。曾经让我服气的道理，后来都成了我打倒的对象。

　　轮到教育自己的儿子小九时，我却不自觉成了一个道理库，面对这个"无知"的小家伙，我总有一堆道理：早饭吃得要像皇帝，缺少蛋白质可不行，来，吃鸡蛋。春捂秋冻，来，多穿点。早睡早起身体好，九点了，赶快上床……说这些话时内心有莫名的骄傲"瞧，我是正确的……"孩子有时会反问："我喝豆浆，也是蛋白质，为什么还要吃鸡蛋？""这两种蛋白质不一样，人体需要丰富的蛋白质。"小家伙懵懵懂懂说不过我，只好不情愿地把鸡蛋塞进嘴里。我得承认，我喜欢这种"赢"的感觉，这让我感到一切是顺利的。相反，如果哪天没有说服儿子，我就会觉得很不顺，甚至怨恨他：怎么这么不听话？有一天儿子放学，我拿着跳绳对他说："走，陪你跳绳去。""我不想去。""小孩子经常运动身体好。""我就是不想去，要去你去。"我开始用各种方式威逼利诱，但儿子的回答始终都是："要去你去，反正我不去。"我当时真有冲动直接骂他一顿，把他拎到楼下去。但最后我还是一个人出门了。为什么我会对他不下楼跳绳这么生气？我问自己。深层次觉察，发现是我把对小九爸爸健康的恐惧投射到了他身上。小九爸爸爱美食却不爱运动，三十三岁就得了冠心病，这让我对小九的运动格外看重。而当他宅在沙发上时，内心的恐惧就让我失控，觉得儿子的生活没有安排好，想方设法要让他起来动一动，却没有意识到我在控制他对生活的安排。

很多时候，我们不敢尊重孩子，给他平等权，也是因为自大和恐惧。如果我们敢试一试，尊重孩子是独立个体，给他平等的选择权、决策权。我们会惊奇地发现，孩子并不是蛮不讲理的，相反是很讲道理的。就像小九喜欢吃冰激凌，有一天，他拿到了自己的零花钱：五块钱。他问我："零花钱是我的，我就有权支配它吧？"我有种不好的预感，万一他买乱七八糟的东西怎么办？但我还是决定大胆点，就对他点点头。他高兴地拿着钱就进了超市，买了一小盒冰激凌。要知道，当时刚下完雪，气温是零下。他回到家，拿勺子吃了三勺，然后就把冰激凌冻起来了，说明天再吃。看，孩子是不是很讲理？

这本书由我和朱彤彤老师合作完成：前四章是我写的，后四章由朱老师执笔，其中，有很多我在教育儿子小九过程中摸索出的经验，也有我和朱彤彤老师作为亲子讲师积累的技巧。不说服孩子，还要让孩子服气，不容易，希望我和朱彤彤老师分享的方法能帮助到你。

在此，特别感谢王彦老师在我和朱彤彤老师写作过程给予的培训和指导，没有他，这本书很难和大家见面。也感谢我的家人们，是你们的支持和陪伴让我耐住寂寞完成了这本书。再读内容，一切很值得。

愿所有的孩子都能得到理解和爱

朱彤彤

若干年前，我还坐在法学院的课堂中。后来慢慢发现，人的心理是我更感兴趣的东西，于是远赴重洋，从头开始。经历了地狱般的德语学习和几年异国他乡的折磨，拿到了硕士学位。在德国文化和教育的影响下，我开始对中国家庭对子女的教育方式进行深入的分析和思考。

虽然我回国之后一直从事教育工作，但是四年的法学资本也并没有浪费。我可以用法律的思维看事情，从心理的角度看人心。法律更重视逻辑，关注事件、关注什么事情不能做。因为法律没有规定违法的事情，理论上都是不违法的，所以我们只要记得哪些事情是违法的、不能做就可以。而心理学则不同。心理学关注人、关注什么事情可以做。只要能够促进人的成长和发展的事情，都是可以做的，也就是说，心理学需要找方法做事。

心理与法学也有很多共同点，我们可以依法治国，当然也能依"法"治家。

教育是积德行善的行业，我希望用自己的一点微光，去点亮更多的家庭。让更多的孩子得到理解，而不是被误解，让他们在爱与理解的呵护中释放天性。

每个孩子都是第一次当孩子，他们从出生就开始学习做人、做事。能不能当一个好孩子，全看家长如何对待，因为他们学习的对象就是父母。就像一颗种子被种到土里，能不能发芽、开花、结果，依赖天时地利人和。而人会利用天时和地利，什么时候种，种在哪里，怎么种，都是由人决定的，所以人和是最重要的因素。科学界一直在讨论遗传和环境对人的影响，孰轻孰重？其实这个影响是交互的。一个孩子天生具有抑郁的易感基因，他生活在什么样的家庭中，父母如何对待他将产生截然不同的影响。如果他得到父母全心全意的爱、理解和支持，他完全可以不受抑郁易感基因的影响，正常地生活而不发病。

每个家长都是第一次当家长，而且因为家长曾经当过孩子，那么更应该知道对于孩子来说，什么样的家长是好家长：理解孩子、有耐心、宽容而不纵容。所以家长也不能停止学习，静下心来，孩子会教你做一个好家长。

感谢与我合著本书的王莲君老师。我真心认为她与我是处于两地的相通的灵魂。感谢王彦老师给予我们诸多帮助，才能让本书顺利出版。感谢我的妈妈。我爱她。她对我的教育，我会传承给我的孩子和我爱的学生们。

本书既是一本指南，也是我们的一个心愿。作家马克斯·苏萨克说："有时，人们之所以美丽，不在于外观，不在于言辞，只在于他们原原本本的样子。"愿父母全心帮助孩子成为他们原原本本的样子。很美好！

目　录
C O N T E N T S

Part 6　用家庭规则培养良好家教

Part 7　从有爱客观的观察开始

Part 8　我要和孩子站在同一阵营

Part 1

为什么给他讲了那么多大道理，就是不听？

　　父母爱讲道理，孩子却不爱听道理。道理到底是什么？怎么讲，孩子才听得进去？我们以理解层次模型为理论基础，用生动的成长故事，让你看到道理从哪儿来，该如何跟孩子讲道理。

　　从心法上，为你总结了四层允许：一是允许孩子和我们不一样，二是允许孩子和我们一样，三是允许孩子和其他孩子不一样，四是允许孩子和其他孩子一样，让你知道如何与孩子平等对话。

　　从技法上，为你总结了：不讲道理讲故事的方法；先跟后带，让孩子自己面对问题的方法；讲道理能直指内心的三个技巧等，让你看清问题并找到出路。

父母讲的大道理究竟是什么？

小时候，我印象最深的一次被打，发生在家里的菜地。那天妈妈锄地，给我一些玉米粒让我帮忙播种。我很惊奇：这么小的种子，竟然能长成高高的"玉米树"！请理解，在一个孩子看来，玉米秆子那么高，就是树。我陷在自己的惊奇里，又产生了很多美好的突发奇想：如果我把玉米粒撒成一朵花，长大的玉米树林，会不会是花的形状？这么想，我也这么干起来，东撒一把，西撒一把。但这种愉快的劳动很快就被妈妈呵斥阻止了："干活不是玩！浪费是可耻的！种子要一行一行地撒！"我很不服气，心里产生无数疑惑："为什么干活不能是玩？什么是浪费？撒种子为什么要一行行的？"我把心里话说出来，却激怒了妈妈，最后在菜地里被结结实实打了一顿。

到今天，我仍然不明白："为什么干活不能是玩？"我依然把自己要干的活儿当成游戏来玩。妈妈讲了道理，甚至还动用了武力，最后我也没有听，仍然按自己的方式来。

等我长大，成为一名亲子讲师，看到很多孩子跟我一样，无论父母怎样讲道理，就是不听。

"出门多穿点……"父母不断唠叨着，可是等他们看不见了，我们想怎么穿就怎么穿，完全没把他们的话放心上。

"上课认真听讲，多举手回答问题……"可是，到了课堂上，我们还是心不在焉，甚至梦周公去了。

"女人关键是找个好老公……"结果，我们快乐地单身着，三十五岁了，也没有要成家的想法。

爱讲道理，大约是中国父母的共同爱好；不听道理，却是中国孩子的共同抵抗。

父母都爱讲道理，那么道理到底是什么？

《辞海》告诉我们，道理是事情的真理。

可父母的道理，是真理吗？

我的朋友林娇是个乖乖女，高中毕业后，父母让她找了份"稳定"的工作：在一家国营酒店上班。日子朝九晚五，下班回家逛街、打游戏、看电视。结果，去年政府机构改制，单位第一批裁员，林娇年近四十，身无一技之长，就这样被淘汰了。图稳定是父母的道理，却不是社会的法则。

如果你是一个女孩，不知道会不会遇到这样的爸妈？小时候，爸妈对你说："女孩子，要争气，男人靠不住，还是要自己独立。"长大了，你读研考博，爸妈对你说："女孩子，学历、事业都是浮云，关键是嫁个好老公。"如果父母讲的是真理，这个真理怎么变得这么快？

可见，父母的道理与真正意义上的道理不一样，父母的道理其实是他们的信念。提到信念，就要说说NLP[①]界的大师罗伯特·迪尔茨，他根据人类学家格里戈里·贝特森提出的理论整理出理解层次模型（如图1-1）。根据这个模型，所有事情都可以通过六个层次进行描述和理解，它们是：环境、行为、能力、信念与价值观、身份、精神。用理解层次看父母的道理，就变得很简单。

---

①　NLP是神经语言程序学（Neuro-Linguistic Programming）的英文缩写，香港NLP名师李中莹认为NLP是研究我们大脑如何工作的学问。NLP的创立归功于两位美国人：理查·班德勒和约翰·葛瑞德。

図内容:

精神

身份

信念与价值观

能力

行为

环境

图1-1　罗伯特·迪尔茨的理解层次模型

经典的案例是：一个孩子成绩不好，父母可以用这六个层次来解释：

第一层，环境归因——学校教得不好；

第二层，行为归因——孩子不努力；

第三层，能力归因——孩子学东西慢；

第四层，信念与价值观归因——孩子认为学习不重要；

第五层，身份归因——这孩子不是学习的料；

第六层，精神归因——孩子一生有独特的使命。

无论是哪个层次的解释，背后都是家长的信念。而家长说的道理，其实就是信念的外显。

而这些信念从哪儿来？搞清楚了这个问题，我们就了解了道理从哪儿来。

父母嘴里这么多大道理，都是从哪儿来的？

你能立刻想起的父母经常说的道理是什么？

小时候，可能是"乖，听话，不要乱跑……"

上学了，住校了，可能是"听老师的话，好好学习，按时吃饭，注意身体……"

毕业了，成家立业时，可能是"找个稳定的工作（或伴侣）……"

父母说这些话时，你的大脑中会不会冒出无数个为什么？为什么不能乱跑？为什么一定要按时吃饭？为什么找稳定的工作？可父母很少想为什么，因为他们被自己的父母和所处的社会同化了。每一代人都会被上一代灌输一些信念，这些信念一开始往往是对的，是有保护作用的。于是，在代代相传中，这些信念成为道理被人们无条件的遵循。后来者不知道道理存在的原因，变成了盲目服从。然而，时过境迁，不变的道理遇到变迁的时代，不但没有帮到人，反而成了约束。心理学上一个著名的实验说明了这一点：

心理学家把五只猴子关到一个笼子里，上面挂一串香蕉，并安装一个自动监测装置。一旦有猴子要去拿香蕉，自动监测装置就会控制水龙头向笼子喷水，所有猴子都会挨淋。

一开始，有只猴子去拿香蕉，结果所有猴子遭殃了。之后每只猴子去尝试，发现都是这样的结果。于是，猴子们达成一个共识：拿香蕉要遭殃。

后来，实验人员把其中一只猴子释放，换入一只新猴子A。A看到香蕉，想去拿，结果被剩下四只猴子狂揍一顿。这样反复几次后，A不再试图拿香蕉。

之后，又分别换入了新猴子B、C、D、E，经过上面的操作，新的这五只猴子都不再试图拿香蕉了。

来深度分析这个实验，可以看出信念的四个来源：

实验中，旧猴子们自己去拿香蕉，结果挨淋，它们是从亲身经验里知道了"拿香蕉要遭殃"。这是信念的第一个来源，叫自己的亲身经验。新来的D猴，看到C猴想拿香蕉就被打，于是D猴就乖乖不去尝试了。这说明信念的第二个来源是观察他人的经验。旧猴子群殴新猴子，灌输给新猴子"香蕉不能拿"的道理。新猴子接受了，就是接受了他人的灌输。这是第三个来源，即接受信任他人的灌输。实验中，新来的E猴，看到香蕉，再看大家都不去拿，而且靠近时还流露出恐惧的神情，于是自己总结出"香蕉不能碰"的道理。这是第四个来源，即自己思考做出的总结。

道理是稳定流传的信念，所以道理也有这四个来源。比如，父母经常说一个大道理：成绩很重要。而这个道理，就有这四个来源：

第一，自己的亲身经验。自己高考成绩优异，上了好大学，后来找了好工作，一帆风顺。

第二，观察他人的经验。同村的小王，高考成绩好，上了好大学，后来找到好工作，事业爱情双丰收。

第三，接受信任他人的灌输。自己的父母成绩不好，一辈子活得很辛苦，不断告诉自己"成绩很重要"。

第四，自己思考做出的总结。自己总结发现：成功人士大都成绩好，失败者大都成绩平平。于是，总结出"成绩很重要"。

猴子实验中，新猴子并不知道为什么不能拿香蕉。旧猴子们达成共识"拿香蕉要遭殃"，在当时实验条件下是对的，也是对自己的保护。他们阻止新猴子拿香蕉，也是为了新猴子们好。但是，试想一下，如果条件变了——自动监测装置撤除了（拿香蕉不会挨淋了），而猴子们还固守原来的信念，是不是也丧失了得到香蕉的机会？这就是道理，它保证了一定程度的安全，却也把事情限制在已知世界中，没有惊喜的可能。

父母不也是如此吗？可能从小父母告诫你："读课外书浪费时间，好好学习去。"当我们认同了这个道理，我们也会继承它，又来教育自己的孩子。然而，看看这个时代，要学好语文已经跟以前不一样了，反而要大量阅读课外书。所以，原来有用的道理变得没道理了。

从道理的四个来源来看，道理也并不总是对的。

自己的亲身经验获得的道理，准确讲应该叫作个案，是个小概率事件。

用个案得出的道理教育孩子，孩子就被限制在你的人生里了。比如，我母亲做企业，一开始和别人合伙，结果赔了很多钱，于是，她就教育我：合伙的生意不能做。但到了社会，我发现不做合伙的生意，只能做个体户。如果我认同她的道理，事业就被限制了。

观察他人的经验得来的道理，一是不全面，二是条件可能改变了。

我曾经给儿子小九读过一个寓言故事，这个故事很好说明了从别人的经验得来的道理并不可靠。故事中，一个猎人回家路过一条河，不小心，砍柴的斧子掉进河里了。这时，河神出现了，拿了一把金斧子，和猎人聊了两句。河神钻到了河底，再探出头拿了一把银斧子，两人又聊了几句。河神又下河了，然后又拿出一把铁斧子。最后，猎人把三把斧子都拿走了。

这件事被躲在大树后面猎人的邻居看到了。第二天他也过河，不小心也把斧子掉进了河里。这时，河神也出现了，拿着一把银斧问："这是你的吗？"猎人大喜，说："对，是我的。"刚想去接，河神消失了。

这就是从他人经验得来的道理，很多时候不全面。即便全面，条件可能也改变了，开玩笑说：第二天的河神可能没有第一天心情好，所以斧子就全收走了。

接受他人灌输得来的道理，往往一知半解。

比如，老祖宗说失败是成功之母，父母也这么说。但生活里，我们总会发现，一些人一直在失败，从未成功过。这又怎么解释？

自己思考做出的总结，带有太多主观性。

人类一思考，上帝就发笑。我们的思考，总是建立在自己对人、事、物的认识之上，很难客观中正。

这样看，道理本身就有很多问题。家长不提升自己的信念，讲得道理越多，对孩子的限制越大。

父母如何提升自己的信念？

第一，父母讲道理前，先问问自己。

（1）我为什么讲道理？

很多时候，父母的道理只是为了说服孩子。希望孩子多吃点时，就对孩子说："慢慢吃，细嚼慢咽身体好。"可早晨要迟到了，又来催孩子："快点把粥喝完，快点把鸡蛋吃了。"前后不一致的道理，只是为了孩子"听我的。"

而想养出独立的孩子，就要敢让孩子做主，敢对他说："这次听你的。"

（2）这个道理真有理吗？

有些道理是我们学来的，又使用在孩子身上，但究竟有没有道理，我们可能没有深想过。就像我们会对孩子说失败是成功之母，但有一天上台湾吴明建老师的课，他问我："为什么有些人一直失败？"我瞬间就愣住了，可见我并没有对这个习以为常的道理深想过。后来留意观察生活和工作中的各种人，发现失败能成为成功之母，是因为有人善于从失败中做总结，这样，失败就有了价值，成为成功的垫脚石。相反，那些失败后没心没肺不总结的愣头儿青，往往下次还会在同样的地方跌倒。

既然我们知道的很多道理并不见得真有理，我们不妨少跟孩子讲道理，而是让他去做、去思考，起码他能有自己的感受。

（3）自己是否做得到？

我在父母课堂讲课时，家长都喜欢坐在后排，也不积极回答问题。我问这些家长："你们希望自己孩子上课有什么表现？"家长们不好意思地说："我们想让孩子积极点，多主动发言。"道理没有错，可家长自己做不到，怎么指望孩子能做到呢？

第二，多听孩子讲一讲。

父母的盲区，可以通过孩子这面镜子照见。多听听孩子的建议，常会让你有恍然大悟的感觉。

儿子刚上学时，有一天回家，我和他爸爸都在忙工作，没空管他，爸爸把他带回书房，对他说："到家先写作业，完成作业再吃饭。""可是，不吃饭，哪有力气写作业？"爸爸觉得有道理，我听到了，觉得孩子虽然可能是想拖延时间，但确实有道理。于是，先做了快餐，小九吃过后，就乖乖写作业去了。

孩子的思维没有束缚，常能看到大人忽视的细节，如果能多听听孩子讲的道理，父母会更容易看见自身的盲区，然后去调整。

道理是已知世界的总结，孩子却是未知世界的探索者。用已知的道理，去指导未知的探索，孩子天然排斥。不妨听听孩子的道理，也许不成熟，但却真实。在真实中，每个父母才能看到盲区，不断提升自己的信念。

讲道理，最没用又爱用的教育方法

生活里，哪个家长没给孩子讲过道理呢？我的同事说起自己父母就爱讲道理时，一脸无奈。而轮到他带孩子，也是一套套的大道理。不知不觉，我们成了自己最讨厌的样子。

讲道理，究竟有没有用？

前年，在父母课程上，我见到一位新加坡妈妈。她提到儿子，唉声叹气。本以为她有大问题，结果她说："我儿子有个特别讨厌的习惯，回家进屋袜子乱扔，可是装袜子的筐子明明在门口，就是随手放进去的事儿。"她的儿子已经十几岁了，这个讨厌的习惯，她从儿子小学就开始扳正，到了高中却一点儿改变都没有。

生活里，你有没有特别想让孩子改掉某个坏习惯，但无论怎么说都没效果？后来，你是怎么做的？

很多家长特别有毅力："没用我就一直说……"你想过，孩子为什么不听吗？

第一，道理是你请来帮忙的。

坦白吧，很多时候，道理是你搬来的救兵，就是为了搞定孩子。就像这位新加坡妈妈，她反复跟孩子讲的道理是："袜子上细菌多，乱丢就把其他地方弄脏了……"这话就是为了让孩子乖乖听话。可孩子有自己的想法，他不争不吵，按自己的想法来，默默和妈妈抗争。这是孩子心智成长中必然的一种抗争，也许他说不清楚为什么，但只要有人想搞定他，成长中的自我很自然地就开始反抗。

反过来看这位妈妈，她真的是气孩子把袜子乱扔这件小事吗？

表面看如此，但深层次分析，她气的是孩子不听她的，让她产生了挫败感。对于一个全职妈妈，孩子好就意味着自己成功。而孩子好的一条重要标准就是听话懂事有礼貌。所以讲道理不过是给自己找个帮手去控制孩子，试图把孩子变成一个"好"孩子。

这样看来，孩子不听你的道理，虽然不免心痛，但更应该庆幸：自己的控制失败了，孩子独立的自我却成长起来了。

第二，道理多次重复，陷入超限效应。

道理没用时，你会怎么做？很多家长的方法就像这位新加坡妈妈，坚持重复说。如果做事，这是个好习惯，一万小时定律，什么事儿经过刻意训练就会有结果。但是教育人，这却是个愚蠢的习惯，尤其是坚持重复说一个道理，只会让孩子越来越烦，最后直接屏蔽掉你。

心理学上讲的超限效应正说明了这一点。什么是超限效应？要从一个故事说起。有一次，美国著名作家马克·吐温在教堂听牧师演讲募捐。一开始，他被感动了，准备捐款。可过了会儿，牧师还在滔滔不绝，他有些不耐烦了，决定少捐点儿。又过了会儿，牧师还在讲，他决定不捐了。到牧师终于结束了冗长的演讲，开始募捐时，马克·吐温不仅没捐款，还偷偷拿走了一些捐款。可见，当道理讲得太多，太频繁，道理就成了干扰，让人不胜其烦。家长的道理讲太多，就会引起孩子的逆反心理，多说比不说，效果更差，因为过犹不及。

第三，道理背后，有两句对孩子伤害最深的潜台词："我是对的"和"我是为你好"。

这是对孩子极有杀伤力的两句话。一项街头调查表明，80%的父母都说过类似的话。即便我们没有说的这么具体，说话中也常暗含这样的潜台词。就像这位新加坡妈妈对孩子说："不要乱扔袜子，袜子上细菌多……"这句话就暗含"我是对的，而你乱丢袜子是错的"。长期对孩子这样说，孩子会出现两种状况：一种是自我意识被打压了，依赖父母，不敢自己做决定，因为自己是错的，必须听父母的才对。另一种是自我意识很强的孩子，受到打压却反弹回来，和父母对着干，去证明自己是对的。

"我是为你好"，会强迫孩子感恩，造成孩子内心的分裂。这个新加坡妈妈对孩子说："袜子上细菌多，乱丢就把其他地方弄脏了……"潜台词是："我是为你的健康着想，我是为你好。"后来她和儿子关系缓和了，聊起这件事儿，儿子说自己的感受是："家应该是放松的地方，为什么进门还有这么多规矩？袜子必须放筐里，好约束。"如果孩子接受了家长的暗示"是为我好"，就意味着他必须拒绝自己的感受；如果他遵从自己内心真实的感受，他就只能拒绝妈妈的唠叨。这必然造成内心的分裂，而所有的分裂都会让人痛苦，孩子也不例外。

讲道理，爸爸妈妈不一样

家长热衷讲道理的原因很多，有一个深层次的心理因素，是因为讲道理不用触碰情感。很多家长，尤其是爸爸，是害怕触碰情感的。情感会带他回到自己的小时候，激活成长中不愉快的经历和感觉，这种感觉会让他觉得自己很渺小。长大后的男人，不接纳自己的渺小，而最简单的办法就是不去触碰曾经的感受。只是在理性层面讲道理，这样就会很安全。

然而不碰触感受的讲道理，怎么会有情感共鸣？讲道理就成了就事论事，对亲子关系没帮助。时间长了，孩子对爸爸的不满意不在于他讲得有没有道理，而在于他是否理解、关怀自己。

与爸爸讲道理时的理性不同，妈妈讲道理，更容易去刻意感动孩子。关于男人和女人大脑的差异，已经出现了众多研究结果。目前，公认的区别在于：女性大脑工作时，左右半脑同时开工，且联系密切；而男性大脑工作时，往往在单一半脑（多是左脑）内部进行，左右半脑互动频率很低。所以，女性即便是讲道理，也混杂了很多感受，是理性的左脑和感性的右脑交叉运作；男性讲理时，是在单纯进行分析、归纳、总结，以确保逻辑严密。

这样看，妈妈讲道理更感性，就更能理解孩子的感受。可很多妈妈讲道理时，会陷入自己的感受里，而不是去觉察孩子的感受。比如，我的同事程平曾提道：小时候把妈妈做的便当偷偷倒掉，因为太难吃了。结果，被妈妈发现后，妈妈就开始声泪俱下地说："你妈小时候连窝窝头都吃不上，你还挑三拣四？"程平的妈妈是个孤儿，又经历过粮食紧缺时代，只要讲到吃，她就完全陷入自己的不幸经历中，完全顾不上程平了。

比起爸爸讲道理时的理性，妈妈讲道理时的情绪崩溃更让孩子害怕。如果说前者只是双方隔着一扇门在说话，后者就是非要让你看一部苦情戏，并告诉你你是导演。这会让孩子充满负罪感，觉得都是自己的错。当然，这种方式的讲道理往往很有效，孩子无力辩驳。只是，这种心态会在孩子内心种下负罪感的种子，让他长大后，每次想抛弃父母的教条而按自己内心想法去生活时，都会有深深的愧疚。

不讲道理时可以讲什么？

可以讲的东西很多，最有效的是讲故事。

人人都爱听故事，尤其是孩子。跟孩子说一堆他听不进去的道理，不如多讲讲故事。

儿子四岁多时，因为我和他爸爸工作的原因，全家要搬到新地方。这对孩子可是件大事，他要离开已经熟悉的小朋友和老师，来到陌生的地方重新适应。我该怎么跟他说呢？我很想告诉他搬家也是有好处的，比如，能交到很多新朋友，能尝试新的课程，还有新的公园可以去玩。但四岁的孩子，大脑发育并不成熟，对这些道理一知半解，反而陷入自己的担忧里。

有一天，睡前读绘本时，我拿了《贝贝熊系列之搬家了》读给儿子听，小熊哥哥也对搬家有担忧，他的玩具可以搬走，可他的朋友们呢？而当小熊哥哥来到新家，才发现新家更舒适，而且还来了很多友好的新朋友。等我讲完，儿子对我说，也像是在对自己说："搬家会住更舒服的房子，还会认识新朋友。"我笑着点头，知道不用为他担心了。

讲故事是好方法，但怎么讲有技巧。

技巧一，选孩子爱听的故事才有效果。

很多爸妈讲故事，目的心太重，选的故事孩子不喜欢。想让孩子有坚持力，就讲《愚公移山》；想让孩子变得灵活点，就讲《刻舟求剑》；想让孩子不说谎，就讲《狼来了》。时间一长，孩子自然就不配合了。

更聪明的做法是讲他爱听的故事，甚至和他一起编故事。当孩子有了听故事的习惯，再用故事影响他才有可能。实际上，让人喜欢的故事里本身就有意义，所以不要怕意义太少，而讲那些孩子不爱听的故事。

技巧二，讲故事不是读课文，代入感是关键。

讲故事的状态很重要，如果你有气无力，讲故事时根本就是读课文，那拜托，你干脆给孩子一个故事机，故事机肯定比你讲得好。

作为父母，给孩子讲故事，更多时候是借助讲故事和孩子做游戏。所以，故事要讲得有代入感。最好把孩子设计进去，自己也扮演某种角色，这样讲的过程，你和孩子就玩起了角色扮演，孩子更容易在故事中获得启发。

技巧三，千万不要讲完故事讲道理，让孩子自己感悟会更好。

讲完故事再讲道理，只会毁掉故事原本带给孩子的启示。比如，狼来了，讲得很好玩，孩子也很爱听。结束时，对孩子讲："说谎就没有人相信了，你可千万不能说谎。你说谎，就没有人喜欢你……"最后这几句唠叨，让孩子觉得这个故事目的不纯。下一次，你再给他讲故事，他就不会满心欢喜了。

换一种方式，故事讲完了，问问孩子："这个故事主要告诉我们什么？"哇，孩子露一手的时候到了，他会很得意地告诉你他的收获。你会发现，孩子的领悟能力非常好，根本不需要我们唠叨。这样做，你给了孩子展示的机会，孩子受到了欣赏，当然会越来越爱思考故事里的道理。

当一个家里充满了故事，而不是道理，家就从对与错的战场，变成了好玩的游乐场。这样的氛围，让孩子自发学习，快乐成长。更关键的是，这样的氛围也让家长能在教养孩子中感到享受，进而成为一个情绪平和的幸福爸妈，这对孩子来说，是一生的福气。

没有共鸣的讲道理，是单向输出的爱

父母爱孩子是很自然一件事儿，但如果这个爱的流动是单向的，就像呼吸一样，只有呼没有吸，让人窒息，也无法持久。而没有共鸣的讲道理，就是单向输出的爱。

三种没有共鸣的讲道理

没有共鸣的讲道理什么样子？湖南台有个节目《少年说》，有一期里母女的对话可以很好地呈现这点。这是一个叫袁璟颐的女孩，站在学校的天台上吐槽自己的妈妈。她的妈妈就站在天台下，后来母女展开了一番互怼，摘录几个经典片段一起分析下：

袁璟颐：今天我要吐槽的是我妈妈……妈妈，孩子不是只有别人家的好，你自己的孩子也很努力，为什么你不看一下呢？

妈妈：璟颐，我觉得你很棒，但是，我是比较客观的。第一，我跟别人比的时候肯定不是只跟吴笛（璟颐的闺蜜，全校第一名）比，对不对？第二，我觉得你没有get到重点。你要跟人家比，培养自己好的习惯，掌握好的学习方法。方法和习惯伴随你终生的，知道吗？我觉得做事情要做到事半功倍，而千万不要做事倍功半的事情。这就是你在学习中要掌握的东西，跟成绩好坏没有关系。

袁璟颐：那你为什么每次考完试都要跟我说，你们班吴笛英语好厉害，数学好厉害……我知道别人很厉害，可我自己一直在努力，你就从来没有看到过呢？

妈妈：我知道我一直在打击你，我认为你的性格，要是不打击，就有点飘了。

袁璟颐：我说过我不适合激将法，但你们从来没改过，每次成绩一出来，都是先说我的差。（女儿擦眼泪）

妈妈：我问你一下，妈妈承诺过你的事，妈妈都做到了吗？再反思一下，你承诺我的，你都做到了吗？

袁璟颐：你以后可不可以不要再说别人的孩子比我好了？

妈妈：我觉得，当你很强的时候，我要拍你一下；当你很弱的时候，我要推你一把。我看到你的闪光点了，同时有些东西你一定要改，改了才能有效果。

这段对话里，妈妈讲的道理，缺乏聆听、同理和让步，当然无法和女儿共鸣。

第一种，缺乏聆听的讲道理。

璟颐的妈妈看似在听女儿吐槽，但她上来说的第一句话就显示没有听进去。"我觉得你很棒，但是……"这个但是，暴露出妈妈的重点。女儿的心声，她并没有用心体会，而是将关注点放在自己的道理上了。

接着女儿又说"每次成绩一出来，都是先说我的差。"妈妈好像没听到女儿说的话，而是急切去证明自己是对的："我问你一下，妈妈承诺过你的事，妈妈都做到了吗？"这个回应跟孩子说的话根本没关系，女儿一脸懵。但妈妈成功用讲道理绕晕了女儿，当她让女儿好好反思时，女儿不知道如何回应妈妈。

缺乏聆听的讲道理，一下子就把孩子变得很渺小。父母用行动告诉孩子："你说的不重要。"当父母不把孩子当回事儿，孩子怎么会尊重自己？

第二种，缺乏同理的讲道理。

整个对话过程，妈妈说得最多是："我觉得……"

显然，妈妈是从"我的世界"出发，去跟孩子讲道理，而完全没有站在孩子的角度，去感受孩子的内心。甚至当孩子说了这么多，问妈妈："你以后可不可以不要再说别人的孩子比我好了？"妈妈的回应却是："我觉得……有些东西你一定要改，改了才能有效果。"无奈的孩子哭着跑下了天台。

这原本是孩子对妈妈敞开心扉的一次倾诉，但孩子内心的委屈，妈妈没有听到。妈妈重视的是道理的对错，而不是孩子感受的好坏。伤了孩子的心，自己却浑然不知，只活在自己的道理里，不断对孩子提要求和期待。

第三种，缺乏让步的讲道理。

还有一种讲道理，缺乏让步，把孩子孤立了。有原则的让步，找到第三种选择，父母才能达成与孩子的和解。在以上这个案例中，也能看到这类讲道理的特点。孩子吐槽就是希望妈妈听到了心声能做出改变。所以，孩子会说："我说过自己不适合激将法，但你们从来没有改过。"而这个妈妈，没有反思与让步，而是要求孩子去做："对不对？""知道吗？""再反思一下，你承诺我的……"对于孩子要她改的部分，她忽略了，而是不断对孩子提要求："你一定要改，改了才能有效果。"

孩子最大的学习力是模仿父母，父母缺乏反思与让步，却要求孩子这么做，很难！而双方都不肯让步的话，离得越近越刺痛对方，最后只会越行越远。

聆听，让共鸣发生

聆听，是共鸣发生的引线。聆听到位了，你和孩子的沟通就融洽了。很多家长说："我知道要聆听呀，可是他还是不听我说。"那我们就要看看，聆听里是不是猜想太多、情绪太多、理性太多？

作为家长，我们经常有一种自信：这小不点儿，我生的我养的，他撅撅屁股我就知道要拉什么屎。事实真的是这样吗？有个关于了解孩子的测试，设置了几个和孩子相关的问题问家长，比如，你们不在家时，孩子会干什么？爸爸说："看电视"，妈妈说："画画"。而孩子的答案是："写作业"。当我们自信对孩子百分之百了解时，聆听中就会有太多的猜想。比如，这样的场景在你家上演过吗？

孩子："妈妈，你明天上班吗？"

妈妈："干吗？"

孩子："没什么，就是问问。"

妈妈："你想偷偷看电视吧？还是想干啥不让我知道的事儿？"

这位妈妈聆听时就是猜想太多了，很可能误解了孩子，孩子自然就不愿意说了。

还有些家长容易被孩子的回应搞得情绪波动。比如，孩子想跟妈妈沟通前，可能会先翻旧账去抱怨："我小时候，你们不管我，把我放在老家，现在凭什么来管我？"这时，家长的内疚以及内疚背后的自我保护……裹挟着情绪全出来了。于是，妈妈开始说自己的不容易、不得已。妈妈的视线从孩子身上拉到了自己身上，聆听就没有做到位。

还有一些家长，就像上面璟颐的妈妈，聆听时非常理性，一直在分析孩子说的有没有道理，找机会反击，而完全没有听到孩子语言背后的情感。

猜想太多，情绪太多，理性太多，都会让家长的聆听不到位。

而真正的聆听，要有置身事外的客观眼光，又要有同悲同喜的感同身受。全神贯注地聆听，不时点头，并重复说出孩子的感受，给予关切。柔和的态度让聆听本身就成为共鸣。

共鸣，也许没道理；没道理，却能在一起

共鸣的核心是：我感受到你的感受，我和你在一起。有时候，孩子遇到的事，从道理来说，也许是孩子错了。但是如果你上来就讲对错，孩子就会陷入狡辩或内疚，真正的教育就无法进行。

儿子三四岁时，常在社区院里和别的孩子玩儿。有时候，因为争抢一个玩具，两个小朋友就动起手来。你打我一下，我捶你一拳。旁边看着的妈妈们，会拉开小家伙，然后分别跟自己家孩子讲道理："小朋友，不许打架啊。""打架，两个人都不对。"

然而有一次，儿子说了这样一句话，对我震动很大，他哭着说："妈妈，为什

么你总是向着别人的孩子，我才是你儿子呀。"是呀，他是我儿子。在我跟他讲这些道理时，他只是感到自己受了欺负，特别需要妈妈，但妈妈并没有支持他。

后来，他再跟我说："我不想跟轩轩玩了，她太淘气了。"我就会支持他："嗯，不跟轩轩玩，你有权决定跟谁玩。"他就会跑过来钻到我怀里。很明显，从我的话里，他感受到了支持。其实，孩子之间的关系跟我们想象的不一样。第二天，他还是跟轩轩玩，但那是他的选择，也不要嘲讽他："你昨天不是说不跟轩轩玩儿吗？"孩子的语言，多数时候只是一时情绪的抒发，并不是决定。

心理咨询上有一种技巧叫"先跟后带"，用在教育孩子上也是不错的方法。所谓"先跟"就是先去肯定和配合对方的信念、价值观、规条，让对方充分相信你。再提出一些让对方认同的观点，慢慢提出你的建议，让他逐渐接受。

比如，孩子回来说："我不跟轩轩玩了"，用先跟后带的方式和孩子交流，可以这样做：

孩子：我不跟轩轩玩了，她太淘气了。（生气地说）

家长：嗯，不跟轩轩玩，你有权决定跟谁玩。（生气地说）

孩子：她竟然在我新买的图画本上乱画，还没有经过我同意。（激动）

家长：啊，她怎么能这样做，太淘气了。（激动）

孩子：是呀，她就是淘气包，我再也不和她玩了。（生气）

家长：嗯嗯，不和她玩。对了，家里她送的玩具也还给她吧？（提问转折）

孩子：啊？可我也送她玩具了，其实她还挺大方的。

家长：她虽然淘气，但是对你很大方。

孩子：是呀，这些玩具我还挺喜欢。

家长：看来她很知道你喜欢什么。

孩子：嗯。

家长：不过她在你新买的图画本上乱画，还不经过你同意，还是挺讨厌的。

孩子：不过我可以和她谈谈，她本来就大大咧咧的，觉得别人的东西都是自己的。

　　家长：好呀，那你们就谈谈吧。

　　整个先跟后带的过程，家长先"跟着"孩子的思路来回应，并适当地做出转折提问，让孩子自己思考，"带"着孩子用新的视角看问题，最后引导孩子做出自己的解决方案。其实，"跟着"孩子的思路回应，就是真正聆听的一部分（见图1-2）。

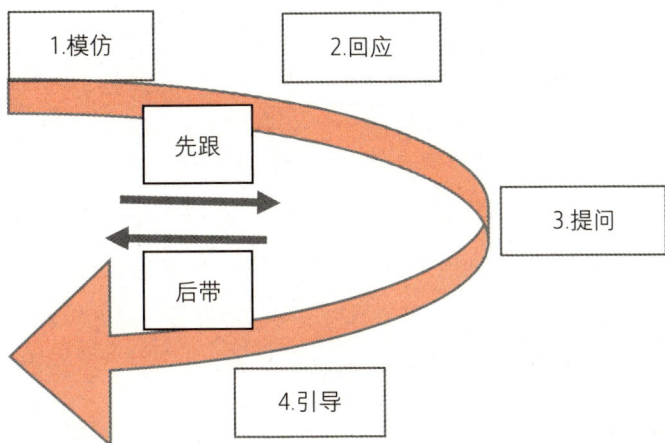

图1-2　先跟后带模型

　　所以，从真正聆听开始，沿着孩子的思路，支持他，让共鸣发生。接下来，当孩子在共鸣里把你当作他的知己，可以通过提问的方式，让孩子看到新的可能性。

　　也许，我们从来不需要教孩子什么，我们只需要成为他的同盟军，在他需要帮助时，轻轻推他一把，他就会自动地成长开花。

把父母和孩子放在平等对话的位置

跟很多"80后""90后"家长聊天，发现多数家长都知道要和孩子平等对话，甚至很多家长跟孩子说话时都会蹲下来，跟孩子同样高度，真是做得很用心。我在照顾儿子成长的过程中，也一直尝试和他平等对话，还随着他年龄的增长，不断调整和他对话的姿势，但仍然有很多磕磕绊绊。思考总结下来，发现真正做到和孩子平等对话，仅有技巧是不够的，还要有家长内心的觉醒和成长。

平等对话的第一步是允许孩子是他本来的模样

我们允许孩子是他本来的模样吗？

这句话什么意思？

就是既要允许孩子不一样，又要允许孩子一样。这里面就起码有四层的允许：一是允许孩子和我们不一样，二是允许孩子和我们一样，三是允许孩子和其他孩子不一样，四是允许孩子和其他孩子一样。

听起来像绕口令，但如果你养过孩子，一定深有体会。

允许孩子和我们不一样，对有些家长就很难，尤其是成功的家长。比如，我在一次咨询中，遇到一位女高管。慢慢聊开了，她说起对四岁儿子的各种担忧：

不愿意上台；
不喜欢在人多的地方表现自己；

遇到不如意的事儿只知道哭；

容易被别人欺负，欺负之后不会还击，就是哭；

不爱主动交朋友，不喜欢分享；

性格懦弱、胆小；

爱听表扬；

输了不高兴；

小心眼爱记仇……

相反，她对自己的评价是：积极主动、不怕事儿、总有办法、大气。她的担忧是孩子太不像自己了，而人生阅历又告诉她，像自己才容易成功。当父母认为孩子跟优秀的自己相比，太不一样时，就会陷入焦虑，无形中想重新塑造孩子。然而，人的心理很有意思，当父母在某些方面刻意去塑造孩子，希望孩子更像自己的时候，孩子在这些方面知道有人关注，就会表现得越紧张，结果越努力越糟糕。

要允许孩子和我们不一样，就要能以包容的心态看到：孩子和我们不一样的地方也有优势，也许更适合孩子的人生。

比起允许孩子和我们不一样，更难的是允许孩子和我们一样。每个人内心都无法百分之百接受自己，而我们不接受自己的部分又出现在孩子身上，就会让我们产生深深的无力感。

随着儿子一天天长大，我越来越发现他跟我一样。比如，喜欢同时做好几件事儿，他经常一边听故事，一边看书，还一边吃零食。我呢？我会一边听音频课，一边敷面膜，一边做家务。有一天，我打开他的书包，看到里面的东西，禁不住就笑了，和我自己的背包太像了。他的书包里有：皱巴巴的几个星期前的卷子，不知道从哪儿捡来的干了的树叶，没有放进整理袋的各种书，还有纸巾……而我的包里有：几个月前出差的旧车票、记事本、好几只笔，没有放进固定电脑位置的电脑……更让我接受不了的是，他性格急躁。一件事只要耐心去做，他一定能完成，可往往在完成前，他来了情绪，大哭大闹，告诉我："太难了，我不要做了"。很长一段时间，我试了各种方法培养他的耐心，但都没啥效果。直到我看到，自己工作中也有这种急躁，我开始放下纠正孩子的想法，先去调整我的急躁。后来，儿子遇到困难再大哭大叫时，我会抚摸他的后背或是抱抱他，对他说："可以先放一放，等我们心情好了再来做。"每次我允许他先放一放时，他的情绪总是很快就平复了，过一会儿自己又去处理问题，最终把事情解决了。

我发现，父母要允许孩子和自己一样，首先要允许自己"有缺点"，甚至试着去发掘"缺点"里的优势。只有我们能自己接受自己了，再看孩子时，才会充满欣赏。

允许孩子和其他孩子不一样，也需要勇气。咨询中遇到过一位妈妈，儿子当时三岁，她忧心忡忡。据她说，她家孩子和别的孩子不一样，别人画的画都能看出大致内容，她的儿子画出的画都是破碎的。儿子也不喜欢跟别的孩子玩儿。有一次，她带儿子到度假村，结果一上午，他都在按电梯玩儿。后来妈妈带孩子去做了大脑检测，排除了大脑损伤和自闭症。现在孩子已经四岁半了，还是比较内向不合群，但当别的孩子主动时，他也有了不错的互动。

对于新手父母来说，孩子和别的孩子不一样，很多时候父母不会认为遇到"天才"，而是担心遇到"问题孩子"。然而，孩子从出生就各不相同。1956年，心理学家托马斯和切斯做了著名的"纽约纵向研究"，他们从九个维度（活动水平、节律性、分心、探究和退缩、适应性、注意广度和持久性、反应的速度、反应性阈限、心境的性质）来研究婴儿最初的气质结构，发现大部分幼儿都可以归为三种类型：容易型（40%）、困难型（10%）和慢热型（15%），另有35%的婴儿兼具这三种气质类型中的两种或三种的特点，可归属于交叉型。实际上，孩子之间天生的差异比这三种类型要多得多。就像大自然的每一棵树，孩子都有属于自己的成长节奏，接受孩子独有的节奏，才能和孩子平等对话。

更多时候，还要允许孩子和别的孩子一样。我经常跟孩子爸爸说："儿子这点很棒，儿子那方面太优秀了。"孩子爸爸就会笑我："你是自己家孩子啥都好。"是呀，这个小家伙从小抱着，一直养着，很容易就觉得他是个天才。但这种想法走了极端，就不允许他和别的孩子一样了。儿子一直都很喜欢说话，我就想当然认为他一定可以和各种人交流。一次，在朝阳公园的健身器材处玩，来了几个外国小朋友，我鼓励儿子："你去问问，他们从哪儿来？"儿子看看外国小朋友，有点胆怯又有点害羞，挤着我说："我不去，我害羞。"我一直鼓励他，说会陪着他，但他死活不去。我真是有些着急，但突然想到一个发展心理学的视频，里面四五岁的孩子，对着视频表达，依然是好害羞的样子。其实小九的表现就是一个孩子的正常表现，但因为我这个妈妈觉得他是天才，就对他有了过高期待。

生活里，我也会看到很多妈妈，无法接受自己的孩子和别的孩子一样。比如，妈妈要求女孩子淑女："走路不要一蹦一跳的，稳重点儿。"可明明一蹦一跳是孩子的天性呀。毫无疑问，每个孩子都是爸妈的骄傲，家里的天才，但根据二八定律，未来他们中真正卓越的也不过20%，大多数孩子是普通人。

当我们接受孩子是个普通孩子时，我们就会接受他作为孩子的纯真，这份纯真让真正平等的对话发生。

平等对话要分清不同的事儿

平等对话不是一个不变的技巧，而是在不同事情里懂得用合适的尺度对待孩子。

第一种事儿叫孩子自己的事儿。

分清这种事儿，在这种事儿上让孩子做主角，而我们的参与叫作建议。儿子上了一年级，有一天早上降温了，送他上学时，我让他穿上羽绒马甲。"不用，不冷。"他推开我递来的马甲。我没有再劝，而是拿着马甲送他上学去。一路上我觉得很冷，可是小家伙又跑又跳，一会儿就到了校门口。在进校门那一刻，小家伙瞟了一眼我拿着的马甲，得意地说："看，我说不冷吧。"我笑了笑："是的，你是对的。"他很开心地走了。你也许会说，万一孩子冻感冒了怎么办？是的，有这种可能，但比起一次感冒，让孩子感觉自己能做主，这是我更看重的。毕竟，作为父母，我们教养孩子的终极目标是让他们离开我们时，能活得很好。没有自己做主的能力，何谈离开父母活得好呢？

第二种事儿叫家人的事儿但跟孩子有关。

比如，全家去哪儿吃饭，到哪儿旅游这样的事儿，让孩子参与进来，作为家庭一分子，有发言权和投票权，但不会以他为中心。和孩子平等对话并不意味着事事以孩子为中心，否则家长对孩子的过分看重，就会变成溺爱。周末去哪儿玩，在孩子上小学之前，都是我们安排。上小学之后，孩子有了很多见识，他平时在学校也会和其他孩子交流了，就会提出他的想法。我们的做法是：提前规划，轮流做主。在周末之前商量去哪儿，本周让孩子做主，他就说了算；下一周爸爸做主，爸爸说了算；再下一周，我说了算。孩子当然应该被平等对待，同时，他也要学会平等对待别人。在家里，有时候，他是主角能自己说了算；有时候，他是配角也要配合别人行动。

第三种事儿是跟社会规则相关的事儿。

这种事儿，父母要无条件遵守，孩子也一样，没有商量余地，清晰告知规则，并督促遵守就可以了。

当我们过于跟孩子强调平等但又没有分清不同事情里的平等规则时，孩子就会被弄迷糊，甚至有时候没有边界感，做一些错事。比如，当孩子故意伤害别人身体时，就要严肃告知孩子：这是绝对不可以的。当然，孩子可能提出很多理由："上次他拿了我的东西不还"。这时，如何处理？可以在他明确界限后，再和他沟通，让他知道遇到了问题不用武力也有很多方法可以解决。

社会规则是这个社会的边界，每个人都要遵守，在这些方面，父母的作用是严肃告知孩子，同时以身作则。这样才不会因溺爱，让孩子没有了边界感。

把父母和孩子放在平等对话的位置，是我们尊重孩子作为人的权利，同时，也教会孩子尊重父母作为养育者的权利。平等对话对父母的要求是：该放手时果敢放手，该手把手教导时又挑起责任，让孩子在平等对话中感受到爱与边界。

讲道理，如剑也如花，关键是直指心灵

良言一句三冬暖，恶语伤人六月寒。讲道理也是一样，好的道理如花释放芬芳，滋养孩子的内心；坏的道理如剑寒光点点，刺痛孩子于无形。

当道理如剑，孩子的心慢慢千疮百孔

有时候，父母根本不知道自己做了什么，孩子就离自己越来越远了，我曾遇到的一位妈妈龚媛就是这样的。

龚媛一出现，你就能猜到她在机关上班。四十多岁的女性，衣着黑白灰，简洁中有点老式，皮鞋方头大跟擦得很干净。她说起话来，会先沉思一下，然后开腔就是一二三。一头利落的短发，脸上没有太多表情。她说如果不是因为女儿，她不会出现在我们的父母课堂上。女儿高二下学期厌学到极点，死活不要去上学了。她试了各种方法，女儿却越来越不愿意理她。现在女儿整天把自己关在屋子里，开门除了上厕所，就是在冰箱里找吃的。她不知道女儿会不会一直这样？她更不知道自己该做些什么？

我问她："你知道孩子在学校里的情况吗？"

她有些茫然，想了好久，像记起了什么似的说："孩子一直住校，周末才回来。平时我工作很忙，所以跟她沟通也不多。记得她高一时有个周末回来，我们一起躺在床上。她说起自己的室友，觉得室友都特事儿，说话没礼貌，还排斥自己。她说再不想跟这些人住一起了，她们都是混混儿。"

我问："那你怎么跟女儿说？"

她不假思索地说："当然得跟她讲道理呀，怎么人家只排斥她？人家三个人怎么就能好好相处？她不反思自己，就会抱怨别人，这到了社会上怎么行？"

我问："后来呢？"

她黯然回答："我一说这些，女儿就翻身把背对着我，说自己想睡觉了，我们就聊不下去了，但这是女儿上高中后，我们俩聊得最多的一次。"

当孩子跟我们诉说她的感受，我们却在跟她强调道理，她的潜意识就会给她一个信号：这个人跟我不是一伙儿的。于是，我们就被排除在外了。也许我们赢了道理，但却输了和孩子的关系。在教育中，关系永远是第一位的，只有当我们和孩子是心贴心的，遇到事儿他才会对你倾诉，你才有机会给他建议，这些建议才可能被他采纳。否则，再对的道理，没有进入孩子的内心，就是噪声，除了让孩子讨厌之外一无是处。

更恐怖的是，道理还可能伤害了孩子。就像龚媛听到女儿的倾诉后，对女儿的反馈是："怎么人家只排斥你？你为什么不反思自己？"这些道理的背后充满了对女儿的指责。一个在宿舍里被排斥的孩子，委屈无人理解，甚至连最亲的妈妈对自己的态度都是"你没有做好。"她的内心该有多绝望？

当道理如花，就会为孩子开启怒放的生命

记忆中，我妈是一个很能讲道理的人。她的很多道理都让我觉得空洞讨厌，但有一次，她用带着包容的道理给了我无限的温暖和力量。

那是2003年，高考的头一天，我发烧了。你能想象那种心情吗？作为一个复读生，我用了两年的不眠不休，为高考这三天做准备。像每个小镇的孩子一样，我期待通过在高考中取得优异成绩而拥有更精彩的人生。可是，在这个节骨眼上，我竟然发烧了。不知道第二天我是否会被隔离在考场外，也不知道第二天侥幸进了考场，自己状态如何？我躺在病床上输液，心情跌到了谷底。这时候我妈就坐在旁边，默默地陪着我，在我睡着的时候，她看了一本杂志。等我醒来，她跟我分享："你看这个女孩，家里很穷，她差点不能参加高考。她不信命，借了好多亲戚的钱，考上了常州大学。大学毕业后又做生意，看她现在过的多好。再

说，就算考不上大学又怎么样，你看咱村多少没上大学的，在家里找个工作还能陪着妈。"我瞬间就放松了，是呀，考不上大学又怎么样？或者考一个二本，对我来说太容易了。是呀，到个山清水秀的地方，哪怕是上个二本，也不错。这对我来说，就是最糟的情况了，我还有什么可担忧的呢？

我躺在床上，妈妈坐在身边，我觉得特别温暖。当道理中不是逼迫，而是包容，作为孩子，很容易就被融化了。这样的道理，不知不觉就渗透到内心。于是，曾经妈妈讲给我的道理，变成我内心会讲给自己的道理。在我以后遇到各种考试、比赛或其他重要时刻，我都会想起那天妈妈对我说的话："考不上大学又怎么样？"我开始把这些话转换成："输了这场比赛又怎么样？""没有这份工作又怎么样？""失去这个项目又怎么样？"其实不会怎样。当我想明白这些道理，我开始能轻松地面对重要时刻，甚至获得意外收获。

讲道理，关键要直指孩子的内心

高级的讲道理，像一道闪电击中你，让你恍然大悟。如何讲道理能达到这样的效果，来看一个案例：我跟随台湾的吴明建老师学习时，有一次在酒店吃自助餐，当时有我，一个师妹，还有老师三人。师妹很礼貌地问老师："你喝什么？我去拿。"老师说："我喝冰橙汁。"师妹给他一个白眼说："你这么大年纪了，喝橙汁还要冰的，也太伤身体了。"说完，她转身走开了。过了会儿，师妹拿着一杯温豆浆放在老师面前。结果，老师很坚决地把温豆浆推到师妹面前，说："喝吧，你的豆浆。一个人不能控制另外一个人，我要喝冰橙汁。"我和师妹都傻眼了，随即我们却好像都明白了："一个人不能控制另外一个人，父母对孩子最大的支持是让他自己做决定。"可是，在刚才师妹的行为里，又是打着"我是为你好"的旗号，在替别人做决定。

作为父母，我们又何尝不是如此。一边告诉孩子我们会永远支持他，一边又通过各种威胁利诱让他听话依赖我们。从以上案例，我们可以总结出三个技巧，让你讲道理能进入孩子的内心。

技巧一，恰当时机的讲道理才有效。

如果道理只是道理，那么道理毫无用处；道理只有真能解决问题，才会被信仰。孩子的生活中，处处都有大大小小的问题等待被解决。给他机会独立处理，如果解决得好，欣赏他，然后帮他总结出事情成功背后的道理。比如，上面的案例，假如师妹尊重老师的选择，给他拿了冰橙汁。可以这样回应："谢谢你支持我的决定。"一句话，一个道理，师妹立刻会明白支持别人做的决定，是对别人的理解和尊重。

相反，如果孩子的尝试失败了，正好用道理帮助他成功。就像师妹自以为是的拿了热豆浆给老师，老师用一句道理拒绝了她："一个人不能控制另外一个人"，这句道理让师妹意识到自己做错了，并帮她下一次做得更好。

道理讲得太早，事情没有露出端倪，你的道理再正确，孩子也不会有感觉，因为他还不知道会发生什么。道理讲得太晚，孩子已经酿成大祸，道理再有用也弥补不了遗憾。父母要做的就是在生活的小事中，耐心地观察，静待时机，巧妙地植入道理，让道理帮孩子解决问题。这样，孩子自然而然地就开始信仰道理了。

技巧二，点到为止的讲道理更有魅力。

少即是多。道理讲得刚刚好，剩下的启发让孩子自己感悟，道理就会显得充满魅力。中国人说话和山水画一样，讲究留白。留白的空，恰是一幅画最美的意境。讲道理也是如此，如果把所有道理都说了，就显得唠叨了。像上面的案例中，如果老师开始给师妹上课，说各种大道理，别说师妹，我想想都烦。但他没有这么做，而是只说了一句："一个人不能控制另外一个人"。他只是讲他的感受、他的决定，这就留给了我们思考的余地。而我们的思考是内心升起的智慧，谁也给不了。这份智慧一旦升起，谁也偷不走，而且自己体验得来的，未来更容易用到生活中去。

技巧三，包容平等的讲道理直指内心。

孩子不会弄虚作假，他内心的那扇门只对让他安心的人敞开。道理要进入孩子的内心，我们先要让孩子安心。包容平等的态度是让孩子安心的秘诀。在高考前躺在病床上的时刻，妈妈讲的道理之所以能进入我的内心，是因为那一刻她比我自己更包容我，考不上又怎样？我从来不敢想的糟糕结果，妈妈都觉得可以接受。这份包容，一下子就抱住了我将要坠落谷底的心，让我有力量在内心深处去问自己："考不上又怎样？"越想越有底气，觉得人生有无限可能。

而龚媛和女儿的故事中，龚媛讲的道理很正确，却因为没有包容，让女儿关上了内心的门。这时，再正确的道理，被拒之门外，又如何会影响孩子呢？

道理，到底是剑伤了孩子，还是花滋养了孩子？关键看道理有没有走进孩子的内心。当道理走入孩子的内心，道理就会成为孩子的价值观，指导孩子未来的生活。

Part 2

谁都不能被说服，
孩子也是

    人只能被自己说服，孩子也是如此。说服要么无效，要么看似有效，其实不过是激发了孩子的自我说服。孩子被说服的本质是什么？说服会给孩子带来哪些后遗症？不说服而是沟通、商量，才能赢得孩子的心。而沟通和商量如何做才有效？

    我们对这些问题进行了深入分析，总结出了说服带给孩子的四种后遗症，也用生活中的对话和故事，说明了和孩子沟通、商量的步骤和技巧。

藏在被说服中的五种孩子

对于自己的孩子，很多家长自豪的一点是："我家孩子很讲道理。"大家也常认为养出这样孩子的家长，往往是高素质的。不吼不叫，文雅地和孩子讲道理，还能解决孩子的问题，多让人羡慕？然而，道理真把问题解决了吗？孩子真的被说服了吗？接触了无数父母和孩子之后，我发现那些看起来被说服的孩子各有各的本质特点。总结起来，有这五大类：

说理的孩子，认知受限，被你的道理绕晕了。

有一类孩子，天生理性，做事重道理，更讲证据，我们可以称这类孩子为说理的孩子。说理的孩子，当你跟他讲道理时，会问很多为什么，除非你耐心地把每个为什么解释清楚，否则他不会听你的。

3～6岁，搞定这类孩子很容易。这时的孩子边缘系统和后额叶发育起来，但掌管分析、判断、决定的前额叶并不成熟。所以他没有太多对生活的认知，只要保证严肃地给出理由，不管这个理由合理与否，最后他都会迷惑地点头。因为他不知道标准的理由是什么。这时，他在乎的是你让他去做事前，是否给理由，给理由就会被视为尊重，孩子就会被说服，配合行动。

7～10岁时，孩子的大脑进一步发育，同时，孩子的自我意识增强，他开始表达自己独到的见解。这时，当你再给孩子讲道理时，他会反驳你，甚至有时候会反问到你哑口无言。这种现象被发展心理学家称为孩子的第二个叛逆期。实际上，叛逆只是父母认为的，从孩子的角度看，他不过是在真实表达自我而已。很多能言善辩的家长，依然能在这个阶段说服孩子。比如，儿子上小学后，他爸爸要求他回家先写作业，儿子会问："为什么？"爸爸说："因为你是学生，那是你的责任。"儿子想了想，觉得哪儿不对，但又说不出来，只好乖乖去写作业。但是，用我们成人的思维来看这段对话，对爸爸有很多可以反问的点："学生的责任不应该是好好学习吗？好好学习就等于写作业吗？为什么一回家就要写作业？"可惜的是，这一连串的问题，因为孩子思维不完善而无法提出。但在他的潜意识里，他能感觉到不对劲。

到了12、13岁，孩子进入了青春期，大脑前额叶发育起来，认知水平更成熟了，道理开始对他们失效。甚至曾经对他们有效的道理，也开始遭到他们各种反驳。如果这时候，你还试图用以前的方式绕晕孩子，只能离孩子越来越远。而孩子青春期的各种问题，也会因此种下隐患。

重情的孩子，怕你不开心，隐藏了自己的真实想法。

重情的孩子很在乎别人的感受，也在意自己在他人心中的形象。所以，当你跟他讲道理时，动之以情，晓之以理，即便没有被道理说服，也会被你的情感打动。他会因为怕你不开心，而隐藏自己的真实想法。

我的闺蜜李一凡就有一个这样重情的孩子。有一天，一凡一边收拾碗筷，一边对儿子说："妈妈最讨厌收拾碗筷了，要是能不收拾就好了。"她本来是开玩笑，没想到当天下午去接儿子，幼儿园老师说孩子没吃午饭。她问儿子为什么不吃午饭，儿子说自己不想吃。来自妈妈的直觉，她觉得不对。在她耐心的询问下，儿子才说了实话："我不吃饭，妈妈就不用刷碗了。"孩子的想法稚嫩且不合逻辑，但他真是心疼妈妈，希望妈妈能不洗碗。这就是重情的孩子。

这种孩子很容易被说服，但也会前后不一致。比如，让他去练跆拳道，跟他说："这样你就可以保护自己和妈妈了。"看着你一脸兴奋，他会隐藏自己的想法，表示赞同。但真的练起来，发现根本不是自己想学的，他会受不了，甚至放弃。不是孩子不坚持，是因为一开始你是用情说服了他，让他做了一个不属于自己的决定。成人也无法对不属于自己的决定负责，更何况孩子呢？

守法的孩子，把你的道理当成了法则。

也有一些孩子，天生遵守法则。这种孩子心思单纯乐观，对父母的话简单照做。但前提是，法则必须简单清晰，且前后一致。这些孩子往往不是被你的道理说服，而是被道理订下的规则约束。

高中时一位同学，家里是农村的，经济条件有限。父母送她来上我们寄宿高中时，背了几个大袋子，临走对她说："在外面要独立，万事不求人。"这个同学也确实听话，每天一个人去食堂吃饭，一个人做题，遇到难题也都是自己解决，她信奉的就是万事不求人。

离开高中后，再也没看到她。但常会想，父母希望她独立，告诉她万事不求人。可真到了社会上，要做成一件事儿，难道不需要相互帮忙吗？万事不求人，让她跟身边的人隔开了，我们确实伤不到她，同时，我们也帮不到她。

当道理成了法则，道理就决定了孩子人生的边界。

同时，这类孩子也容易出现权威情结，对权威绝对服从，无法有力地表明自己的真实立场。他们常常选择附和权威的观点，从而导致人格无法迈向独立。

另类的孩子，被你的道理激发了，要证明给你看。

这一类孩子天生有逆向思维，喜欢跟你顶着干。你想用道理说服他，太难。但有一招，对他们有效，就是激将法。我身边曾有一个"90后"的东北同事闫超，他高中时代绝对是问题孩子：不上课，混帮派，打架，被学校开除，再转学。家里已经对他没办法了，后来转到一所学校，在这儿他遇到一位物理老师。他本来物理还不错，第一次考试及格了，对于他这样一个学渣，他觉得老师应该满意了。结果，物理老师把他痛批了一顿："你小子的实力我还不了解，你这是啥成绩，就考这点儿分就觉得自己了不起了，你丢不丢人？"闫超被骂晕了，他遇到的老师都是苦口婆心地跟他讲道理，他说："我最讨厌他们讲什么大道理。什么现在成绩不行，以后怎么找工作呀？他们成绩好，还不是当个小老师，每月为钱发愁吗？还跟我讲大道理，太把我当小孩了吧？"

但这个物理老师不一样，这顿痛骂让闫超觉得有道理，自己又不笨，考个及格就得意了？这才哪儿到哪儿？他开始努力学物理，这小子本来脑子就聪明，结果，期末竟然爆冷门，物理考了全年级第一。

对他来说，这次成绩的反转，是被物理老师说服了吗？显然不是，他被物理老师的痛骂激发起证明自己的力量，更确切地说，他是被自己不服输的天性说服了，努力展示自己的实力，让轻视他的人输一次。

短期来看，孩子的证明心态能帮他产生学习动力。而长期来说，活在证明中的孩子在意的是输赢，而并非探索的乐趣，一旦证明失败，就容易陷入抑郁情绪。即便证明成功了，幸福也会转瞬即逝，他只能再找下一次证明自己的机会，周而复始，却无法享受生命中的乐趣。

花心的孩子，被道理分心了。

还有一类孩子的思维天生是跳跃的，容易分叉。给这种孩子讲道理，他会有无数个理由来回应你，如果他最后听从了你的道理，不见得是服了，而可能是他分心了。

我的儿子就是这样。他上幼儿园时，上学路上要过一条马路，马路不宽，但红绿灯时间却特别长。我带着儿子等红绿灯时，身边的行人开始纷纷穿行马路。他就问："你不是说红灯停吗？他们为什么都走了？"我只能告诉他："红灯停是正确的交通法规，过马路的人错了，没有遵守交规。"过一会儿，他又不甘心地问："这么多人都不遵守交规，会不会交规出错了呢？"我又告诉他："不是人多就有理，很多时候，真理掌握在少数人手中。"他想了想，还是不甘心，又问："可是，为什么家里投票要少数服从多数？人多不一定就有理呀？"我又开始向他解释，每条规则有使用的场景。他又开始问每条规则到底在哪儿用，是谁定的？

整个过程，儿子都很老实地跟我在等红绿灯，是我说服了他吗？显然没有，只是他看到我在等，同时，他的注意力已经放在了和我聊天上，所以，他并非服从道理，而只是被分心了而已。

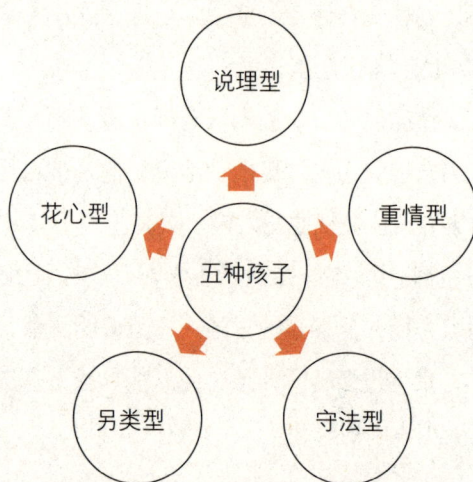

图2-1　"被说服"的五种孩子

　　谁都不能被说服，孩子也是。如果孩子看起来被说服了，也不是被你说服的，而是被他自己说服的。他或者被你绕晕了，决定缴械投降；或者太考虑你的感受，不忍让你伤心；或者将你的道理作为法则遵守；或者不断向你证明；或者被分心了。在父母眼里看似被说服的美好场景中，却埋藏着孩子成长中的压力和伤痛。

孩子不需要说服，家长却需要

一位16岁男孩的妈妈问我："怎么办？我一开口他就烦，直接把门一关。"

家长喜欢对着孩子说，更希望说了孩子就服从，照着去做。

但孩子不喜欢听，对于家长好意的说服，他们的态度就像关起的那扇门：不需要！

我的儿子七岁，可能是做讲师的职业病，我曾喜欢遇到事情就和他讲道理。后来发现没有效果，还一大堆后遗症。有时我刚一张嘴，他立刻跳起来说："行了行了，我知道了！"

好好反思，发现孩子不需要说服，家长却需要，而且是骨子里的需要。

之所以说是"骨子里"，因为很多时候，说服是张口就来的，我们根本没有意识到。

看看下面的场景，你熟悉吗？

场景一：

孩子：妈妈，热死了。（边说边脱外套）

妈妈：别脱呀，外面很冷，怎么会热呢？

……

场景二：

孩子：奶奶，我不吃了。

奶奶：来，再吃一碗，小男孩能吃。

……

这些下意识地说服，很自然地溜出来，背后却有着深层的心理因素，总结起来有这四个主要原因：

第一，原生家庭模式的继承。

原生家庭对我们的影响是植入潜意识的。弗洛伊德的冰山理论[①]提到：意识就像是漂浮在水面上的冰山，让别人和自己看见的只是露出水面的一小部分。更大的部分潜藏在水面之下，人们不会轻易看到，却推动着人们的各种思想和行动，那就是潜意识部分。而原生家庭的影响就像一双无形的手，推动我们在不知不觉中用某种方式处理问题。

无论我们喜欢与否，我们都会或多或少继承了原生家庭的模式。比如，当我们喜欢父母对待自己的方式，就会无意中模仿他们，用他们的方式来教育自己的孩子。又或者，我们讨厌父母对待自己的方式，且发誓一定不用他们的方式来对待孩子。可是，潜意识的特点就是，听不懂否定词汇，当你越担心自己成为父母的样子，越提醒自己："千万不要用爸妈的方式。"潜意识听到的指令却是"千万要用爸妈的方式"，它自动屏蔽了"不"。在潜意识无形地推动下，你也开始用爸妈的方式教育孩子。

话说回来，我们多数人并没有"学过"如何做好父母。如果我们不是主动求学，那么除了父母教育我们的那一套方法外，我们并不熟悉其他方法。

这就导致如果父母是爱讲道理的，你就会很自然地这样对孩子，也许外人看起来有点过分，但因为你从小被这样对待，不会觉得有什么不妥。相反，如果你对自己的现状足够满意的话，你还会迷信这一套教育方式，甚至会在心中想："当年，我父母就是这样培养出我的。"但你忘记了很重要的一点："你的孩子不是你。"用继承来的原生家庭模式来对孩子，是刻舟求剑，用不变的方法企图

[①]　1895年，奥地利心理学家弗洛伊德和医生布罗伊尔合作发表《歇斯底里研究》，冰山理论从此开始流传。

解决不同孩子的成长问题，注定会失败。

第二，说服，看起来是一种投入小而收益高的方式。

要让孩子主动去做一件事，需要花心思，更要花时间。

比如，让一个孩子安排好自己的时间，主动做到不迟到，对一年级孩子就很难。而说服他"快点吃，快点穿，快点走……"再配合吼叫，效果就快得多。

记得一天早上，孩子爸爸拿了一条裤子，让他穿上。

孩子问："为什么不穿校服裤？"

爸爸说："校服裤湿了，快穿吧，裤子都一样。"

儿子死活不干，哭闹着非要穿校服裤。

我在旁边摸了摸晾着的校服裤，确实很湿，但还是把裤子拿下来，扔给儿子："穿吧！"

结果，等他要出门时，小家伙不好意思地对我们说："我想换条裤子，这个不舒服。"

最后，小家伙还是穿了爸爸给他的裤子。

事后，孩子爸爸说："我不是不知道这些方法，就是想直接点，让他赶快穿上。"

这大概也是很多家长说服孩子的初衷，只是想简单点，省点儿力。毕竟，说服比让孩子心悦诚服要容易得多。但教育这件事儿，不该省力的地方省了力，未来就会越来越费力。

另外，说服不仅省力还省钱。孩子七八岁之前，对钱没有太多概念，只会选自己喜欢的东西，不会计算怎么买划算。

有时候带儿子逛商场，就会听到家长这样说服孩子："选这个吧，跟你选的款式差不多，还便宜好几块。"小孩子哪儿肯听这些，不依不饶地喊着："我就要那个！"最后家长开始长篇大论，孩子没有成熟的逻辑，一会儿就被绕晕了，说服成功，钱也省了。只是，孩子的需求被硬生生压了回去。

第三，说服，维护了父母的好人设。

父母跟孩子的交流，往往带着两种目的：第一种叫融洽关系的交流，第二种叫处理事务的交流。前者交流的形式可以很多样，关键是双方开心，彼此更亲密了就算成功，后者却需要达成具体的方案，这时如果父母的提议孩子不同意，父母会想办法捍卫自己的提议。什么方法最常用呢？现在的父母会更多选择说服，因为说服维护了他们的形象。

这里提到的形象有两层，一层是父母在周围人群中的形象，一层是父母在孩子心中的形象。不管我们是否意识到，在我们与他人交流互动中，会有一个自己在别人眼中的"人设"，这个人设可能是："好妈妈""通情达理的人""高素质的人"等。一旦我们做了这样的设定，我们就会拼命让自己的言行符合设定。在教育孩子时，选择说服这种方式，显然更容易维持一个好人设。在周围人眼里看起来，说服不同于打骂，父母是和颜悦色的，与孩子是有充分交流的，甚至父母还是有理有据的，按理说是能让孩子心悦诚服的。基于这些优点，父母怎么会轻易放弃说服这个工具呢？

对于在孩子心中的形象来说，如果用打或者骂的方式，给孩子留下的印象都是："我爸妈很恶劣，情绪不稳定，爱使用暴力……"但是说服，就显得温和多了，孩子最多说："我爸妈虽然很唠叨，但是理性……"他仍然要承认父母是从容淡定的。这正是许多父母需要的。

第四，说服，增加父母的成就感。

说服里包含着输赢对错，人的天性就喜欢赢，赢能让人感到"我很厉害"。虽然很多父母不是故意的，但说服了孩子，你会有种无形的成就感："我是对的，我的教育不错，孩子很听话……"这些都是无意识的闪念，却让你感觉良好，下次无意识中还会如法炮制。

可悲的是，越是在社会生活中不如意的父母，越容易用说服孩子的方式去赢孩子。比如，一个在工作中总被上司压制的人，他熟悉的环境是谁强谁说了算，他会信奉这套信念。当他成为强者的时候，他也会在这套信念的带领下，不允许弱小者提建议，或者提了也不采纳。无论在社会生活中，他是什么身份，回到家里，面对孩子，他是父母，自然成为强者，强者模式就自动开启了。

如果父母想改变这种说服孩子的模式，先不要去管孩子，而要从自身修炼做起。

父母如何进行自身修炼呢？可以从这三个方面开始：

从反问开始，在说服孩子之前，先说服自己。

比如，反问自己："我说的道理一定对吗？""孩子不听我的，一定会吃亏吗？""我说服了他，他能力会增强吗？"反问打破了自我为中心的局面，帮你在以强者姿态面对孩子之前，先进行内心对话。这样的内心对话，会让你变得更加包容，也更愿意聆听。

从增强思想的弹性开始，看到更多可能性。

爱说服孩子的父母，往往思想弹性不强，也就是比较轴。但思想的弹性就像肌肉，是可以锻炼的。在生活中，遇到任何问题，多和周围的人交流，听听大家的想法，你会发现，别人的世界原来和你如此不同。在面对孩子时，也更能理解孩子的不同。

行动，比说服更有力量。

我看到一则新闻，在公共场合，一个孩子撕纸片弄得满地都是，妈妈没有责骂孩子，而是默默去清扫。看到妈妈的举动，孩子也去协助妈妈。这个妈妈没有讲道理，却用行动告诉孩子应该如何做。很多孩子讨厌父母的说服，就是父母搞两套标准，跟孩子讲道理时是一套，自己行动是另外一套。这样的说服怎么会有力量？

说服里，孩子每一次对你说"是"，都是含泪对自己说"不"。当孩子成为你眼中听话的孩子，他也完成了对内心那个充满活力的自己的囚禁。也许，终其一生，他再也无法走出这个囚笼。

说服带给孩子四种后遗症

人喜欢做一件事儿，一定是做这事能带来好处。说服就是一件对家长有好处的事儿，所以家长干得乐此不疲。

但孩子不喜欢说服，因为说服没给他们带来好处，相反，还留下许多后遗症。

第一个后遗症是孩子学会了偷懒、省事儿。

孩子不仅懒得思考，还懒得做事儿，懒得把事儿做好。

"随便""都行""你们说了算""我不知道"……懒得思考，自然就没主见了。孩子为什么不愿意思考？因为长期的说服中，孩子发现"我的思考没有用"，甚至发现，"我的思考是错的"。顺应自然界用进废退的法则，孩子的思考经常做无用功时，慢慢地他就不愿意思考了。

懒得做事儿，因为他认为：反正是你的事儿、反正你做主。

在成都遇到一位小学女校长的儿子，上了高中，一点儿学习动力也没有。女校长把儿子的智商报告拿给我看："你看，孩子智商挺高，为什么就不愿意学呢？"饭桌上，孩子根本不用动手，妈妈一直给孩子夹菜，还在说："吃这个，这个有营养……"

趁着校长上卫生间，我问孩子："你妈给你夹的菜，你爱吃吗？"

他无精打采地说："还行吧。"

我问他喜欢什么，他摇摇头。

问他以后的打算，他低声说："听我妈的……"

他做的所有事儿都被妈妈说服了，按着妈妈的意思办。既然是妈妈的意思，他当然没有做事儿的动力，更别提把事儿做好了。

第二个后遗症是内心长不大。

身体上人总会长大，18岁以后，成为男人、女人，别人会称你是成年人。然而，心理的成长太隐蔽了，到底有没有长大？不细致觉察，不会发现。

如果你在身边发现有这样的成年人，就是没有长大的伪成年人：

情绪来了无法控制、不敢独自做决定、总推卸责任、不敢承担后果、做事习惯以自我为中心、活在不切实际的幻想中、为了别人的感受委曲求全、完全不顾别人的感受撒泼任性。

伪成年人形成的原因很多，其中一个重要原因就是：无法自己做主。

自己做主，孩子就启动了主动成长模式。心理学上有一个理论叫皮格马利翁效应，核心是：你期望什么，你就会得到什么，你得到的不是你想要的，而是你期待的。主动成长模式中的孩子，对自己的选择充满期待，会找各种方式让自己成功，以证明：我是对的。而这个过程，让孩子积累了成就感，变得自信。虽然自己做主，也会面对失败，可对主动成长的孩子来说，失败也是成长的机会，他会从失败中学习，一步步让自己强大起来。

相反，长期被父母说服的孩子，在父母的推动下处于被动成长模式。比如，被说服要好好学习的孩子，他会觉得是在为你学。既然学习这件事都不是自己的事儿，他自然不会有期待，也不会调动自己的潜力去获得成功。

从小到大的这些关键时刻，从选玩具、交朋友，到选专业、挑学校，再到找伴侣、找工作，如果这些事里，孩子一直被说服，他会觉得自己无法对自己的人生做主，更无法负责。这就是"啃老族""妈宝男"形成的一个重要心理因素。

第三个后遗症是自我价值不足。

什么是自我价值？就像我们会对身边人、事、物有价值的衡量，我们对自己也有价值的衡量。有些人，衡量后的打分高；有些人，衡量后的打分低。这个打分究竟跟什么有关？当然跟我们曾经的表现有关，跟周围人对我们的评价有关，而最核心影响的是：跟我们在原生家庭中父母对我们的评价有关。

父母对我们的评价，透过语言传达，更多时候还经由行动展示。比如，当我们一次次被说服，我们收到的信息是："我的建议是不可取的，我是不值得信任的。"一个长期不被父母信任的人，自己又怎么会信任自己？同样，我们的孩子，自我价值也是这样建立。如果我们不停说服孩子，孩子就会不相信自己，进而导致自我价值不足。一个孩子的自我价值不足，会以各种方式表现出来：

爱吹牛——因为对自己的期待高，但又觉得自己不优秀，就用吹的方式去撑起来这中间的差距。

贪小便宜——内在是匮乏的，总感觉自己不足，就会想占别人的便宜，多要一些。

爱赌，喜欢以小博大——期待通过奇迹般的胜利来提升价值。

撒谎——不敢说出真实的想法，认为别人不喜欢真实的自己。

……

如果你的孩子也有这些行为，请先不要批评他，想一想是什么让孩子自我价值不足了？

第四个后遗症是孩子叛逆、不听话。

从发展心理学的角度来看，孩子从出生到成人，会经历三次叛逆期：

第一个叛逆期出现在孩子两三岁的时候。在这个叛逆期，孩子自我意识第一次突飞猛进地成长。出生时，孩子会无意中认为自己和这个世界是一体的，自己和妈妈是不分彼此的。突然有一天，他发现了"我"，他感受到我和你的不一样。最明显的行为是，孩子开始用说"不"的方式感受自我的力量。

第二个叛逆期出现在孩子7到10岁，他觉得自己好像已经长大了，于是会像个小大人一样去说话做事。

第三个叛逆期出现在孩子13到18岁，也就是我们俗称的青春期。

如果父母习惯用说服的方式跟孩子交流，会出现两种状况：一是孩子服软了，承认你是对的，这时，你会看到一个听话的孩子；二是你的说服，孩子并不认同。在他小时候，你可以用长辈的身份压他，或利用他大脑发育不成熟来用道理绕晕他，但潜意识里的不满情绪会积累起来。到了青春期，孩子发现自己有力量了，反抗就开始了。很多家长发现，小时候听话的孩子，越大越不听话了。其实是小时候听话的后遗症，现在爆发了。

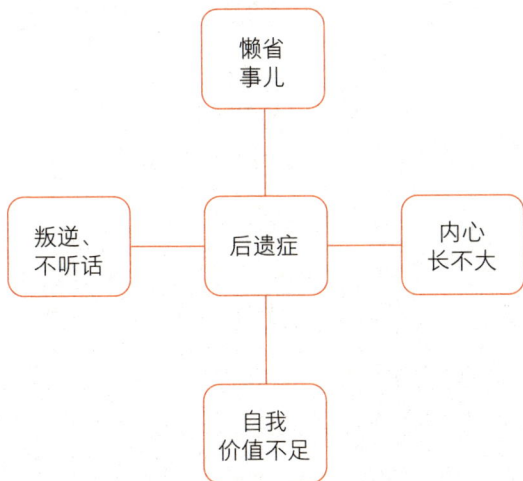

图2-2 常说服孩子带来的四种后遗症

既然说服会导致这么多后遗症，如何避免呢？

对很多父母来说，一下子改变说服的模式确实不容易，有没有更有效的方式避免后遗症，甚至能治愈后遗症呢？

有，那就是增强孩子的自我价值。李中莹[①]老师在《重塑心灵》一书中，提出了非常具体又实用的执行步骤：

第一步，多做；

第二步，多做到；

第三步，多因做到而获得肯定。

第一步是让孩子多做，就是要多给孩子机会去自己做主，减少父母的代办。

---

① 李中莹老师生于1946年，香港人，被誉为华人世界的国际级NLP大师，著有《重塑心灵》《亲子关系全面技巧》等著作。

但生活里，父母代办现象实在是太普遍了。

比如，挑选玩具，孩子想选汽车。

家长："家里全是汽车了，要不你选个恐龙？"

孩子："可是这个汽车和家里的不一样，这个是跑车。"

家长："怎么不一样了，你看这个也是蓝的，上个月你买的也是蓝的。听话，买恐龙吧。"

孩子："好吧。"

这就是一个典型的代办，更普遍的还有高中阶段孩子选学校，更有甚者，硕士生选专业，父母都要插手。这就是不给孩子"做"的机会。

第二步是协助孩子"多做到"。如果你给孩子很多机会让他去做，他也做了，但没有一个做成的，就会积累大量负面经验，甚至以后不敢自己做主了。在这方面，我家孩子爸爸做得很好。孩子强烈要求买了八岁以上的乐高积木，但对于当时六岁的他来说，太难了。他刚开始拼，就急得大哭："不玩了，我拼不好。"这时，孩子爸爸耐心地陪他，父子俩用了一下午，把这个乐高积木拼出来了，儿子得意地拿了作品跟我显摆："好看吧，其实一点都不难。"有了这种想法，以后他就敢挑战高难度的活动了。

第三步是孩子做到后要肯定他。在孩子三岁之后，父母对孩子的肯定要转化成孩子内在对自己的肯定，才会增强孩子的自我价值。孩子做成功一件事儿后，他自己就有一种满足感，这时父母在这种感觉上助推一把，这份内在的肯定就从小火苗一下子蹿成熊熊烈火，让孩子自我价值猛增。

还有一个超级有效的秘诀：孩子成长中觉得特别有成就感的事情，我都会暗中记录下来。当他在成长中遇到挫折，觉得自己不够好时，我就会把这些事当故事讲出来，让他记得曾经自己干过多棒的事儿。每次，我的故事不需要讲完就会唤醒他的记忆，他那份自信一下子又从心底升起。

是的，孩子也许会经历失败，但只要作为父母，我们永远记得他是一个多么独一无二的孩子，他就会永远欣赏自己。

孩子不需要说服，而需要沟通

一位高中老师在五十多人的班级里发起了一项调查。他给学生们发了一些卡片，这些卡片上写着让高中生梦寐以求的东西。比如，成为篮球冠军、拥有歌星般的嗓音、高超的社交能力等。最后，每个人只能留下三张卡片。经过艰难取舍，四十多人都留下同一张卡片：和父母好好沟通。

孩子不需要说服，却希望能和父母好好沟通。而说服与沟通，有什么不同呢？

说服和沟通的目的不一样。说服的关键是"服"，要有一方"服"另外一方，说服才能达成。而沟通的关键是"通"，字面上理解，也要建设一个小水沟，让彼此有连通。所以，在说服中，父母会用恐吓威胁或者礼物诱惑，目的就是让孩子"服"。而沟通里，父母用各种方法的目的只有一个，那就是让他和孩子能连通起来，彼此互动。

说服中，当父母用诱惑的方式时，往往很有迷惑性。这时父母会和颜悦色："宝贝，只要你下午跟我一起回姥姥家，我就给你买巧克力。"看似也在沟通，但这其实是伪沟通，因为妈妈通过各种手段无非是希望孩子"听我的"。真正的沟通，不是一方的获胜，而是双方的共赢。

从本质上看，说服和沟通最大的区别，不是声调，也不是态度，而是以谁为中心。

以"我"为中心，就是说服；以"我们"为中心，才是沟通。

说服希望达到的结果是"你听我的"，沟通却是希望"一起商量出双方都可以接受的方法"。这句话中包含三个要解决的问题：一是一起商量，怎么样一起商量？我们在"不要试图说服孩子，要与孩子商量"这一节深入探讨。在此之前，父母起码要有商量的态度，那就是让孩子拥有发言权并用心聆听孩子。二是如何可以做到双方都能接受？尤其在双方意见不一致时。三是最终要有都可以接受的方法，就意味着这个过程充满创意，你和孩子都需要提出许多方法，最后有一个是你们都觉得可以执行的。

既然是一起商量，孩子就可以有发言权，而且他的发言也应该被听到。

家长说服孩子时，往往不给孩子发言权，变成直接的命令。比如，家长直接对孩子说：

"下午去姥姥家。"

"周末在家做作业。"

专制型家长最容易这样做，这类家长是家里的绝对主导，孩子是附庸。家长的一句话就是家里的准则，只有服从。一句话定死了，没有孩子发言的空间。这类家长容易养出青春期顶嘴的孩子，他没有发言权，却有不满，不满的情绪只能是通过顶着干的方式发泄出来。

你可能说，我没有那么过分，我还是会让孩子说说他的想法的。可是，孩子发言的内容我们用心聆听了吗？还是表面上在点头，心里却已经在酝酿如何反驳了？

妈妈："下午去姥姥家。"

孩子："我不想去。"

妈妈："为什么不想去？"

孩子："就是不想去。"

妈妈："你这孩子，怎么这么不懂事儿，姥姥这么疼你。我已经跟姥姥说好了下午过去，别捣乱啊！"

与姥姥的约定，妈妈提前做好了，没有给孩子发言权。

而孩子表示"不想去"时，妈妈听了，却没有听到心里去，一直强调自己的计划，这是典型的要孩子服从，而非共赢的沟通。对于这类讲道理的妈妈，孩子越大越讨厌。因为妈妈说的，和她做的，并不一致。她说："你说呀，我在听。"可是聆听只是她的缓兵之计，她的目的仍是用"但是"来说服孩子，久而久之，孩子就不愿意说了。

能站在孩子的角度用心聆听，才会让孩子心悦诚服。

　　妈妈："姥姥想你了，下午去姥姥家，怎么样？"

　　孩子："我不想去。"

　　妈妈："你想做什么？"

　　孩子："我想在家画画，姥姥家太吵了。"

　　妈妈："你想找个安静的地方画画？"

　　孩子："嗯。"

　　妈妈："如果把姥姥的房间腾出来给你，你关上门画画，妈妈和姥姥在外面聊天，你愿意去吗？"

　　孩子点点头："嗯。"

这次对话中，孩子的发言被听到了，他说"不想去"时，妈妈没有站在自己角度说"必须去"，而是充分考虑孩子的发言，问他想做什么？孩子说出具体的理由，妈妈给出折中的建议，最后，孩子认可了。孩子不会故意跟家长顶着干，只是他的想法会和家长不一样，这时如果家长能听听孩子的想法，并问明想法背后的目的，你一定可以和孩子找到让你们双方都满意的解决方案。

双方都可以接受，意味着有时需要家长先"让步"。

如果我们把"让步"看作是妥协，你一定没有让步的勇气，因为让步就意味着输。但如果作为父母，我们能看到让步背后是共赢，就会充满力量去行动。

刚开始学心理时，有两句话让我觉得很不公平，一句是"谁痛苦谁改变"，一句是"谁成熟谁让步"。后来发现，看似不公平的话里却讲出了关系的本质。比如，我们感觉养孩子很痛苦，这时候你如果自己不改变，而是想改变孩子，就会更痛苦。因为你不是他，你不能控制他。同样，双方意见不一致时，谁能先做出让步呢？一定是更成熟、更顾全大局的那个。否则两个人都顶着，最后就是关系破裂。再想想，我们经常说言传身教，孩子是父母的复印件。如果家长丝毫不退让，孩子也会学到，变得又臭又硬。但如果家长做出了让步的示范，难道孩子看不到吗？最后的共赢就容易达成了。

让家长先"让步"，你可能会担忧，孩子会不会蹬鼻子上脸？这个让步的尺度多大？

站在孩子的角度去想想，理解孩子了，你的"让步"里带着对他的爱，他只有感激。而让步的尺度，在你理解孩子时，你也会感受到。

为了有双方都可以接受的方法，就要有更多创意的方法。

有时，光有让步还不够。还要有足够的创意，提出更多的可能性。如果我们的思维是僵化的，孩子也认为非黑即白，共赢就难以达成。实际上，凡事都有第三种选择。让自己从情绪中平静下来，跳出原有思路，提一个新建议。接下来，孩子可能给你惊喜，因为小家伙的创新思维更活跃，他会有提出更多创意的方法，最终让你们都期待的共赢达成。

比如，去姥姥家这事儿，妈妈提了建议，孩子仍不同意，这时怎么做？

妈妈："如果把姥姥的房间腾出来给你，你关上门画画，妈妈和姥姥在外面聊天，你愿意去吗？"

孩子摇摇头："不行。"

妈妈："那怎么做你会待得舒服？"

孩子："姥姥家不适合画画，可以看动画片。"

妈妈："那你不画画了？"

孩子："可以在姥姥家看动画片，早点回来画画。"

妈妈："可以，我们早点回来。"

妈妈的建议不被采纳时，她开始问孩子，孩子不断思考，说出自己想要的，而妈妈从中判断出一个可行的方法，最后，双方都可以接受了。

生活里和孩子沟通，我还有一个小绝招分享给你：回到养孩子的初心上看一看。

这话看起来很空，什么是养孩子的初心呢？你脑子里可能会蹦出很多答案，无论什么样的答案，是不是都为了这样的目标："让孩子更幸福成功快乐满足？"带着这个目标，沟通就简单了。比如，儿子四岁多时，我们带他去动物园，路上走过街天桥，小家伙在天桥上跑上跑下，玩得很开心。孩子爸爸目标性很强，对他说："这有什么好玩的，公园里有好多可爱的动物等你呢。"可是，孩子玩开心了根本就不听，仍在天桥上疯跑。我问自己："带孩子出来是干吗的？不是带他玩的吗？既然是玩儿，何必一定要到某个地方，孩子开心了目的不是达到了吗？"后来，我们陪他在天桥上玩起来。实际没过几分钟，他就玩腻了，主动要去动物园了。

有时候，我们越坚持阻止孩子，他会越觉得好玩，不肯放弃，真的没有了约束，孩子的叛逆心放松了，反而能发自内心做决定了。当我们常想到养孩子的目标就是让他更幸福成功快乐满足，我们就不会被限制在形式中，而更加包容了。

真正以"我们"为中心去沟通，可以让事情简单也有效果，还能让亲子关系良性运转。这种沟通是孩子成长的养分，让孩子感受到被爱、被尊重，也学会去爱和尊重别人。而说服，却是伤害孩子的慢性毒药，短期有效，长期后遗症无数。所以，别去说服孩子了，他需要的是沟通。

不要试图说服孩子，要与孩子商量

每个人都渴望被尊重，而商量就是一种尊重的沟通姿态。即便是少不更事的孩子，当我们把他当作独立的个体来尊重时，他也会愿意与你共同来完成一个事儿。所以，和孩子商量，一开始就赢得了孩子的主动性，无论结果如何，都是一种良性的互动。

什么是商量呢？商量是彼此都相信事情有第三种选择并愿意尝试找到它。

所以，商量的关键是：

商量不是单方的，是双方的，只有彼此都愿意努力才能达成。商量的结果要能找到第三种选择。

儿子成长中的一个故事能很好地做出说明：

有一天，孩子爸爸在家里办公，写了一下午的文档。儿子放学回来，看到爸爸很高兴，平时他最喜欢和爸爸一起打游戏。小家伙兴冲冲地跑到爸爸旁边："爸爸，一起玩《国王与城堡》吧？"

正在忙碌的爸爸一口拒绝了儿子的请求："不玩，爸爸要工作。"儿子又试了几种方法，爸爸不为所动。

这下，小家伙生气了，他绕过爸爸，冲到电脑主机前，"叮"的一声，把爸爸的电脑强行关机了。

爸爸大火，对着儿子就要劈头盖脸扇过去。一看这架势，我赶紧拦下老公。

儿子显然没想到爸爸会发这么大脾气，很害怕，逃回了自己房间，还关上了门。

我和老公商量，这次小家伙错了，要让他道歉。可怎么让他道歉呢？

我知道只要我跟他讲道理，想让他承认自己的错误，他就会有一堆的辩解。我还记得上次在学校门口，他追着一个小男生打，我让他停下来，他立刻说："可是他刚才也打我了呀。"孩子内心有自己的判断，虽然我是大人，但我毕竟不是当事人，很难判断谁对谁错。即使我认为他有错，只要他自己内心不认可，他根本不会去改正。

我们经常说，鸡蛋从外部打破是食物，从内部打破是生命。用在孩子身上，从外部推动是强迫，发自内心的明白才是成长。而作为家长，需要创造条件，让孩子发自内心的明白。

于是，我和老公约定好，谁也不主动去敲门。

过了一会儿，儿子见没人理他，自己主动出来了。见我不说话，扯扯我的衣服："陪我玩，好不好？"

我说："爸爸生气了，怎么办？"

他不好意思的摇头。

"如果你刚画好的画，被别人撕了，你会怎么样？"我问他。

他激动地说："那我肯定气死了。"

我点点头："对呀，爸爸辛辛苦苦写了一下午的文档，被你一下毁了，你说他心里难受吗？"

儿子害羞地点点头。

他主动问："那怎么办？"

我提建议："要不要去跟爸爸说对不起？"

他很不情愿，一开始说好，快走到爸爸跟前，又折回来，说："我害羞，怎么办？"

看来我的建议，对他来说，并不是个好办法。于是，我摆摆手，表示没办法了。

在儿子眼里，我向来不是个聪明的妈妈，所以很多事儿都得靠自己想办法。

他撅起小嘴，又突然眼神一亮，兴奋地说："我有办法。"

他跑回了自己的房间。过了一会儿，小家伙拿了一幅画来找我。画上有肉串，鸡腿，火锅……这些都是他爸爸最爱吃的。他问我有没有漂亮的小盒子？他想把自己的画装到小盒子送给爸爸。

孩子这个道歉的方法，真的让我很惊喜。我又一次发现，自己总觉得有很多点子，总想给孩子提建议。实际上，孩子比我们认为的更有创造力。只要他想做一件事儿，他会做得特别出彩。而作为父母，我们只需要启动他就好。剩下的，看他的，他一定会让你骄傲。

后来，我们找了一个精美的小盒子，小九把自己的画用心卷好，放进盒子里，拿着它跟爸爸说："这是送你的，对不起……"这样别出心裁的道歉，让他爸爸也很感动。孩子成长中的一次犯错，就这样成为他秀创意的机会。

在这个事件里，一开始我们希望和孩子商量，让孩子道歉。但他把自己关起来了，不参与。这时，我们做的第一步是让孩子愿意跟我们商量：

首先，我们给孩子一定空间，等他自己主动出来。

其次，用感同身受的方式，让他意识到自己的错误。想让孩子理解别人，关键是他要能感同身受。平时生活中，我会留心把能引起他喜怒哀乐的事情都记录下来，像他喜欢画画，最让他生气的就是自己的作品被弄脏或毁掉。我用他自己有感触的画画来告诉他，他的行为对爸爸带来了多大伤害，他一下子就感受到了。

还有，允许孩子不采纳我们的建议。我让孩子去跟爸爸说对不起，他害羞，没法说出口。这时，给他允许他才会愿意继续商量。

第二步是找到第三种选择。这件事里，孩子自己给出了第三种选择：他给爸爸画了一张"道歉画"。因为是孩子的主意，他会认真地执行，最后道歉得到谅解，他也会得到成就感。

但是，并不是每一次和孩子商量都有效，也会有失败。多数失败的商量是这三个因素导致的：父母的限制性信念、情绪化和过高期待。

一、父母的限制性信念。

什么是限制性信念（Limiting Beliefs）呢？是我们头脑中限制觉知、阻碍我们成长的惯性思维模式。对于父母来说，常见的限制性信念是：没有能力，没有可能性，没有资格。在和孩子商量的过程中，最容易出现的限制性信念是没有可能性。就像上面的案例中，我们想让孩子说对不起，但孩子不想说。这时有没有其他可能性？如果父母给孩子讲道理，可能会说："你应该跟爸爸道歉。"应该、总是、必须……这样的词后面，跟的就是父母的信念，可是如果这个"应该"并没有获得孩子的认可，这时要怎么办呢？这时，就需要父母跳出"应该"的限制性信念，自己想想有没有新的可能性？同时，问问孩子自己的想法，看看孩子有没有找到新的可能性。

　　限制性信念，还容易让我们没有跟孩子商量之前就做出预判。比如，回家时你看到孩子正拿着手机，你可能立刻预判孩子一定玩手机了，没写作业。因为之前很多次孩子都是这样，偷偷玩手机，不写作业。这时，你询问孩子："你写完作业了吗？"你的询问里就会带着责问，让孩子不舒服。实际上，也许孩子99次都是玩手机不写作业，但有1次他写了作业，而你陷入了限制性信念，流露出责问他的口气。他下一次肯定不写了，因为他知道你是如何看待他的，他知道这一次写完作业的努力也扭转不了他在你心中的形象了，所以不如破罐破摔干脆放弃。这就是很多孩子一步步放弃自己的过程。

二、父母的情绪化。

　　想和孩子商量出结果，父母的情绪要能保持稳定。很多时候，商量的过程中父母却先着急了，孩子也被带着大哭大闹，一次好好的沟通，最后以吵架收场。上面案例中，我和儿子商量如何跟爸爸道歉。当我提议去向爸爸说对不起时，儿子一开始没有反对，我领着他，快走到爸爸跟前时，他撤退回来，说他害羞。当时，我来了情绪，很想脱口说："害羞了不起呀？害羞就不行动了？"但我最终深吸几口气，还是对情绪进行了调整，转而问儿子："你有其他办法吗？"于是，他想到了用画画的方式道歉。如果当时我没有控制住情绪呢？也许就会对儿子大吼一顿或者说大道理，最终破坏了我们的关系，他也可能放弃道歉。所以，平和地引导孩子，才能让商量有结果。

三、父母的过高期待。

　　有时候，没有结果也是结果。如果父母期待过高，就容易破坏商量的氛围，连下一次商量的机会都失去了。一位妈妈，带着上高中的有网瘾的孩子来公司找我。妈妈带孩子进来，孩子低着头打游戏，足足有四五分钟，孩子根本不抬头跟我聊。妈妈着急地想去抢孩子手机，我示意她不要。当我们都保持安静看着他，孩子抬头看了看我，我们终于可以简单交流了。第一次的交流我们东聊西扯，后来，他说累了，想回去，我同意了。等孩子出去，妈妈问我："聊的怎么样？"我笑笑："没啥结果，但他起码不烦我，明天还愿意来。"商量如果没有达成具体的结果，却让彼此的关系更融洽了，也是好的结果。

　　人不可有傲气，但不可无傲骨。和孩子商量，就是在保留孩子的傲骨，让他知道自己是有主动权的。这种主动权让孩子生出力量感，更让他愿意独立思考和选择。如果我们承认，孩子是一个独立的个体，我们就要从商量开始，让他感受到力量，从而一步步长成自己的样子。

Part 3

你越想控制，他们越是不屈，越想远离你

关系中的力也是相对的，你拉得越紧，孩子会把自己推得越远。怎样与孩子保持合适的距离？唯有放下控制。

一起来区分爱与控制的不同，一起来分析控制对孩子造成的伤害。同时，让我们转变思路：通过少说禁令、客观表述、情感表达等方法，为孩子"松绑"。

说服里的爱是控制

我是父母的孩子，又是孩子的父母，深深理解父母对孩子说服中隐含的爱。我到现在都记得，小时候，妈妈苦口婆心劝我少读小说，多看课本。只有初中文凭的她，希望自己的女儿成绩优异，考上理想的大学。我也记得自己怎样跟儿子小九说，让他少玩游戏，多运动。因为颈椎不好的我，希望他有健康的体魄。可是为人父母这份对孩子的天然之爱，却常常藏着控制的影子，让孩子逃离。

几乎所有父母对孩子的说服里，都藏着对孩子无比的爱。

我在跟随吴明建老师学习时，他提到过"生命之火"，讲的就是父母和孩子之间的爱。这种爱叫原爱，是一种十分特殊的人际关系。这份关系不能改变、不能终止、不能转换代替且不能否认拒绝。有些孩子太不孝了，父母甚至向法院起诉孩子要求断绝父子、母子关系。就算最终断绝了，实际上断的是法律关系，作为家族的血脉传承，这份原爱关系自存在开始就无法被磨灭。

德国心理学家海灵格[①]提到原爱时说："父母子女之间原始的亲情之爱是人类拥有的天性。"近乎天性的原爱是纯粹的，但爱的表达却可能是粗糙甚至南辕北辙的。原爱的表达方式有三种：

[①]　海灵格：德国心理治疗师，独创了家族系统排列这一治疗体系。

自私的爱

这种爱是父母对孩子的爱，当父母用说服的方式与孩子交流时，自私的爱体现得十分明显。比如，我妈妈劝我少读小说，站在她的角度是为我好。但这种方式，却干涉了我对人生的规划。妈妈可能想不到，多年之后我会成为一名作家。当年学的那些课本知识，早已成为过眼云烟，而留在记忆里的小说的美好却一直支持着我写下去。

当父母妄图让孩子按着自己的规划去生活时，爱悄悄变质成自私的爱。我的同事是一位很漂亮的"90后"。她说自己没有自信。她记得小时候妈妈带她去买裙子，她看上了一件白色的公主裙，幻想着自己穿上裙子后像公主一样闪亮。可是，妈妈对她说："这条裙子不实用，你回去能穿几次呢？"她太小了，没办法说服妈妈，只是觉得很委屈，不停地哭喊："我就要这条裙子……我就要……"妈妈被她惹恼了，一边骂她不懂事，一边把她拖回家。后来，妈妈给她买了一条裙子，却不是她想要的公主裙。多年以后，春节回家，妈妈整理她从前的衣服，翻出这条裙子，很得意地问女儿："你妈的眼光不错吧，看，这条裙子现在看都很大方时尚。"女儿不敢说：也许所有人都认为这条裙子更好看，但当时她真的想要那条白色公主裙。

霍达在《穆斯林的葬礼》中说"人生从来没有蓝图，度过了人生，才完成了人生"。而父母却喜欢用自己支离破碎的人生经验，为孩子提前规划好理想的人生蓝图。无论这个蓝图多美好，它是父母的，而如果父母想把它强加给孩子，无论父母多么用心良苦，却干涉了孩子对人生的体验，只是一份自私的爱。

愚蠢的爱

被自私的爱养大的孩子，反过来会对父母产生愚蠢的爱。愚蠢的爱里没有自我，只有愚孝，并把愚孝当作爱。

在父母课堂上，来自涿州的小杰分享了她的故事：她高中毕业，想选择心理相关专业。但是，妈妈花了五千多元为她请了专门的高考志愿规划师。专业规划师规划出的适合小杰的专业方向是金融。妈妈本来就希望小杰学金融，专业人士给的建议也是如此，妈妈很开心，跟小杰说了很多金融方向就业的优势。最终，作为乖乖女的小杰被妈妈说服了，考取了集美大学的金融专业。刚上大一，小杰就各种不适应，尤其要学习复杂的数学，她是各种头大。等到大二，她的各项成绩在班里都是倒数。比起那些对金融有热情的同学，她听课都是云里雾里的。最终，她决定换专业。不管怎么说，耽误两年，小杰觉得自己还是走上了正轨。虽然心理学也很难学，但这是自己的选择，她充满热情地努力着。

如果小杰没有换专业呢？就像我的一位朋友，听家里的安排，回家乡做公务员。每次聚会聊天，她都会无望地说："你知道吗？我现在的职业是一眼就能望到退休生活。"我能感到她不开心，也能感到她已无力反抗。

愚蠢的爱不会让父母感到满足，因为父母的本意是要看到你幸福。在愚蠢的爱里，你放弃了追求幸福的权力，按照父母设定的轨迹来走，却离幸福越来越远。父母有一天会发现这一点，只是他们不会认为是自己错了，而是认为你不够努力。

智慧的爱

一位非常智慧的亲子讲师曾讲过这样一个故事：

她的儿子读二年级。有一天，她接孩子放学，老师就跟她讲："你儿子很孝顺，说要好好学习，让你开心。"谢过老师，接上孩子，她就带孩子去附近的面包房。路上她问孩子："今天考得这么好很开心吧？"孩子高兴地说："当然开心。""好，那你请我吃个面包吧。"孩子不解地问："为什么？我考得好，不应该你请我吗？""你考得好自己很开心，是不是应该请客让我分享你的开心？"孩子勉强同意了。吃着儿子用零用钱买的面包，她对孩子说："下次我工作出成绩了，也请你吃。"孩子很开心。

这个妈妈没有跟孩子说道理，而是用行动让孩子自己体会"学习是自己的事儿"。对孩子智慧的爱，是在照顾好自己的同时，协助孩子：

第一，帮助孩子思想成熟；

第二，让孩子能更好地照顾自己的成功、快乐、满足；

第三，让孩子的能力不断提升；

第四，让孩子能给社会带来正面影响。

我们对孩子的爱，符合这四条原则吗？是智慧的爱，还是自私的爱？

说服里的爱本质是控制

与孩子交流有很多方式，但只要涉及说服，这个裹着爱的糖衣的苦果就显露出来，那分明是控制的青面獠牙。

提到控制，你会想到什么？

也许你看了很多书，立志要控制好自己的情绪；或者，领导告诉你这件事交给你控制。控制常给人以力量、规则等正面印象，但在家庭教育中提到控制，多指父母对孩子的操控。

说文解字对"控"的解释：拉弓绷弦，引而不发。"制"字的本义是"用刀裁剪树木使之成材"，后引申为限度、规章、法规。后形成"控制"一词后，有了两层含义：

第一层是掌握住、不使任意活动或越出范围；

第二层是使处于自己的占有、管理或影响之下。

分析父母对孩子的控制，这两层含义都有。控制的目的是为了孩子能够不越界；而控制的方式是让孩子处于自己的占有、管理或影响之下。

上面提到我妈妈对我的说服："不要看小说，多看课本"，里面带着目的："孩子要努力学习且成绩优异。"成绩优异对孩子来说意味着一切，比如，三好学生是你的，参加各种竞赛的机会是你的，甚至你的穿着打扮都会成为标杆。而这些是妈妈想要的，真是我想要的吗？实际上，整个大学阶段我都很迷茫，我到底想要什么？之前的生活里只有一个目标：高考。我不用去思考自己究竟想要什么，社会、学校、家庭推着我往前走。但上了大学，以后做什么工作？以后要什么样的生活？我不知道。跟身边同学聊，发现困惑的不只我一个人。北大心理学教授徐凯文曾提过一个"空心病"的概念。他发现北大有30%的学生有这种"病"：不知道自己要什么，为什么而活。之前我们要的，是父母为我们设定好的。之后我们要什么？我们还没有能力去做出判断。

真正的爱是你含着泪也要和孩子说再见

这世界上所有的爱都是为了相聚，只有原爱指向分离。这确实是一件让父母痛苦的事儿。作为妈妈，被孩子依赖也是一种享受。他奶声奶气地叫你："妈妈，来陪我一起做手工。""妈妈，这个单词怎么写？""妈妈，你说天上为什么有那么多星星？"无数次，在儿子的需要里，我感到为人母的快乐。想到有一天他要跟我说再见，然后离开，心里就像搬空的家，空洞而没有着落。但我知道，当那一天到来，我含着泪也要和孩子说再见，并祝福他开启人生的下一段旅程。

　　当我学习到越来越多的教育新观念，我开始慢慢放弃说服孩子，而是和他商量。但这个过程，并不容易，有压力，更有惊喜。压力是周围的亲友发现小九不是个"听话"的孩子，总喜欢提各种问题，尤其是在我这个妈妈面前。但他们不知道，这是我愿意看到的，在小九每次提出自己观点的时候，我都很欣喜他越来越能独立思考了。惊喜是当我按照他的想法支持他时，结果往往比预期更美好：比如，有一天他有击剑课，但他坚持要去学校参加彩泥比赛。后来，我们选择支持他，虽然他没有拿比赛冠军，但他却从此爱上了彩泥，在家里创造出了彩泥乐园（如图3-1）。

图3-1　儿子小九制作的彩泥作品

　　现在，每次做决定时，看着那个终有一天要离开我的小家伙，我会问自己：我的决定能帮助他思想成熟吗？我的决定能让他更好地让自己成功、快乐、满足吗？我的决定能让他的能力不断提升吗？我的决定能让他给社会带来正面影响吗？如果答案是Yes，无论别人怎么说，我也会坚持去做。但如果答案是No，无论别人怎么撺掇，我也不会行动。

莫让过度控制阻碍了孩子的自我调节能力

　　人类作为大自然的一部分，像所有动植物一样，有自己成长的自然规律。就像孩子，一出生，就有自己的喜怒哀乐。当饿了、疼了、不舒服了……孩子会用哭、闹等方式告诉你，这是天性，不需要教。根据发展心理学家埃里克森的人生八阶段理论①，人的一生每个年龄阶段有特定的心理任务，这是规律，会自然而然地发生。然而，当父母过度控制孩子，原本自然而然要发展出来的自我调节能力就遇到了阻碍，甚至扭曲变异。最后，当孩子离开父母，他不是作为一个独立成熟的人离开，这势必会影响他未来的生活。

　　自我调节能力首先是一种自我的能力，它建立在我的感受、我的思考、我的判断以及我的决定之上。形成之后，自我调节能力会成为一种适应能力。这一能力强的人，不畏惧变化，在变化中能够弹性处理自己的情绪、判断、决定，进而达到让自己幸福的状态。相反，这一能力弱的人，不相信自己的感受，也无法独立处理情绪、判断、决定。而这项能力的发育不全，往往跟父母过度控制有关，尤其是当父母忽略孩子感受、与孩子权力斗争或代替孩子的位置时。

---

　　① 　爱利克·埃里克森是美国著名的发展心理学家，他提出人格的社会心理发展理论，把心理的发展划分为八个阶段，指出每个阶段的特殊社会心理任务，并认为每个阶段都有一个特殊矛盾，矛盾的顺利解决，是人格健康发展的前提。

过度控制的父母，喜欢忽略孩子感受

试想一下，你有逼孩子吃过饭吗？当孩子说他已经吃饱了，你会怎么说？你是否会对他说："不可能，吃这么少，怎么会饱了？"可是你不是他，你怎么知道他不饱呢？而对孩子这样说，无疑是在暗示他：你是错的，你的感受不是真实的。

美国作家帕萃丝·埃文斯在《不要用爱控制我》一书中提到：

有一天，我和朋友正在一家咖啡馆喝咖啡。一位女士贝蒂和她的女儿苏茜，一起走了进来。苏茜7岁左右。他们看着玻璃柜台下的各种冰激凌。

"你要哪种冰激凌？"贝蒂问女儿。

"我想要香草的。"苏茜说。

"有巧克力的。"妈妈说。

"不，我要香草的。"

"我觉得巧克力的更好一点。"

"不，我就要香草的。"

"你不应该要香草的。我知道你喜欢巧克力的东西。"

"我现在就想吃香草的。"

"你怎么这么倔，真够怪的。"贝蒂说。

类似这样的情况在你和孩子之间发生过吗？当女儿做出选择，这位妈妈是不认可的，她否认女儿的选择，甚至把女儿提出的和自己不一致的想法，看作是一件"怪"事儿。我们作为局外人看，这个妈妈既然要帮女儿做选择，为什么一开始又要询问女儿的意见？询问了又不采纳，这位妈妈不是很怪吗？实际上，有谁能比一个人自己更了解自己的感受呢？当孩子的感受不被父母接受时，孩子会怎么做？一开始他会反抗，说出自己的感受。然而，当这个感受长期被忽略时，孩子会形成一种潜意识：我的感受是无足轻重的，慢慢地，他会放弃说出感受，甚至否认内在感受。

这样的孩子长大后，容易出现"与感觉分离"的现象。什么是与感觉分离？下面的案例会告诉你：

我们曾组织过一场针对教育工作者的父母课堂，你可以想象，多数学员都是温暖亲切的，但有一位女士一出现就引起了大家的关注：她长得挺有气质，只是整个脸上没有任何表情，跳舞时肢体也是僵硬的。我的同事开玩笑说，这位女士真像一块木头，于是，大家私下里叫她木木。

课堂上出现了好玩的事儿，大家笑得前仰后合，木木一脸木然看着我们；遇到某个学员的案例，感动了全场，大家哭成一片，木木同样木然地看着。她的情况就是典型的"与感觉分离"。与感觉分离的人，习惯用理性去分析问题，而缺乏感受。木木的爸爸很严厉，对她的要求很高，家务没做好、功课落后了，都会打她。被打之后一旦哭了，爸爸会再打一顿。所以，她痛了却不能哭，而不哭，就要切断自己的感受。慢慢地她感受不到痛苦了，而同样失去的是感受快乐的能力。

与感觉分离会严重影响一个人的学习力。学习能力的重要组成部分是记忆力，而记忆要依赖感觉才能储存。比如，你学新知识时，老师会告诉你用联想记忆法，所谓联想就是建立新知识和旧知识之间的联系，而这个联系要靠感觉来完成。你知道香蕉、苹果、梨是水果，水果是甜的、多汁的。在接触橙子时，发现橙子能带来甜的、多汁的感受，于是学到新知识：橙子是水果。而与感觉分离的人，联想没有画面，学知识时无法提取视觉、听觉、体觉、嗅觉等全方位的感受，所以学新知识费力，即便学会了也会很快遗忘。

过度控制的父母会与孩子权力斗争

权力斗争是社会关系中的普遍状态，也是自然界"弱肉强食"法则下形成的竞争心理。这种竞争心理，在社会场景中可以帮助人不断进取。但在家庭中，却容易制造矛盾，让家庭丧失温暖和包容。权力斗争中，显然强者更有选择权，他可以选择继续这种状态，也可以选择放低自己，与弱者平等对话。

父母和孩子，无论从家庭系统上看，还是从生理、心理的角度看，父母显然是强者，拥有更多选择权，可以决定和孩子的互动是权力斗争还是平等对话。

而很多父母之所以和孩子权力斗争，是因为他们活在无意识中，并没有觉察到这种不平衡的关系。

在上文的案例中，母亲让女儿选择巧克力的，女儿要香草的，两人的对话就开始有了斗争的味道。

> 妈妈："我觉得巧克力的更好一点。"
> 女儿："不，我就要香草的。"
> 妈妈："你不应该要香草的。我知道你喜欢巧克力的东西。"
> 女儿："我现在就想吃香草的。"
> 妈妈："你怎么这么倔，真够怪的。"
> 来分析下母女对话中的关键词：
> 妈妈：我觉得……你不应该……我知道你……你……倔……怪……
> 女儿：不，我就要……我现在就……

妈妈的字眼"倔""怪"，说明她根本没有发现自己在和女儿斗争，相反，她觉得是女儿的问题。

如何能发现自己是否在和孩子权力斗争呢？

美国现代实践派儿童心理学奠基人鲁道夫·德雷克斯认为：不论什么时候，当我们命令或者强迫孩子做事情，就会导致权力之争。他在《孩子：挑战》这本书中总结了如何判断是否属于权力之争的标准：

时常问自己，在处理问题中，对我个人的好处是什么？

是否只有我这一种方法？

孩子的意愿是什么样的？

儿子刚上小学一年级时，我希望他养成回家先做作业的习惯。这天他放学回来，我就掏出他的课本，跟他说："来，写作业。"他刚坐到沙发上，一听写作业就急了，哭着说："你不要逼我，我好累，我不要写作业。"听到他竟然用"逼"这个词，我问自己："让他回家就写作业，对我有什么好处？"我立刻想到的是婆婆和先生的称赞，他们会觉得我是一个好妈妈。我自己也会轻松很多。

但是，我更希望的不是孩子能主动做作业吗？同时，我问自己："是否只有我这一种方法？孩子的意愿是什么？"

于是，等他情绪好一些，我问他："你是小学生了，以后每天都有作业，我们一起来规划下，好吗？"他点点头。最后，他自己的规划是：回家后先休息一下，吃点东西；然后，做作业；做完作业，看动画片。这种方法会影响孩子做作业吗？我知道如果我逼他，他会一边哭一边做作业，而且做作业的过程会有很多情绪，他会对我说："这道题我不会，你快告诉我。不是你让我写作业的吗？"为了避免他推卸责任，更关键的是能帮他养成自主的习惯，我们达成了共识：先休息再做作业，然后看动画片。事实证明，这个他规划的方案，执行起来要顺畅得多。

过度控制的父母会无形取代孩子的位置

孩子成长中慢慢发展出"我"的概念，随着"我"的成熟，孩子开始能清晰地界定他与社会其他人、事、物的界限。相反，如果"我"的概念形成中受到阻碍，即便一个人生理上成人了，他的内心仍是孩子，缺乏自我对事情的思考、判断和决定。

"我"的概念从孩子出生就开始形成，一开始孩子被抱着，吮吸母亲的乳汁，他会感觉到和母亲是一体的，就像在母亲子宫里一样。慢慢地，他开始用嘴和手进行探索：他咬别人，发现别人会有疼的反应；他用手扔玩具，扔掉后会有人捡回来。于是，他开始意识到，"我"和世界是不同的。到了两岁，他尝试用语言感受自我，当他说出"不""我要"等词语时，他感受到自己的力量，感受到内在"我"在不断成熟。

然而，如果这个过程父母过度干预，甚至取代孩子的位置，孩子的内在"我"就无法成熟起来。比如，在我家小区门口，我看到一位妈妈帮孩子拿着书包，一边领着孩子往前走，一边跟孩子说："回家，你先给我写作业。还有，昨天的钢琴给我补上。明天考数学，数学题给我提前看看。"这只是我在散步时无意中听到的，但寥寥几句话里，妈妈对孩子的取代就非常明显了。"先给我""给我补上""给我提前看"原本属于孩子的学习，都成了"为妈妈学"。孩子失去内驱力，需要人看着管着才前进。妈妈负担重重，她相当于背着孩子往前走，而孩子自己的腿脚并没有用起来。

　　被父母取代了位置的孩子，自我没有成熟的机会，无法发展出良好的自我调节能力。他无法自己推动自己前进，也没法在遇到问题时成为自己的支持。即便成人后，他和父母的关系也矛盾重重，一方面内心成长的本能驱使他远离父母，另一方面力量不足，又让他依赖着父母。

　　生命的魅力就在于它有自我调节能力，哪怕一朵花、一棵草，它们也会自觉地在冬天凋谢以保护自己；在夏天盛放以展示自己。孩子更是如此，当他有了自我调节能力，遇到问题他会主动想办法，遇到机会他会敢于尝试。如果你过度控制，孩子的生命力就会慢慢"死掉"，他无法根据环境的变化自由切换模式，只能根据你手中的遥控器机械地服从。

做少说禁令的父母，学会客观表述

我常觉得自己很幸运，虽然父母的教育方式并不完美，但他们给了我宽容的环境。从小到大的记忆里，爸妈很少对我说："不可以"。相反，在我不自信时，他们总是鼓励我去试试看，永远相信我可以。

父母课堂上的学员们常带着他们忧伤的童年故事来和我分享。这样的故事听多了，发现童年不开心的一个重要来源是：父母的禁令太多。有一位女士，她说小时候特别讨厌家里整整齐齐的，因为妈妈有洁癖。她一回家，听到的就是妈妈的命令："沙发不能乱坐，要把沙发布放整齐""书包不许直接放地上，放架子上""不可以光脚踩地板"……她这样形容自己的家："家里哪儿都是白的，我觉得特别冷。当初遇到我老公，其实我没觉得有多爱他，但就是想赶快结婚，离开这个冷冰冰的家。"也许我们并没有遇到一个洁癖的妈妈，但我们是否也被各种禁止？不可以吃糖，不可以哭，不可以顶嘴，不能问为什么……这些禁令，仿佛是笼子上的一条条钢丝，这里插一根，那里竖一条，越来越密，把孩子的自由约束起来。

父母的禁令，有些很容易发现，是显性禁令。

显性禁令在父母的语言中有特定的标志，总是充满了"不"这类否定字眼："不可以""不要""不许""不能"……孩子一听到这些字眼，立刻知道父母的态度以及对自己的要求。像上面案例中的女士，她妈妈的禁令就是显性禁令。

　　这些显性禁令在父母的语言中多常见呢？根据《父母的语言》这本书提到的数据，脑力劳动者家庭的孩子每小时听到的禁忌词大约是3个，工人家庭的孩子听到的大约是4个，而接受福利救济家庭的孩子听到的大约是7个。

　　当然，并非所有的显性禁令都是不好的，显性禁令中涉及规则的部分，直接为孩子明确了边界，对孩子建立边界感是有利的。这里涉及的规则，一部分是社会规则，一部分是家族传统。比如，不许孩子闯红绿灯、不许孩子对别人吐口水，这都是社会规则的边界。而家族还会有传统的文化，如果孩子的行为不符合这个文化，他会生活得很痛苦。所以，当父母告诉孩子，不能对爷爷奶奶大喊大叫时，看起来是禁令，实际上是在维持这个家庭里的文化传统。孩子只有接受了这种文化，才在家庭里有自由。

　　不管怎么说，显性禁令过于频繁，会导致孩子内心的焦虑。试想一个孩子在玩沙子，周围有一个声音不断在说："用勺子挖沙，不可以用手""不要把沙子扬起来""衣服不能碰到沙子""不许把水倒进沙子里"……这种情况孩子能放松下来吗？当孩子不放松时，他无法把焦点放在感兴趣的事物上，也就无法学习新知识。不放松的孩子，还容易情绪化。小小的失误，在他看来都是大问题，不小心打碎了杯子，父母还没有发火，他就自己大哭起来。他的内心是紧绷的，随时可能被小失误击垮。而这种紧绷会带来一系列负面循环，越追求不出错，越错误连连，让内心始终焦虑不安。

父母的禁令，有些不容易察觉，是隐形禁令。

　　还有一些禁令，没有明显的否定词，但对孩子的禁止是深入骨髓的。比如，溺爱孩子的父母总会对孩子说"你还小"，这句话中貌似没有对孩子的禁止，实际却禁止了所有父母认为孩子干不了的事情。你想到同学家玩时，一句"你还小"禁止了；夏天想到游泳池玩，一句"你还小"禁止了；想喝口啤酒，一句"你还小"禁止了；甚至想看本漫画，一句"你还小"禁止了。

　　我带儿子去参加课外班，孩子们的水杯放在一个架子上，一个孩子跑过来，想踮起脚尖去拿水杯，这时妈妈走过来，一把拿起水杯递给孩子，对他说："你还小，我来。"当孩子经常听到这句话，他对自己的认知是："我还小。"他被这个认知禁止了一切稍微成熟的探索，他只能在孩子的世界里玩。

不相信孩子的父母，会无形说出这样的话："你身体不好。""这孩子，一到关键时刻就掉链子！""他心理素质不行。""你怎么总长不大呢？"这些话，也会成为孩子行动中的禁令。比如，我小时候身体就不太好，别的小朋友找我一起爬山，妈妈就会说："你身体不好。"我就知道了，她不想让我去，于是会默默让朋友们离开。这些隐形禁令中往往含有对孩子能力的局限理解，经常说这些话，孩子是听话了，但也会怀疑自己的能力。

还有一种隐形禁令，常伴着这样的句式出现："要是……就好了"。"你要是个男孩就好了。""你要是成熟点就好了。"孩子在内心都是忠诚父母的，当他感受到父母认为什么是好的，他就努力达成。一个孩子，经常听到父母说："你要是个男孩就好了"，她会禁止自己的行为举止像女孩，而不断向男孩靠拢，哪怕她真实性别是女孩。因为内心她认同了父母，认为成为男孩才是好的。一个孩子，经常听父母说："你要是成熟点就好了。"他会强迫自己表现得像成人，当自己表现出孩子气，他就会懊恼生气，因为他知道在父母眼里这样是不好的。这种人很容易变得老气横秋，失去了孩子的童真。

少说禁令，学会客观表述

我们常不自觉地把自己的期待融入禁令中，用禁令这把雕刻刀，将孩子雕刻成我们想看到的样子。但是，这把雕刻刀用的过于频繁，不仅会让孩子感受伤痛，还会让他丧失作为独立生命的灵气。

收起这把刀，我们敢吗？收起这把刀，我们还能用什么？

当我们给予孩子更多选择权而非禁令的时候，或许起初是忐忑的，饱受压力的，但结果对孩子来说会是美好的。少说禁令的第一重压力来自身边，你身边有没有亲人经常说你把孩子惯坏了？当他们看不透你的教育时，经常觉得你要对孩子更严厉些。第二重压力来自老师，有些老师还是奉行"不打不成材"的教育理念，所以会把父母的包容看作是纵容。

但你才是孩子的爸爸或妈妈，你最知道如何跟他相处是舒服的。所以，请坚持用客观表述给孩子反馈，而非用禁令约束他。

如果说禁令是一把刀，逼着孩子一定要用某种方式前进。客观表述就是一面镜子，它是帮助孩子照见自己的状态，然后由孩子来决定下一步如何前进。

我和同事们在父母课堂上曾用这样的方式，训练父母做客观表述：

A、B、C三个人，A扮演孩子，B扮演父母，C扮演观察者。A来做一些会引起父母反感的动作，如跷着二郎腿、双手抱胸、一脸不屑等。这时，B要客观表述出这个场景。事实证明，没有经过训练，多数人无法客观表述。比如，父母会说："我看到你对我满不在乎。"这个满不在乎就是主观的，它是我们根据孩子的行为、表情，再加上之前的经验，做出的带主观色彩的表述。客观表述像镜子一样照见孩子的行为、表情："我看到你的头向上仰、双手交叉在胸前、右腿搭在左腿上。"这样的表述在生活中有什么用呢？记得我们曾提过一个新加坡妈妈，很苦恼她的孩子进门随手乱扔袜子。她学会了这一招，回家后就用了起来。以前，一看到儿子进门乱丢袜子，她立刻就生气了，冲儿子喊："不许乱丢袜子，说多少次了，放进筐里去。"有时候迫于无奈孩子把袜子扔到筐里去，有时候孩子装作没听见就走开了。这一次，她只是平静地说："袜子在地上。"后来，她跟我们分享："好神奇，我儿子愣了一下，然后走过去把袜子收到筐里去了。"

我们也来试试看：

转换练习，以下说法如何改成客观表述？（答案在文后）

别抖腿！

你怎么又把垃圾扔在桌子上？

你总是忘记关灯。

孩子也活在他的惯性中，而客观表述像镜子一样，让孩子看到自己的错误，有了一份察觉，这份察觉推动孩子去行动。而孩子这时的行动，由于是自我推动的，效果更持久。相反，父母的禁令会引起孩子的叛逆心，他内心会不情愿被你控制，明知自己错了，却因不愿意受控制，而选择继续错下去。

客观表述有四个核心的要点：

第一，少用禁忌词："不要""不能""不可以"……"又""从来""总是""永远"……

"不要""不能""不可以"是明显的禁令。而"又""从来""总是""永远"带着抱怨、指责，往往一说出口，孩子就不爱听了，沟通戛然而止。

第二，少用情绪类词汇。

试想一下，如果你回家把袜子扔地上，妈妈说："天呀，袜子在地上。"你会不会感觉自己做了天大的错事？情绪类词汇直接带入人的主观感受，但这不是孩子的感受，孩子听到这些词，会感到被指责了。

第三，少用形容词。

形容词会带出人的主观感受，比如，孩子回到家，脸上没有表情。你想跟孩子聊聊，你说："我看到你很忧郁。"孩子可能直接反驳你："没有呀，谁忧郁了？"忧郁是父母对孩子表情的理解。如果这样说："你脸上没表情。"孩子会给你更多信息："今天很累。"你们沟通就可以继续下去。

第四，简洁。

冗余的词语总不经意流露出父母的主观感受或态度。简洁，却可以提醒孩子。比如，孩子忘记关灯了。你一句话即可："灯"。他会回应："噢"，转身关灯。

中国传统文化讲究一日三省其身，时时刻刻觉察反省，于是有了时时刻刻的成长进步。如果孩子的生活被禁令填满，就没有了自己觉察反省的空间，也丧失了成长进步的机会。父母只需要像一面镜子，客观表述，简洁提醒，唤醒孩子的内在觉察力，他自有内在智慧推动去前进。

转换练习的答案：

别抖腿（禁令）！	可以转换为：我看到你的腿在抖动
你怎么又把垃圾扔在桌子上？	可以转换为：垃圾在桌子上
你总是忘记关灯。	可以转换为：厕所灯没关。

不要限制孩子的情感表达

你还记得孩子出生之后的半年里，你是如何与他交流吗？我儿子7岁，当初带他的那些日子已经渐渐模糊，仅留一些温暖的画面在心头。那是他着急大哭时的表情，他开心大笑时的模样，而那时，他躺在床上，连手脚都不利索，只能用表情来和我互动。他没有语言，却已经有丰富的情感：委屈、着急、痛苦、期待、喜悦、好奇……情感的表达，是生命交流最初的形式。

慢慢地，孩子的手脚变得灵活了，身体变得利索了，他开始有了肢体语言来配合表情，以实现更丰富的情感表达。等到了1岁左右，他张开嘴巴，会用语言表达了。随着他的语言越来越丰富，他渴望有更多交流，然而，语言背后的误解和冲突就来了。

语言冲突的背后，是我们和孩子的不同。

首先，语言背后，父母和孩子的大脑是不同的。

父母发育成熟的大脑，面对孩子快速发展中的不成熟大脑，会有很多想当然。给孩子喂饭，太热了，要吹一吹。你一边吹，一边对他解释，他却着急地大喊大叫，激起你的怒火去吼他："怎么那么不懂事儿？"是的，他真是不懂事儿。孩子3岁之前，更多使用右脑，所以你会看到很多3岁前的孩子，更愿意用左手，这就是右脑的强大支配力。右脑更感性，缺乏条理，但生动有趣。正像这一时期孩子的表现，他的语言和行为看起来是随机的、没有章法、常不按套路出牌。而父母的大脑左右脑更加平衡，经过学校及职业的训练，更趋于理性。用理性的道理，去跟感性的大脑交流，感性的大脑接收不到有效信息，也不会做出你想要的反应，这就是孩子不懂事儿的原因。

实际上，孩子的大脑完全成熟，要到二十五岁左右，在此之前，他的大脑和你就是不同的。

其次，语言背后，父母和孩子的认知是不同的。

父母对于生活已经充满了经验，会对事情的发展产生预判。而孩子的认知还是白纸一张，他不断尝试，来快速丰富自己的经验，这是孩子作为生命体的成长本能。如果父母阻碍了这种本能，孩子虽然还没有足够的逻辑来告诉你道理，但他会通过情感表达告诉你他的态度。情感表达没有获得足够重视的话，你和孩子的交流就无法通畅。

还有，语言背后，父母和孩子的需求是不同的。

孩子要的是成长，而父母要的是成为好父母。成长必然要走向独立，独立就意味着要更多表达自己的情感、观点、决定。而好父母，需要孩子配合成为好孩子，好孩子的一个标准是听话。当一个孩子越来越独立，他就会越来越听自己的话，而不是父母的话。这时，孩子成长的需求就和父母要做好父母的需求冲撞了。

然而，多数父母不会意识到自己和孩子的不同，而是从自己的感受出发，认为和孩子的问题是因为"孩子叛逆"。这时，打着"治疗"叛逆的名义，父母开始对孩子"围追堵截"，却无形中限制了孩子的情感表达，把孩子越推越远，走上真正叛逆的道路。

父母常用禁令、评判和忽略的方式限制孩子情感表达：

用禁令封杀孩子的情感表达

我曾亲眼看到一个家长严厉地对孩子说："不许哭。"孩子已经咧开的大嘴，挤起来的脸蛋，泛起水雾的眼睛……瞬间铺平，只有撇起的嘴巴，透露出孩子的不情愿。但不表达，孩子的不开心哪儿去了呢？情感只能憋在心中，日积月累，成为你不知道的秘密。情绪藏在身体里，成为病痛的导火索。

用评判嘲笑孩子的情感表达

也有这样的父母，他们很温和，但会这样说孩子："你说这孩子怎么这么感性，动不动就哭了。"孩子的感受力是强大的，他能听出你话语里的倾向，当他感到你对感性孩子的嘲笑，会努力逼自己做个理性的孩子，把情感表达收起来。或者，实在控制不了时，他会自己也看不起自己。

用忽略漠视孩子的情感表达

忽视孩子的情感表达，是忙碌父母最容易干的事儿。我还记得：儿子自己搭了一个很棒的乐高套装，兴冲冲地拿给我看。我正忙着在网络上和学员交流，对他说："等会儿。"可等我过去看时，他扭过头去，做出非常生气的表情，不理我。我知道，刚才他需要我的时候，我忽视了他，让他受伤了。这时，我走过去拥抱他，跟他说抱歉，他很宽容地立刻就原谅了我。但我常想，如果我没有事后的补救，没有事前的约定，忙碌中直接赶走要和我分享的孩子，他会不会有了快乐或悲伤都不再跟我说呢？很有可能。因为有时，在我很忙无法立刻回应他时，他会赌气地说："我根本就不重要。"谁会愿意跟不重视自己的人交流呢？

养育孩子是一件多么细致的事儿！也许并不是明显的禁令，只是言语里带出了对感性孩子的评判，或者忙碌里忽视了孩子，都会让孩子慢慢对我们锁上内心柔软的领地。从此，我们对他的喜怒哀乐也越来越迟钝。

情感表达有多重要？著名的心理学实验做了最好的说明：

马萨诸塞大学心理学教授（Edward Tronick）在网上发布了一个实验视频，视频中的年轻妈妈和宝宝面对面坐着，妈妈做出各种好玩的动作和表情逗宝宝开心，宝宝又高兴又活跃。这时，妈妈转过脸去，再转回来时，面无表情地对着宝宝。你明显看到宝宝立刻愣住了，然后开始手舞足蹈，尝试用各种方式"唤醒"妈妈。但这些尝试都没有让妈妈的表情有任何变化，最后宝宝无助地大哭起来。

我们来尝试换位思考下这个实验：我们是那个做各种尝试的人，而孩子始终面无表情地对待我们，那是一种什么感受？会有深深的无助吗？

当我们和孩子之间缺乏了情感表达，小时候感到无助的是孩子，等孩子长大，感到无助的是我们。

没有情感表达，爱成了一潭死水，所有的努力，无法激起一丝浪花，那是对关系的深深绝望。

聆听、总结和表达感受，打通你和孩子的情感互动。

聆听孩子，不仅是听他说的话，还有背后的感受。

孩子不会说话时，我们会用心观察他的表情和行为，很容易准确捕捉孩子的感受。想想你的孩子在会说话之前，是不是这样的？需要你时，会撒娇的直接扎进你怀里；生气时，你抱他，他就会转过脸去。如果这份情感表达没有被阻碍，等他长大，你们依然能够洞察彼此的情绪。

但是，我在工作中遇到很多爸爸妈妈，说他们搞不懂自己的孩子。一位妈妈说："你说我好心问问孩子在学校里怎么样？"她没好气地怼我："我小时候你不管，现在问什么问？"妈妈听到了女儿的怼，却没有听到女儿曾经的受伤，以及现在想要父母的关怀又不知如何获得的迷茫。

语言有时是沟通的障碍，因为父母听到语言就理性去分析内容了，而真相却藏在语言背后，那是孩子真切的感受。只有当我们愿意进入到孩子的角色去感受他，我们才能读懂他。

当孩子无法表达感受，我们要做最好的翻译。

你有没有这样的感受：一种难以名状的情感在胸口，却很难清楚地说出来。当有个人说出来时，你会惊喜："对，就是这种感觉。"然后，像找到知己一样看着他。孩子也是一样，青春期之前，他的语言和认知成熟度有限，常常无法清晰准确地说出感受。到了青春期，大脑发育的特点，让他们比较冲动，没有耐心去提炼自己的感受。这些时刻，都需要父母在陪伴的同时，能协助他们表达感受。

当我们试着去了解孩子的情感，并协助他翻译出来时，你们的关系就从亲子之情，又叠加上知己的理解之情。更关键的是，这个过程，孩子也开始慢慢看清自己的情感，学会了如何表达情感，如何回应情感，甚至能更好地管理内心的情感。所谓孩子的内心成熟就是这样达成的。

当我们愿意向孩子表达感受，家就有了情感流动的氛围，孩子也会模仿。

情感表达需要氛围，很多学员在课程上，向代表爸爸妈妈的人表达感激，向代表伴侣的人表达爱意，情真意切。当我邀请他们回家后，对着真人也要表达时，很多人就会脸红，支支吾吾地说："哎呀，那多不好意思呀。"看，情感表达是需要一个能量场的。

好消息是，这个能量场我们在家里也能营造。当我们向伴侣或孩子吐露真情，我们的欢欣鼓舞，我们的脆弱敏感，我们对他们所付出的表达感激，也有对他们忽视的不满。这都会让孩子看到成人世界的情感，让他爱上有血有肉的真实父母。他会理解人的负面情感，悲伤、愤怒、脆弱……这是每个人内心经历的一部分，总要面对，也总会过去。

当父母能主动向孩子袒露心声，家里的情感流动机就按下了开始按钮。孩子顺着这个流去模仿，会更快适应向父母表达情感。

要注意的是，千万不要把情感表达变成抱怨责备，最后升级为吵架和不欢而散。这是给家引入雾霾，而非让情感流动。

有情感流动，家才不只是一个建筑和几个孤立的人。有情感表达，孩子与父母之间就有了一根无形的连接线，各自独立，又彼此亲密。

爱控制孩子的父母内心是失控的

我先生的表哥是一位有三十多年经验的公交车司机，他有个习惯如果别人开车，他绝对不坐副驾。作为一个老司机，在一辆车上，他要么是坐在驾驶员的位置上控制车辆，要么就闭起眼睛睡觉。他说："我坐副驾一定吵架。你们能理解我的心情吗？看着旁边的司机犯各种错误，我各种心惊胆战，忍不住，一定要骂他。"也就是说，当表哥用骂人的方式控制司机时，他的内心是各种心惊胆战。我们教育孩子不也一样吗？当想"控制"孩子时，往往是内心"失控"的时刻。

"失控"失去的是什么？

失控，失去的是控制力吗？你有没有见过这样的场景：饭店里，孩子把父母塞进嘴里的青菜或者鸡蛋（任何一种他讨厌的食物）吐到盘子里，家长突然就爆发了，把孩子狂吼一顿，孩子哇哇大哭，最后家长用吼或者打的方式逼孩子："必须给我吃了。"孩子不吃某种食物，真的让家长丧失控制力了吗？显然没有，家长的其他命令孩子还是会听。但为什么家长会失控？因为，他失去了控制感。

控制感是一种主观感受，是内心感到事情的发展按照计划进行的稳定感。这种控制感对人有多重要呢？一个实验能很好地说明：哈佛大学心理学教授埃伦·兰格（Ellen J. Langer），在1976年做了"养老院自主控制实验"（见图

3-2）。实验挑选了一批65岁到90岁的老人，其中47位老人为实验组。实验组的老人被赋予很多自主控制权，比如，他们可以选择自己房间的布置并让管理人员来协助；养老院会给他们每人准备一盆植物，他们可以选择要还是不要，如果要，自己照顾植物的生死；同时，他们还可以选择哪一天放电影。另一组44人为对照组，他们被告知，管理人员会给他们提供舒适的环境；养老院为每人准备一盆植物，护士会每天照顾植物；下周四、五会放映电影。

这个实验持续了3周，18个月后回访这些老人发现：对照组离世的老人占30%；而实验组离世的老人只有15%，整整降低了一半的死亡率。也就是说，控制感会改善人的内心状态，让人更有生命力。人这一生都在追求控制感，这种感觉让人内心安宁，反之，失去了这种感觉，人的内心就会动荡不安。所以，当失控发生，家长内心有痛苦就不意外了。

图3-2   养老院自主控制实验

小组类别	事项一	事项二	事项三	死亡率
实验组	有选择植物权	有照顾植物责任	有权选择电影放映时间	15%
对照组	无选择植物权	无照顾植物责任	无权选择电影放映时间	30%

"失控"的本能反应是：抓得更紧，加强"控制"

当失控的痛苦出现时，家长的本能反应就像溺水的人，会拼命抓紧任何能抓住的东西。但如果他抓得过紧，反而会干扰营救的人。比如，我遇到一位家长，女儿上了高中，很乖巧。平时，他们对女儿的朋友交往管得很严，怕"坏"孩子对女儿有影响。无意间，妈妈发现女儿书包里有一张纸条，怀疑女儿早恋了。从此之后，女儿接电话，他们都会偷偷听，让女儿越来越反感。这是典型的失控后加强控制，反而激起孩子的叛逆。

2018年，美国《发展心理学》杂志上发表了一篇研究报告，美国明尼苏达大学等机构的研究人员对422名儿童进行了长达8年的跟踪研究，调查他们在2岁、5岁、10岁时的情感发育状态。结果发现：如果父母在儿童2岁时采取了"过分控制"的养育方式，那么儿童在5岁时对自己的情感和行为管理能力就会相对更差，而儿童5岁时对自己的情感和行为管理能力越强，10岁时出现的情感问题就越少，越有可能拥有更好的社交技巧和学习成绩。

也就是说，失控让家长加强控制，而这种状况会影响到孩子的情感和行为管理能力，让孩子无法获得良好的社交技巧和学习成绩。

"失控"的内心有这样的特征：完美主义，缺乏安全感以及主观联想。

我们常说身边的人完美主义，接着就是一通劝："何必搞得自己那么累呢？"可是在教育孩子上，几乎每个父母都有或多或少的完美主义。我在父母课堂上，跟家长经常做这个互动：

你的孩子考了90分回家，很开心地拿着卷子给你看，你会怎么回应？多数父母的回应是："考得不错，下次再努力呀！""我就知道你很厉害，要是下次考100就更厉害了！""不错，再接再厉！"有没有发现，我们特别喜欢在肯定孩子之后，加上一个高期待。实际上，那就是内心的完美主义，我们希望孩子好了还能更好。

这有错吗？从人类进化的角度来看，如果没有这种完美主义，每个人知足常乐，人类就要停止进步了。但从内心幸福的角度来看，完美主义会让自己和孩子都感到很累，这种累，就成了失控的导火索。

说说我的案例，那时儿子刚开始学英语，要把刚学过的小韵文录制了发到班级英语群，英语老师会听了之后指正。每次做这件事儿，儿子就会大哭一场。他念了一遍，很多音读得不标准，我就会让他重念，但孩子的耐心有限，重念几次后就大哭起来："我真的不会念，我学不好了，不录了……"其实，作为从来没学过英语的学生，他的表现已经不错了，只是我不断纠正他，让他感觉自己犯了很多错。后来，我改变了策略，他录制小韵文时，不再更正他。他一遍就过了，很有成就感。在带他玩时，我把小韵文拿出来当打油诗一样说，他也觉得好玩儿，我说一句，他就跟着说一句，慢慢地说得越来越好了。

完美主义更像墙壁上的污点，我们很容易看到。而潜藏在完美主义之下的不安全感，更像空气里的尘埃，不容易被发现。然而，当尘埃弥漫，又让你时不时感受到不安。

　　缺乏安全感的父母，神经总是紧绷的，就像救火队员，随时待命。这种父母表面看起来认真负责，实际上却是被自我攻击的恐惧胁迫着。孩子没做作业，孩子生病了，孩子和人打架了……都会让自我攻击的声音响起来：我的错、我不是一个负责任的人、我无能……自我攻击引起的痛苦，会让他不断想办法：下次一定让孩子完成作业，一定不能让孩子生病，一定不能调皮捣蛋……于是，对孩子的爱，经过恐惧的渲染，就成了控制的颜色。

　　内心缺乏安全感的人，思想没有根基，很容易发散产生很多主观联想。这些联想会让父母变得小题大做，引发失控。

　　我有时也这样。儿子从五六岁开始，跑步越来越快了，我们经常表扬他，他也很得意。有时候，为了展现自己跑得快，他出门后，会先"走"一步，等我们赶上去，小家伙做出一副等得不耐烦的样子说："哎，你们可真慢。"大人当然明白他的小心思，继续鼓励他："果然是运动健将。"

　　有一天出门，只有我们俩，从电梯出来，他嗖一声就跑走了。等我到了小区里，左看右看，不见他的踪影，大声叫他的名字，没有人答应。小区里车来车往，也有陌生人出没。我突然就开始各种联想，他不会被人贩子抓进车里了吧？他会不会跑到小区外面的马路上了？各种揪心的联想闪过，内心就开始失控，发疯般地大叫他的名字。过了很久，他竟然笑嘻嘻地从旁边的灌木丛里走出来，一脸得意："唉，你不是一个好侦探！"我深深地吸了口气，平复了心绪，当时也有冲动上去吼他几句，但我知道他根本不知道这几分钟我内心闪过的担忧。我蹲下来，给他一个拥抱，对他说："妈妈慌神儿了，确实不是好侦探。刚才几分钟，你不在，我担心你，你对我很重要。"他点点头，一下子抱住我的脖子。我感觉到他明白了我的心情，又对他说："事实证明，你安全意识很强，总能保护好自己。"他就开始话痨："对呀，你看我见了汽车就躲得远远的，也不理陌生人，我又不傻……"

　　主观联想常放大我们对一件事儿的担忧，导致内心失控。但如果我们能在失控的边缘有所觉察，把担忧转化为培养孩子独立性的动力，内心的不安、担忧就有了正面意义。

　　以上的分析中，我们看到控制感不同于控制力。当然，我们对一件事的控制力越强，内心的控制感也越强。然而很多时候，当我们的控制力并不弱时，内心由于完美主义、缺乏安全感以及主观联想的影响，就会感到缺乏控制感。这时，我们需要的并不是过度控制，而只是增强内心的控制感就好。

获得控制感，同时远离过度控制。

　　父母课堂上的一位妈妈，用一个方法就扭转了她对女儿的控制。她跟我们分享："我没啥文化，两天的课，听得稀里糊涂，但就记住了一句话：没有期待，你会怎么做？回去做事儿，我都先问问自己'没有期待，我会怎么做？'突然就轻松了，很多事儿都不较真了，结果和女儿的关系也越来越好了。"

　　没有期待，你会怎么做？放下期待是你对自己的松绑，也是对孩子的解放。放下了期待，完美主义就消失了，虽然仍有不安全感和主观联想，但你选择面对它了，这就是一个信念的转变。这份转变中，包含着两层：

　　第一层，当你愿意放下期待时，你一定想过了最坏的结果。

　　控制感不足是一种感觉，感觉常是缥缈无影的。一旦感觉具体化，事实会浮出水面，情绪就容易解决。比如，孩子一次不写作业，最坏的结果是什么？理性分析，最坏结果就是老师惩罚。这个结果，孩子能承受吗？可以问问孩子。你作为爸妈能承受吗？问问自己。当有一个明确答案时，你发现最坏的结果都可以接受，就可以坦然放下期待了。这时，你不会过度控制孩子，自己内心却有了更强的控制感。

　　第二层，当你问"放下期待我会如何做？"时，你已经在思考如何行动了。

　　内心失控时，你会出现深深的无力感，无法理性思考下一步，只是凭着惯性反应。就像溺水时，人只会本能地抓紧一切可以抓住的东西。当有一个反问出现："放下期待我会如何做？"你的大脑不再被惯性控制，觉知和反思产生了。就像上面案例中的妈妈，当她习惯了去问自己这句话，当孩子没考好时，她不至于抓狂到立刻逼孩子把卷子重做三遍了。"我不能一辈子跟着她，她自己知道努力才是关键。放下期待我会如何做？当然还是要鼓励，让她有信心。"这样做，她和女儿的关系好了，女儿也没有以前那么厌学了。

　　每个做父母的，在养育孩子过程中，大概都有过失控的时刻。当我们能看到失控时自己的内在对话，勇敢面对我们的完美主义、不安全感以及过多的主观联想，失控时刻就会成为我们的成长时刻，让我们更有底气去放下对孩子的控制。

Part 4

彼此尊重的沟通，而不是说服或呵斥

养育孩子是一趟永无止境的负重前行，还是一趟享受与收获并重的修行？这跟我们的选择有关。如果我们选择尊重的沟通，而不是说服或呵斥，孩子就会自然成长，顶天立地。因为向上是生命的原动力。

与孩子沟通的方法很多，把尊重做到位才能有效果。我们拆解了各种沟通方式的步骤，让你清晰看到每个细节。如果你曾有这样的困惑：你讲的道理我明白，但做了为什么没效果？不妨深入读一读接下来的内容，相信你能快速找到答案。

孩子也需要尊重，拿出你的人格力量

我听过这样一个故事：很久以前，有位国王带着他的儿子巡视。这时，士兵押着一个死刑犯从他们旁边经过。国王问儿子："作为一名伟大的君主，向这位死刑犯展示一下你的力量，你会怎么做？"儿子一脸神气地说："杀了他。"国王摇摇头，说："不，应该放了他。给人尊重和自由，才是你最大的力量。"

我们一路做父母，什么时候给孩子的自由最少？是不是他不懂事儿，而你又是新手一枚的时候？他不懂事儿，我们就不容易把他"当人看"，而很自然地认为他是一个不成熟的小萌宠，于是我们就成了上帝，做了他的主宰。什么能吃，什么能摸，什么能动……统统由我们说了算。但又因为是新手，生怕出错，干脆严一点，所以对孩子的禁令就会特别多，不许吃，不许摸，不许动，我们没有底气，不敢给孩子自由，孩子就受到了约束。

给人尊重和自由，是需要底气的，而这份底气是你人格的力量

人格力量是一个人的品格带来的吸引力。它有磁场，磁场强大的人吸引的人多，磁场弱小的人吸引的人少。作为父母，你的人格力量必然会影响到孩子。比如，正直的父母，很容易养出正直的孩子。父母不用对孩子说："你一定要做个正直的人。"孩子生活在父母的身边，会被父母的人格力量感染。这种教育是沉浸的，不需要语言。

我们希望孩子拥有某种人格力量时，先想想自己有没有？我做父母课堂时，

经常在活动开始，让父母把孩子的问题写下来。一说孩子的问题，父母很积极，七嘴八舌：做事拖拖拉拉、不主动、不积极、胆小、不敢和人交流、敏感、爱哭、情绪化、管不住自己、不自律……这时，我再问家长，你呢？你提出的孩子的问题，你有吗？有些父母很坦白："其实我做事儿也拖拖拉拉。"还有一些会说："我不拖拉，但是我老公拖拉。"如果我们没有，但却希望孩子有，很难，因为孩子的行为多是模仿父母的。如果我们有，孩子就一定继承吗？也未必，还要看我们是否真的感染到他。这是有技巧的：

让孩子多维度参与你的生活和工作

犹太人的教育是世界称赞的，在犹太人聚集地以色列的学校中，有专门的"参观爸爸妈妈的一天"的社会活动。让孩子调查从爸爸妈妈起床到睡觉所做的事情，很多孩子的感受颇深。

生活中点滴细节，我们作为家长如何行为处事，孩子看着，也模仿着。我很喜欢运动，有时和朋友们登山，也带着儿子。大家一边爬山，一边谈天说地，很开心。儿子从来不觉得爬山是件辛苦的事儿。有时候天气很冷，小家伙冻得挂着鼻涕条，却一路特带劲儿跟在我们后面。没有人告诉他人生要苦中作乐，但这个过程他不是跟着我们在经历吗？在孩子六岁之前的记忆中，登山的艰苦和开心，都存储起来了，会成为他性格的底色。

比起生活，工作对于孩子来说更神秘。找机会带孩子上班，他会看到你在工作中的品格，并很快学习到。有段时间，我在制作一套音频课程，买了一个便携麦克，插在手机上录音。有一天回家，看到小家伙坐在沙发上，手持麦克风，专心读着自己喜欢的故事书。阅读的乐趣，没人跟他说过，他只是跟在我们后面默默体会着。

不要把孩子作为全部，要有属于自己的人生

把别人当作生活的主题，很难激活自己的人格力量。一个全天围绕孩子转的家长，成了孩子的保姆，很难获得孩子的尊重。我的一位朋友是资深的亲子导师，一年有两百天在全国各处讲课，他的孩子在温哥华念初中。在一次课程中，

我遇到那个孩子，当他讲起自己的父亲，没有抱怨，却是满满的崇拜。这位朋友没有太多时间陪伴孩子，但他拼尽全力活出自己的姿态，却让孩子深受感染。

我家孩子爸爸陪孩子的时间也不多，但是儿子却很崇拜爸爸。孩子爸爸非常擅长学习，取得了许多发明专利。儿子跟他的同学聊天，总会提到"我爸爸很厉害，他还会自己编游戏呢。"

把自己的人生经营得丰满精彩，孩子也会为你骄傲。你身上的勤奋、好学、进取等人格力量，无形中就传承给了孩子。

持续成长，增强自己的人格力量

人格力量最大的特点是：不需要言传，也无法言传，只有当它足够强大，孩子感到它并愿意被影响，人格力量才完成对孩子的教育。一个人的人格力量不是一生不变的，而是可以持续修炼的。教养孩子的过程，本身也是增强人格力量的好机会。比如，曾经胆小的妈妈，在有了孩子之后，为了孩子会越来越坚强。本来原则性强的爸爸，在有了孩子之后，变得更成熟包容。养育孩子时，也会面对很多挑战和情绪的起伏，这对于父母来说，都是持续成长的机会。也许一开始并不容易，但随着不断地调整，你一定会做得越来越好，整个人也会更富有成熟的魅力。

父母的成长，对孩子也是很好的带领，让他看到父母持续学习的品格，他也会模仿。

我常问自己用什么人格力量感染过小九？后来，周围人给了我答案。

和儿子一起找乐子，养出笑对生活的力量

带儿子出门，经常会有人说："你家孩子太好玩了，真像你。"说的人多了，我就暗中观察，发现我和儿子确实是比较好玩的一对母子，这跟我经常带他在生活中找乐子有关。

为什么我要带孩子找乐子？因为我在工作和生活中接触了太多不开心的孩子。他们吃喝不愁，被家人宠着，却经常说："好无聊呀""真郁闷呀"。孩子们不会装假，他们这么说，也是有这种真实的感受。父母的节奏太快，对孩子

的生活安排也是加速跑，于是，孩子就失去了在平凡生活中获得快乐的能力。最后，孩子就钻到游戏里获得刺激去了。

如果孩子能在现实生活的点滴中感到快乐，游戏对他还有那么大的吸引力吗？他还会容易抑郁、不开心吗？

我们无法保证孩子这一辈子一帆风顺，但如果他有了在生活中找乐子的能力，他会用这些快乐疗愈自己，即便遇到了打击也能很快爬起来。

找乐子，基本成了我们家亲子相处的模式，总结起来，以下几种方式会让找乐子变得简单轻松：

（1）用心创造仪式感

仪式让事情变得有意义，进而有价值。比如，周末我们会带着小九去逛北京城。如果只是逛，这事儿就会很无聊。但我们一开始制定了主题"一起找乐"，并商量出了口号，出发时，还要一起加油喊口号。这些仪式感，就把这件事从随性的瞎逛，变成了一次城市探索。补充说下，我们的口号是："一起找乐，乐乐乐，财源滚滚，滚滚滚。"这是在充分尊重每个家庭成员的前提下选出来的。我们一家三口，每人提了一个口号，最后儿子的提议，获得通过。我们是真心觉得口号不错，不因为他是孩子就轻视他，也不因为他是孩子要格外重视他。

（2）打开细节中的观察

生活中的乐趣都藏在细节里。1～4岁的孩子本身进入"细节敏感期"，会对细小的事物产生浓厚的兴趣，这时可以陪着孩子一起感受细节中的美好。我记得小九四岁多时，在公园里他会玩苔藓和树叶，一玩儿就是大半天。我耐心听他讲，才发现他能在这么细小的事物里，天马行空想出各种有意思的创意。他把苔藓看成是蛋糕，还用旁边的泥土给蛋糕加上"巧克力颗粒"，或者把树叶撕成小条作为蛋糕上的抹茶奶油。

到了五六岁，他开始关注社交了。这时，如果我们能时不时提醒孩子留意细节，他会找到更多快乐元素。比如，送孩子上学路上过天桥，远看朝阳初升非常美，这时，我会开心地提醒他："你看，天空多美。"他就会投去一瞥，一边走一边赞叹："真的，还能看到远处的山呢！"多数时候，他还会给出更多我没看到的东西，我正好趁机肯定他："真的，今天天空很蓝，山都能看到，谢谢你提醒我。"他就很得意地上学去了。

（3）制定目标与奖励

达成目标会让人获得内在成就感，那是一种发自内心的快乐。每次出去玩，如果我们制定了清晰的并有一定挑战性的目标，还设置一定奖励，在完成的那一刻，全家都会有激动人心的快乐升起。

2019年夏天，我们全家去爬天津的盘山。奶奶抱着游乐的心态，爬到半山腰就休息了，还对我们说："这个山可高了，你们能爬多少是多少，我猜你们够呛能爬到顶。"我和孩子爸爸想借着奶奶的话激励儿子，于是指着云雾缭绕中的山顶问他："你觉得你能爬到山顶吗？"儿子听了奶奶的话，看了山顶，一脸不服气地说："我觉得能。"于是，我们就约定，三人一起爬，如果登顶了，就一起在山顶买冰激凌吃，谁放弃了，大家的冰激凌就都没了。事实证明，孩子真的比我们想象中的能干，一路上要么是爸爸掉队了，要么是妈妈掉队了，儿子却一直爬在最前面。这一路，很多累得气喘吁吁的大人看到他，都会夸他两句，这也给了小家伙很大动力。最后，我们终于爬上了山顶。当我们拿到冰激凌时，每个人都超级满足，儿子说这是他吃过的最好吃的冰激凌。其实，那不过是一支常吃的小雪糕，只是注入了成功登顶的成就感，就变得别有风味了。

（4）多多身体接触

在沟通中，身体语言的重要性占到55%。多和孩子身体接触，是让孩子感受快乐的最直接途径。亲亲额头、摸摸脑袋、大大地拥抱……都会让孩子感受到你对他的关注和爱。这些都是孩子世界中的小幸福。

作为父母，我们也许很平凡，但有人格力量的支持，乐观、正直、不放弃……就为这份平凡渲染上了斑斓的色彩，让我们变得有吸引力。这时，不用命令孩子，他也会被你吸引，静静靠近，默默跟随。

爱与肯定：我爱的是你本人，我尊重你认为正确的选择

亲子关系中，爱是春风化雨的良方。感受到爱的孩子，内心充盈，这些孩子不需父母花太多心思就长势良好。怕的是，爱不纯粹，一边说着爱，一边却是交换、讨好，甚至控制。纯粹的亲子之爱，父母能不断肯定孩子，用这份支持，让孩子柔软的身段慢慢强健起来，挑起生命的大梁。

恒河猴实验：有爱比有奶更重要

中国有句老话：有奶就是娘。事实果真如此吗？四十多年前，一只小猴子的故事告诉我们并非如此。这是美国心理学家哈洛做的一个实验，他将刚出生的小猴子和母猴分开，并给小猴子制作了两个妈妈：一个是装有奶瓶的铁丝做的"妈妈"，一个是用绒布做的"妈妈"。结果，小猴子只在饿极了，才会去找铁丝妈妈喝奶，其余时间都趴在绒布妈妈身上。绒布和铁丝有什么不同呢？身体触感不同。而触摸这种爱的表达方式，即便是对和人类相似的猴子，也是如此重要，何况人类呢？

孩子三岁之前，我们会经常触摸、亲吻他，然而随着他慢慢长大，尤其十二三岁之后，他的体型像成人一样了，我们开始忘记用身体来传递爱意，转而用语言来交流。语言和直接身体的触摸不同的是：身体接触直接传达情感，而语言作为意识的产物，不可避免融入说话者的信念，而当这个信念与聆听者不同时，很容易引起冲突误解。

语言甚至成为一种障碍，让我们面对孩子更多地强调对错，孩子也学着我们看重对错。然而，对错标准不同，于是我们开始和孩子不在一个频道上。要么争吵，要么冷漠，成为很多有青春期孩子的家庭中的关系现状。

而多数时候，孩子需要的不是对错，只是一个懂得的眼神，一个充满爱意的拥抱。这份爱意会让他感到安全，大脑在安全的状态下，负责分析、判断、计划的前额叶才会发挥作用，孩子才会自己理性地面对学习、生活里的各种问题。

混入交换、讨好、控制的爱，让孩子痛不欲生

爱不需要完美，但要真实。正如孩子的每个细小的行为表现，在你的眼中都看得真真切切。我们在孩子眼里也宛如透明人，任何的不真实都会让孩子厌弃。当爱里混入了交换、讨好或控制，我们想给得越多，孩子想逃的念头就越强烈。

在一个父母成长群中，看到一位伤心欲绝的妈妈发出一段她和女儿的对话：

> 女儿：好想买那条公主裙呀，只是有点贵。
>
> 妈妈：实在喜欢就买吧，其他场合也能穿。
>
> 女儿：你开玩笑吧，这种衣服只能穿一次。
>
> 妈妈：没事儿，你穿一次，然后送人也行。
>
> 女儿：我的衣服，干吗要送人。

这位妈妈在群里无奈地说："纵使我学得再多，再内化，纵使我走遍天下无敌手……在她那里也永远是错。一点不敢违抗，什么都顺从，照样不合格。"

表面看起来，这是位很爱孩子的妈妈，她也不断站在孩子角度顺从孩子的意愿，可骨子里的居高临下我们看到了吗？"其他场合也能穿。""你穿一次，然后送人……"这些都是妈妈的自作主张，但她没有意识到。这种无形中对孩子带有控制的爱，因为裹上了爱的外衣，让妈妈感到"自己付出了很多"，但也因为这外衣的内核却是控制，仍激起了孩子的反抗。

肯定，100%适合你的孩子

爱里融入肯定，孩子才能感受安全，同时收到力量。也许你会说，我每天都在肯定孩子，可他还是没自信。那就要理清，什么是真正的肯定？比如，儿子期末考试数学考了92分，你可能会摸着孩子的头，一脸欣慰对他说："好孩子，考得不错。"这是肯定吗？细想想这里面有你的标准吗？考得不错的标准是90分，儿子超过了2分，于是有了上面一段话。这是典型的儿子达到父母标准后收到的表扬。下次，他考42分，你又怎么办？为了做好父母，你可能把失望打碎了吞进肚子里，扭曲着笑脸，对孩子说："没事儿，偶尔一次发挥失常，下次努力就好了……"这是肯定吗？有发现你这样说时，带着期待吗？"下次努力……"所以孩子听到的都是压力。

肯定，约等于无条件欣赏孩子，无论孩子是什么类型，有什么行为，都可以肯定。对于孩子，无论他做了什么，动机总是值得欣赏的。比如，他考了42分，这时怎么肯定呢？考验父母耐力和创意的时刻到了，我们能不能肯定他的诚实呢？起码他把卷子拿回来了。能不能肯定他的勇气呢？敢面对这个成绩，而不是觉得丢脸不回家了。肯定是时刻在提醒孩子他是优秀的孩子。这种提醒的作用有多大呢？

一个著名的心理学实验——罗森塔尔效应能很好说明这一点。五十多年前，美国心理学家罗森塔尔和他的同事来到一所小学，他们从一到六年级中随机各选了三个班，并对这18个班级的同学进行了一项所谓"未来发展趋势测试"。最后，他们把测试结果，一份"最有发展前途"的学生名单交给了校长和相关老师，还一脸严肃地请老师们保密。八个月后，罗森塔尔和同事们又回到这所小学，对名单上的孩子们进行复试，奇迹发生了：上了名单的孩子，每个人进步都很大，同时自信心强，也乐于和人打交道。

通过这个实验，我们就明白为什么有人说：家长的看法决定孩子的一生。当我们能以欣赏的视角看孩子，孩子就会对自己充满信心，而充满信心的人更不惧怕挑战，并有内动力在各种竞争中获胜，包括学业。

没有尊重的爱是作秀

爱中包含着平等，而平等的体现就是尊重。我经常从孩子的嘴里去反思自己的行为，譬如，有一天和孩子看电视，电视中的妈妈不让孩子选择自己喜欢的学校，我就吐槽这个妈妈真控制。儿子在一旁看着我说："你也很控制呀，你就不让我玩游戏。"我立刻想跟儿子争辩，你每天都可以玩二十分钟呀。但我也明白，童言无忌，他说的是他的真实感受。我应该怎样调整呢？

回顾儿子每天玩游戏的时间，我们是协商定下来的：20分钟。他开始玩，我就开始计时，时间到，闹钟响了，他就会停下来。甚至他玩什么，都任他选择。在这件事儿上，为什么儿子仍然觉得我控制他了呢？

我想到一个细节，每次他拿到手机，我就开始计时，有好几次他都拜托我等等，说自己还没有选择好，可我还是一意孤行。后来想想这个细节，我并没有尊重他，而是依然把他当作一个需要管教的孩子。于是，下一次他再玩游戏时，我跟他说："你准备好，可以计时时就告诉我。好吗？"他很惊喜地点了点头，拿着手机去玩了。通常不超过三分钟，他就会喊我："妈妈，可以计时了。"这件事儿之后，他没再说过我控制他。在玩游戏上，我们也达成了一种默契，可以玩，但要有时限。

养育孩子，不是作秀，别人眼中的你是什么样的妈妈并不重要，关键是孩子如何看你？孩子对爱的感受敏锐而直接，当我们把他当作独立个体来尊重，他能感受到这份平等的爱，并用尊重和爱来回报。而当我们自以为是，远离了孩子的内心，所有爱的行为在孩子眼中就会成为一场作秀，无论你的演技再高超，他只会离你越来越远。

在养育孩子中会面对各种问题和挑战，我一直在想，有没有一个标准答案，按照这个答案来，一定是对的？于是，在工作中遇到各种有经验的老师，我都会问这个问题，希望得到一个清晰的答案。后来，台湾的吴明建老师告诉我：无论做任何事，问问自己，你所做的所说的，是增强了孩子的力量，还是削弱了孩子的力量？如果是增强了，就大胆去做。爱与尊重就是增强孩子力量的法宝，无论如何去爱他，无论如何去尊重他，孩子就如同一棵树，有了爱做阳光，尊重做雨水，向上成长是他的天性。

在彼此尊重的前提下做决定，和善而坚定的执行

和善而坚定是正面管教的核心概念之一，简·尼尔森在《正面管教》中提到，和善的重要性在于表达我们对孩子的尊重。坚定的重要性则在于尊重我们自己，尊重情形的需要。可见，尊重是关键，不仅在执行中要体现尊重，在做决定时也要本着彼此尊重的前提。

彼此尊重前提下做决定，激发孩子的执行动力

曾经在知乎上看到一篇文章《关于参与感的终极思考》，里面提到心理学家曾做过一个实验：让志愿者通过掷骰子来获得相应奖励，点数越高获得奖励价值越高。而掷骰子的方案有两种：一是自己掷骰子，但要支付2美元；二是别人帮助掷骰子，免费。如果是你，你会如何选择？

心理学家在不同群体中都做了类似实验，结果却是相似的：80%以上的人选择了第一种方案。为什么人们宁愿花钱，也要自己掷呢？理性看，两种方案的概率是一样的。心理学家对这个结果的总结是：参与其中会让人获得控制感，而这种控制感带来满足感。

对于孩子来说，当他获得尊重并参与到做决定时，他会感到这事儿跟自己有关系。因为前期已经有时间、精力投入，他也愿意看到这件事儿有结果。这就让他产生内在动力去执行，否则他就成为旁观者。

儿子三岁左右，我开始允许他每天看手机或平板电脑一段时间。这个时间，

一开始是我提出的，10分钟。当时他还对时间没概念，所以直接同意了。后来，他开始对时间有了一定感知力，就抱怨十分钟太短了。每次拿到手机或平板电脑就不放手，时间到了，提醒他，他也不愿意放下。看到这种情况，我就问他，你想每次看多久？他想了想，回答说20分钟。我说可以，但是为了便于执行，每次开始玩，我就打开手机上的闹钟计时，闹钟响了，自己关机。大概因为我痛快答应了他20分钟的提议，他也很痛快就同意了执行建议。

这个在彼此尊重前提下做的决定，一直执行到现在。小九已经很习惯在开始玩手机或平板电脑前定时，闹钟响了，他就自觉关机。有时候，我都佩服孩子的定力。试想我们在看一个电影，时间到了就关掉，我们都会很难做到，但孩子竟然会遵守约定，他的自制能力超乎我们的想象。我相信每一个孩子都有这种能力，关键是我们通过给予孩子尊重，激发出了他的执行动力。

执行中，坚定是内核

执行中的温柔和坚定，一个是外壳，一个是内核。内核是坚定，没有这个原则，温柔就成了溺爱，只会滋生孩子贪婪的欲望，最后反噬了孩子。但要坚定，并不容易。尤其现在的孩子，每一个都聪明灵活，他们有各种花样来达成自己的目的：苦肉计、撒娇卖萌，死缠烂打……父母要软硬不吃，守好原则，才能做到坚定。

孩子的态度是随着大人而变化的，大人坚持的地方，他知道攻不破，就不去尝试了。但大人有松动的地方，孩子就会"钻空子"。小九有听睡前故事的习惯，为了让他早点睡觉，我们商量，讲两个故事之后就熄灯。但是，有时听完两个故事，他还是觉得不过瘾，就让我再讲一个。有些故事真的很有趣，比如《福尔摩斯探案集》，作为一个玩心大的妈妈，有时讲完了，我自己也觉得不过瘾，于是就顺水推舟再讲一个。只要我这样做了，接下来的晚上，就不好办了。他听完两个故事，一定会让我再讲第三个，还会振振有词地问我："上次就讲了三个，为什么今天就不可以？"我深知是自己挖的坑，也没法反驳，只能让他"钻空子"。

但我们家奶奶就很智慧，她也坚定，却坚定得有弹性。比如，她平时也是只让孙子看20分钟电子产品，但逢年过节，她会提前跟孙子说："等过节时，你也放假了，全家都放松放松，可以多看会儿电视。"孩子很开心，即便当晚他看了一两个小时，过完节，一切都按照日常生活进行时，我们也按照20分钟约定提醒他关机时，他也依然会尊重约定。这种有弹性的坚定，既坚持了原则，又在特殊情况下给了孩子自由的选择，让孩子更容易接受。

还有一点，做父母的可以反思下，很多情况下，是不是我们先打破了约定，孩子才不遵守的？就像睡前读两本书，本来约定好了，但我没守住，读了第三本，才有了后来孩子的"钻空子"？对于约定，孩子一开始不适应，会尝试打破，但几次下来，发现父母是玩真的，他也认真遵守起来。这时，除非父母先打破约定，否则孩子不会随意去打破。

执行中，和善是外壳

和善是无条件爱孩子的态度，没有和善的坚定，就没了父母的人情味儿，规则树立了，却失了孩子的心。

坚定的同时做到和善并不容易，别忘了，孩子试图攻破父母防线的方法花样百出。他撒娇卖萌时你做到了和善，但他撒泼打滚时，你还能和善吗？如果他在公共场合撒泼打滚拽着你的衣服，旁边人还指指点点说孩子没教养、大人不会教育等，你还能和善吗？确实不容易，但我们可以做得越来越好。

要做到和善，关键是不要让自己卷入情绪中，即便卷入了也能及时发现并处理。比如，孩子躺在地上撒泼打滚，大哭大闹，而路过的人又指指点点地议论……这些都会激起你潜意识中"我不是好爸爸"或者我不是"好妈妈"的想法，这种想法会让你试图做些事，证明自己"是好爸爸或好妈妈"，于是，你可能打骂孩子或者威胁、命令孩子，让孩子尽快停止这种不良行为。但只要这样做了，你和孩子的关注点就会从"解决问题"上，转移到"情绪对抗"上，对抗一出现，你们都会试图赢了对方，结果却伤了对方。

这样的情绪对抗，对坚定执行决定没有帮助，有时还会引起孩子的叛逆心理。如何避免卷入情绪或能及时发现并处理呢？这是一个很大的课题，坦白讲，可以再写本书了。在这里，我先分享一个小技巧：

修改身份法

在你发火之前，深吸几口气，去感觉自己肩膀、后背的肌肉放松下来。

然后，告诉自己这样一句话："如果我是眼前这个孩子的老师，我该怎样做才能引导他？"

不同的身份带来不同的态度，当我们用这句话，修改了我们的身份，从家长变成老师之后，我们的态度和情绪都会改变，能更理性处理问题，而不是陷在情绪里。

和善而坚定的执行需遵循这三个原则：公正、一致、统一

公正

尽量客观，不要因为自己是执行者而过多考虑自己的意愿。比如，一开始和小九约定玩电子产品的时间是20分钟，用闹钟来计时。那时，小九还不太会看闹钟，即便我们为了他眼睛着想，把闹钟订成18分钟，他也不知道。但我们不糊弄他，每次都按20分钟的约定认真计时。后来，他会看闹钟了，也非常信任我们，让我们计时。

只有公正的执行，才能让孩子信服，也为他愿意遵守约定打下了基础。

一致

前后一致，才能保证执行的效果。如果有特殊情况，需要跟孩子说明调整原因，就像奶奶会提前告诉他，逢年过节的日子，可以多看会儿电视。这样，孩子就清晰地知道边界在哪里了。

生活里，如何自查我们是否一以贯之做到了温柔而坚定？很简单，看看孩子会不会在某些场合提无理要求即可。所有孩子会提无理要求的场合，都是没有约定或约定被破坏的地方。凡是约定好的地方，孩子的要求都会有理有节，因为他知道尺度在哪儿。即便会想入非非，他也会克制，他明白无论如何父母不会同意，何必自讨没趣。

统一

虽然家里每个人都做到温柔而坚定很难，但对于和孩子做过的约定，要彼此

通气，并一起执行。否则，孩子就会尝试冲破约定。我记得有一次儿子和爸爸玩游戏，玩了三十多分钟。第二天爸爸不在家，当我为儿子计时玩20分钟时，他就提出了异议："为什么爸爸昨天让我玩三十多分钟，你却只让我玩20分钟？"后来，我和孩子爸爸商量好了，20分钟要统一执行。这样做之后，儿子再也没有提出过异议了。

去年春节回老家，亲戚家的孩子，大冬天非要吃冰激凌。爸妈不同意，孩子撒泼打滚，姥爷看不下去了，就带孩子去买了。这种情况，约定就被破坏了。

这世界上最伟大的智慧在于把两种看似矛盾的思路整合在一起，并和谐运作。温柔而坚定就是教育中的伟大智慧，既要父母有坚如磐石的定力，又要求爸妈有宽广似海的胸怀。虽不容易，但好在，我们都已在路上。

记住！提示，而非命令

孩子的一天和成人一样，都有很多事儿要做，为什么有些人总是着急忙慌? 而有些人则能有条不紊? 这其中的差异，与事前的规划有关，更在于执行的细节。有时，为了孩子能有条不紊，成人就会帮他去做或者强迫他去做。

包办型家庭中的场景：

孩子上学后，包办的家庭会经历这种情景：妈妈给孩子穿衣服，老人帮他擦脸、刷牙、喂饭，爸爸给他背书包、开车送上学。一个孩子，折腾了全家。家里人很委屈：没办法，孩子做事儿磨蹭，时间又紧。

命令型家庭中的场景：

另一派，是要求严格的家庭，这样的家庭往往充满了命令。父母冲着孩子吼："6点40分了，马上起床！""7点了，刷牙洗脸！""7点20分了，马上出发！"

无论是前者，还是后者，都没有给予孩子平等的尊重。前者把孩子当作了"婴儿"，剥夺了孩子发展生活能力和时间管理能力的机会。后者把孩子当作了"机器人"，只有听话照做这一个选项。

在特定时间内，这两种方式或许有效，但很难长期有效。随着孩子自我意识的成熟，这样的方式要么压抑了孩子，养出听话的"巨婴"；要么导致孩子叛逆，与父母决裂。那怎么办？

让孩子行动起来，比起命令，更有效的方式是提示。

提示，不动声色地协助，让孩子自觉行动起来

孩子和父母在彼此尊重的前提下做出决定，并以温和而坚定的态度执行。这时，提示就成为执行中有效的工具。提示，就像闹钟。在纷乱的生活中，当孩子忘记了要做的事情，这个闹钟让孩子立刻想起来，并行动起来。

比如，孩子收拾书包，落下了一本书，我们提示："书"，他会把书装好。孩子该去上学了，提示孩子："7点25分了"，如果孩子做了时间安排表，并知道7点25是上学时间，他就会准备东西出门。

命令更加居高临下，是不容抗拒的控制，孩子只能说"是"，但这种"是"不是发自内心的，并没有帮助孩子建立起自觉行动的习惯。而像闹钟一样的提示，对孩子来说，是他还没养成习惯时，协助自己的工具。所以，命令会让孩子反感，而提示不会。

儿子长大过程中，我包办过，也命令过，最后，找到了现在的方法——提示。包办简单，就是让孩子靠边站，我帮他做好一切。但这里有两个问题，他会变得事事依赖，甚至连袜子都要让你帮他穿。我知道这样的包办，太溺爱孩子，于是转变到严格的家长，他的事情命令他干。但是，温柔的命令一般不管用，往往当我声嘶力竭时，他才会行动，有时还含着泪花说："妈妈不爱我了。"这种没有人情味儿的方式，我也很快放弃了。后来，开始用这种闹钟的方式，结果出乎意料的好用。于是，我决定只做闹钟，让儿子为自己的生活负责。

起床时，我把他的衣服放在床头，然后告诉他："该起床了，衣服在床头。"接着我就去客厅了。你猜后来呢？理想很丰满，现实很骨感。他赖在床上不起，我只是又提示了一遍，就没管他。等他起床，又吃饭，就迟到了。这样好几天之后，他自己说："妈妈，明天我不起床时，你就挠我脚心。我不能再迟到了，不然老师会罚站的。"每个有自尊心的孩子，都不喜欢干丢脸的事儿，当我不管他时，他就自己想办法不迟到了。

现在，每天早晨儿子有两个闹钟，一个是6点40分的起床闹钟，一个是7点22分的出发上学闹钟。有时闹钟响了，他还会赖着，我就去挠他脚心，提示他："起床时间到了。"他很快就自己穿衣服起床了，我再没有因为这件事儿烦恼过。

提示有前提，让孩子先弄清要做什么并愿意去做

提示是轻轻推动孩子，要有效果，孩子一定是事先知道要干什么并且愿意去做了，只是执行中还没时间观念。前提做不好，提示没效果。

对孩子的一种尊重，是预先告知。儿子一两岁时，我常陪他在小区里的沙坑边玩儿，这里会聚集很多爸妈。我发现，家长叫孩子回家的方式各不相同。有些家长会提前对孩子说："很晚了，再玩儿五分钟，然后回家，好不好？"孩子点点头，虽然对五分钟还没有太多概念，但对一会儿要回家有心理准备了。过会儿，家长来提示："时间到了，回家吧。"多数孩子就乖乖走了。相反，如果家长直接提示孩子，"太晚了，走吧，回家了。"多数孩子都会哭闹挣扎，死活不要走。最终要么家长服软让孩子再玩会儿，要么孩子被家长蛮横拖走。

对待儿子，我采取第一种方式，会预先告知。同时，我会做一个细节动作，就是给他看一眼手机上的时间，比如，现在6点10分，过五分钟后就是6点15分，确认他听明白就让他去玩。过了五分钟后，我去叫他，他会有点不情愿。这时，我就会给他看看手机上的时间，当看到时间，他就会痛快地和小伙伴告别回家了。

这就是预先告知让孩子感受到的尊重。而跟孩子相处，只要我们给予一点点尊重，他们就会投桃报李，回馈以按照约定行事。

提示有技巧，语调、内容、花样一个不能少

语调客观温和

语调决定了孩子听到的是提示还是命令。当你带着严厉的表情，不容置疑的强烈情绪，并高声说出："出发，上学！"这就像将军下达了命令。而语调放平，带着温和的情绪说出："出发，上学。"孩子是被提醒要立刻行动。

当然，语调也不能过于黏腻，否则力度不够，就像闹钟的声音太温和，孩子会听不到。也许我说这些大家会觉得过于细节，但是做合格的父母就是需要从细

节处进行修炼。很多时候，往往是细节上的疏忽，结果慢慢让孩子远离了我们。

语调的修炼需要我们和孩子相处时，经常能有一部分意识抽离出来，觉察自己和孩子相处的模式，我们能清晰看到每一次提示孩子时孩子的反应。从这些反应入手去调整，就能找到更适合他的方式。

内容简单直接

提示切忌复杂。提示的目的是转移孩子注意力，简单直接才有效。当孩子沉浸在一件事中，要打断，几个字就好。同时，这几个字说明白下一步要做什么，为孩子立刻行动打好了基础。有时候，前提工作做好了，提示时，一两个字就能解决问题。比如，7点22分闹钟响了，儿子已经知道这是出发上学的闹钟，我只用拿着他的外套，说一声："走"，小家伙或快或慢走过来，就出发了。

花样多变，避免唠叨

孩子毕竟是孩子，有时候一次提示无法引起他的重视，这时就要变换花样来重复提示。如果同一种方式，多次提示，就成了唠叨，让孩子难以忍受，也很难收到效果。孩子天生对多变、新鲜的事物感兴趣，当提示花样百出，孩子就会全方位受到提醒。

我的小绝招是"提示三板斧"，和他商量好时间，设定一个闹钟，这是第一板；闹钟响了，孩子能听到，同时我也会提醒，时间到了，该做某事儿了，这是第二板；过几分钟，如果他没有反应，我会拿着还在响的闹钟放到他耳边，这是第三板。经过这三板斧，儿子一般都行动起来了。

提示如果失效，重新协商

提示没有起作用，多数情况是因为之前协商时孩子没想好或迫于压力做了不是自愿的选择。而执行时，他难受了，"反悔"了。这时，无论如何提示他，他要么明白告诉你他不想干，要么拖着不动。我们对孩子这种行为常无法容忍，甚至干脆命令他必须执行，还给他扣上"不守承诺"的帽子。

我也曾是这样严厉的妈妈，但经过不断学习，了解到孩子的大脑发育和成人不同。比如，对一件事做出分析、判断、决策的精神中枢前额叶，要在9～16岁逐步成熟。所以16岁之前，孩子还不成熟的大脑无法支持他做出一个像成人一样毫不动摇的决定。话说回来，很多成人做了决定也会动摇，何况孩子呢？

孩子动摇时，该怎么办？重新协商，再给一次机会。记住，是再一次。我们也不可能无限制地包容孩子，但正像古语说的："可以再一、再二，不可再三、再四。"给孩子多一次机会，同时，坚定告诉孩子只有这次机会了，孩子会尊重并珍惜。

重新商量后达成的方案，再按照以上方法来提示孩子，一定有效果。

有一天，我们提示的声音会成为孩子内在的声音，他懂得自己提示自己了。那是我们要后退一步的时刻，也许我们会含着不舍的泪花站在孩子身后，看着他自己安排好自己的生活，并用自己喜欢的方式推动自己前进。于是，一个依赖的孩童，成长为一个独立的少年。

寻求孩子的帮助：宝贝，我需要你的帮助

我们习惯对孩子说："宝贝，需要我帮助吗？"却很少对孩子说："宝贝，我需要你的帮助。"这种习惯，一是和我们作为父母的观念有关。我们本能认为抚养孩子是我们的天职，提供给孩子的帮助也是理所当然，这种观念并没有错，只是有限制性：谁也没有说过抚养的过程不能让孩子来协助。二是和我们从孩子出生起就形成的习惯有关：我们习惯去照顾他，把他当作一个无法自理的小家伙来对待，并在这个过程里收获喜悦。但孩子会长大，而且是快速长大。有一天，当我们习惯说"我需要你帮助"的时候，孩子就会以让你惊奇的速度成熟起来。

寻求孩子帮助中的3+2个好处

一旦我们开始向孩子寻求帮助，就会发现其中的好处，这种好处不仅是带给孩子的，也是带给家长的。我总结了3+2个好处，其中3个好处是对孩子而言的，2个好处是对父母来说的。

寻求孩子帮助的过程，我们会怎么做？是的，第一步是发出请求："宝贝，我需要你的帮助。"多数情况下，孩子接受这个请求后，会提供帮助，而家长要做的就是第二步：接受帮助。当帮助完成，家长要做第三步，就是肯定孩子。这才是一个寻求并接受孩子帮助的完整步骤（见图4-1）。

发出请求

接受帮助

给予肯定

图4-1　寻求并接受孩子帮助的三步骤

第一步，孩子听到"需要……帮助"这样的字眼，是在接受一种心理暗示"我有能力"。强者帮助弱者是一种天性思维，试想当有人请你帮助时，你是否会有强大的良好感觉。孩子也是一样，听到父母寻求自己帮助的那一刻，父母就用行动在孩子心中种了一个信念"你是有能力的"。这种信念越多，他会越相信自己，变得充满信心。

第二步，孩子提供帮助，这份对他人的付出会刺激大脑释放多巴胺，这种神经递质会让孩子感到快乐。我们知道，吃巧克力等美食也会释放多巴胺，但它不会消除负面情绪。而慷慨付出的行为释放了多巴胺并减少了负面情绪，也就是说，孩子在提供帮助时获得快乐，比他吃零食获得的快乐更加深厚与持久。

第三步，当我们接受了孩子的帮助，这个行为结束时，我们有一个绝佳肯定孩子的机会。在生活场景中的肯定，最容易有理有据有情，因此而深入孩子内心。这比你刻意说的泛滥的"你真棒，你真好"要有用得多。尤其在帮助结束时，我们对孩子的肯定可以做到双重肯定，一重是行为的肯定，一重是人格的肯定。比如，我一个朋友过生日，我请儿子帮我画一幅画送给他。当儿子完成时，我可以说："谢谢你的礼物，朋友很喜欢。"这是基于行为的肯定。接着，我再说："你真是个乐于助人的孩子。"这是对他人格的肯定。这些肯定真实可信，会让孩子的成就感快速提升。

寻求帮助不仅对孩子有利，对于家长也有帮助。第一个直接的帮助就是，减轻了自己的负担。我在超市买了东西，就会让儿子来帮忙。这时，我不会筋疲力尽，就会有个好情绪对待他。而且因为他提供了帮助，我又看到他的独立，对他又是欣赏又是感激。这些情绪，成了我们之间流动的爱，让我们把辛苦都变成了欢欣。

　　第二个对家长而言的帮助是无形中给孩子创造了感恩的机会。我们都希望孩子能有感恩的心，但不经过事的磨炼，很难有真正的认知。某些传统文化教育中，提倡让孩子给父母洗脚，没什么不好，但有些刻意了。作为年轻父母，让一个顽童给我洗脚，我不舒服，他压力也大。不如在生活中，当我们遇到困难，孩子又有能力帮忙一把时，大胆使用他，这样的感恩不是更自然吗？

　　有这么多好处，可生活中常常向孩子寻求帮助的父母并不多，我们被什么障碍了呢？

两种误解障碍了父母向孩子求助

对爱的误解（爱=付出？）

　　第一种障碍是我们对爱的误解。父母爱孩子，是最自然不过的事儿。但什么样的爱是有营养的？什么样的爱是有污染的？要细细品哑。把为孩子付出等同为爱，我们就会忍不住去帮孩子，根本不可能向孩子求助。比如，在孩子肚子疼时，我会帮他揉一揉。但我肚子难受的时候，想让他帮忙的念头一闪而过，竟然还带着愧疚"你是妈妈了，要坚强，忍忍就过去了……"不仅没向孩子求助，还强打精神继续照顾孩子。不付出，付出少了，都是做父母不尽责，然后就是深深的愧疚。在这种心态下，父母很难去请孩子帮助。因为让孩子付出，会让我们内心怀疑自己做得不够好。

对能力的误解（我总是强大的，孩子总是弱小的？）

　　第二种障碍是我们对能力的误解。跟朋友聊天时，他说："小时候，我觉得老爸超牛，没有他搞不定的事儿。后来长大了，我才发现他就是一普通老头……不知道小时候的幻觉是哪儿来的？"父母也有对应的"幻觉"：在养育孩子中始终觉得自己是强大的，孩子的事儿，办得到也要办，办不到的事儿想办法也要办到，这才是对孩子负责。这种强求，让我们的能力越来越强，孩子的能力越来越弱。为什么？因为说到底，能力是靠解决问题磨炼出来的。当我们一直在解决问题，就干扰了孩子对问题的解决，孩子的能力也就禁锢了。

实际上，当我们让孩子去做时，经常会发现惊喜。我印象特别深的一个事儿是小九三岁多时，我带他逛超市。出来时，我拉着买菜的小车，手里还拎了一堆东西。为了防止小家伙让我抱，我预先阻止向他求助："宝贝，这么多好吃的，没你帮忙，我可拿不回去。"小家伙挺挺小胸脯，一副男子汉的模样，"我拉小车"。说完就把小车接过去，拉在手里。从超市到家要走将近二十分钟，我有些担心他能不能坚持。一路上我不断激励他："厉害啊，拉这么远！"很能坚持呀，马上就到家了……""要是能自己拉到家，你今天就算帮了妈妈大忙！"最后，他真的把装满菜的小车拉回了家。

我得承认，一开始我小看了他。当我们愿意让孩子去试试，并在一旁推动他时，孩子的能力就生长起来了。

放下对自我能力的幻觉：我总是强大的。看到孩子的快速成长，并愿意通过向他求助的方式，让他有展示的机会。他的表现往往能惊喜到自己，也能惊艳到我们。

寻求孩子帮助时，这四个事项需格外注意

选择孩子能做到的事儿

在一开始请孩子帮助时，这点至关重要。如果事情太难，他会拒绝，或者中途放弃，那么孩子的自信就被打击了。以后，当我们再提出请孩子帮助时，他会犹豫，因为他不确定自己是否有能力真的帮到你。

在我们家，一开始请孩子帮忙，很多事根本不需要辛苦劳动，甚至很享受。比如，小九爸爸为了放松，有时会画画，这时他就请儿子帮忙找各种颜料。小九就会坐在爸爸旁边安静观看，等到画树画草时，他会拿一管颜料给爸爸，爸爸有时说很好，有时让他换一个更深或更浅的颜色。于是，他在帮忙中也明白了什么是深绿，什么是浅绿（见图4-2）。

图4-2　小九协助爸爸画画

选择有一定挑战的事儿

当孩子经常提供帮助后，就要选择有一定挑战的事儿请孩子帮忙。缺乏挑战，事情就会变成任务，孩子就不愿意做了。有挑战，但又不是高不可攀，正好激起孩子的好胜心，让他全力以赴去做。当做成时，他会看到自己能力的提高，在内心为自己点赞。

在孩子爸爸生日时，我请儿子帮助去想想怎么给爸爸过生日？他提了很多想法，一开始各种天马行空，比如，集资给爸爸买一个按摩椅，为爸爸建造豪华游艇……后面自己又发现实现不了，放弃了。最后，他提出了一个我们都满意的想法：为爸爸举办一个抽奖生日会，自己制作一个抽奖箱，在里面放上十个签，让爸爸抽三次。礼物有些是我们提前买好的，比如保暖内衣，还有一些是梦想礼物，是接下来的几个月可以规划的，比如温泉度假。每个签他不是直接写礼物名称，而是写上一个谜语，让爸爸去猜这个礼物是什么。比如，热热的上衣和裤子，就是保暖内衣。这个抽奖，让爸爸很开心，光是猜谜就很逗乐了，再加上有真的礼物，爸爸很满足。

　　策划一个生日活动，对七岁的孩子来说，还是有一定挑战的，但又不是无法完成。所以，这个事儿对孩子就有很大吸引力，他愿意全心投入来做，发挥自己的创意。而等生日会收到好效果时，他更是成就满满。

不要为帮助设置物质奖励

　　为了推动孩子去做事，我也经常为孩子设置物质奖励。但在寻求孩子帮助时，我发现不需要。相反，物质奖励会画蛇添足。试想一下，我们跟孩子说："宝贝，帮妈妈把毛巾拿过来，我给你一块糖。"他马上就去帮你拿了，但当你拿到毛巾感谢他时，他只会关心地问你："糖呢？"物质奖励把帮助变成了交换，这时，孩子在意的不是他对你产生了多大的价值，而是你提供的奖励是否诱人。除非以后你每次提供的奖励都有足够吸引力，否则孩子愿意帮忙的心态会慢慢疲倦。

　　相比外在物质奖励对孩子产生的刺激，帮助一个人后产生的内心荣誉感和自我肯定，是一种可以累积并不断带给孩子快乐的精神动力。

允许孩子拒绝

　　我们提出了帮助请求，孩子一定会同意吗？当然，孩子有拒绝的时候，或者答应了推迟去做。这时我们是什么态度？被拒绝很容易触发内心的情感：你不够重视我、我不够有权威性、你不听我的……既有对自我的否定，也有对他人的否定。这时，我们就容易强迫孩子，把原本自由的帮助与被帮助，变成命令式的要求。

　　允许孩子拒绝，才是真的寻求孩子帮助。即便这次他拒绝了，拒绝也会让我们看到亲子关系的真相，进而做出调整。比如，他拒绝是因为他讨厌和爸爸妈妈一起做事儿，爸爸妈妈总是很唠叨。那正好，借这个机会，我们看明白了孩子的态度，以后就少唠叨点。

　　没有拒绝的关系不真实，也说明孩子没有自我，有拒绝有接受的帮助，才是孩子发自内心愿意去做的，他才能因此提升内在价值。

　　同样是推动孩子去做一件事，用说服只会让孩子感到你很厉害，用求助则会让孩子意识到自己很厉害。只有不断认同自己厉害的孩子，才敢于挑战不服输，因为内心有股力量告诉他"你可以。"

不带修正、贬低或者评判的倾听

人有两只耳朵，一张嘴巴，从数字上看，听的能力应该是说的两倍。嘴巴喜欢一心多用，一个通道，又要说话，又要吃饭，还要打哈欠。但耳朵就不同了，它很专一，只是用来听。嘴巴工作时间有限，一睡着，嘴巴就下班了。耳朵却超级勤劳，二十四小时不打烊。尽管如此，人还是喜欢用嘴巴。在培训市场上，我们能看到各种演讲训练班，都是提升嘴巴的能力，却很少看到倾听班，来训练人的耳朵。面对孩子，我们更是喜欢用嘴巴，而非用耳朵。然而，如果这种习惯反过来，我们闭上了嘴巴，打开了耳朵，这时会发生什么？

使用嘴巴的时候，我们满嘴说的是：我觉得、我认为、我告诉你……我要说的是……看到了吗？嘴巴在表达的是"我"，而要影响孩子，光有"我"不够。这个"我"道理再正确，不是孩子的，也难以走进孩子的心。真正对孩子有影响力，是从关注"你"开始的。"你"如何想？"你"需要什么？"你"想要什么？如果我们想走进孩子的心，那就闭上嘴巴，开始听听孩子的声音。

情理兼备的倾听是有效的倾听

倾听中，当我们更多关注对方的感受是处于感性倾听中。感性倾听，能迅速拉近我们和孩子的距离。当我们更多关注对方的信念和价值观，是处于理性倾听中。理性倾听能帮助我们快速了解孩子的逻辑和认知。

家庭教育中很流行一句话：先处理情绪，再处理事情。当孩子想跟我们交流时，往往带着情绪和情感，如果忽略了，直接去关注事情，经常费力不讨好。比如，你有没有遇到过这样的情况，社区里一群小朋友玩，孩子被别的小朋友打了，他大哭着跑来找你，嘴里呢喃着："妈妈，妈妈……"这时，你是会把他抱进怀里，帮他揉一揉？还是替他出气，去吼打人的孩子一顿？

在确定孩子身体没问题之后，你完全不用太着急。可以俯下身来，只是倾听，孩子会告诉你下一步做什么。

他会说："妈妈，疼，揉揉……"你就知道了，这是外面受了委屈，需要妈妈安慰一下。可以温和地帮他揉一揉，他的委屈很快就烟消云散了。

也许，他说的是："妈妈，他打我，你帮我……"这时，你知道他是打不过来搬救兵了。正好把两个孩子叫到一起，启发他们找到除了打架之外解决问题的办法。

当我们能准确倾听出孩子的感受，并能够拥抱他的感受，他就收到了来自父母的爱与支持。这份爱与支持，有时需要我们真的帮他做点事儿，有时他获得支持后，自己就把事情解决了。但不管如何，他从父母那里感受到的爱与支持都存到了亲子的情感账户中，让这份关系越来越富有。

我们知道人的大脑有感性脑和理性脑之分，去倾听孩子感受时，感性脑的贡献更大。这时，我们不仅在听孩子说的话语内容，还要去看他的表情，去听他的音调，甚至跟他一起呼吸，感受他呼吸中的情绪。这样才能很快进入他的情感世界，进而让他感受到你懂他，你们是一伙的。

倾听中理性脑占主导时，我们很容易分析出孩子话语中传达的信念和价值观。比如，有段时间，我很担心儿子。他七岁了，开始慢慢对钱有了概念。我开始每周给他五元零用钱，由他来支配。他也会自己去超市、面包店买东西了。这些都给他一种惊喜，他发现钱这么好，变得很爱钱。当然，这没什么不好。相反，如果孩子对金钱完全没有概念，才要及时调整。这个社会，早早了解钱，并懂得用自己的价值去赚钱，孩子会更有上进的动力。只是，儿子会把所有的事和金钱挂钩，也让我们哭笑不得。比如，他说："我的生日会可以制作一些门票，想来的同学，可以花三十元购买。"这背后孩子是什么信念呢？"我对生日会充满自信，生日会我们会花很多钱，这些是投资。"但他不知道，投资回报可以是钱，也可以是无价的东西，比如友谊。后来向他解释后，他才明白，于是再不提生日会收门票的事儿了。

当我们理性分析孩子话语中的价值观，就可以及时决定如何引导孩子，而不至于让孩子偏离正轨。两种倾听，感性倾听同理孩子，拉近了距离。理性倾听了解孩子的逻辑和认知，调整教育步调和方向。

修正、贬低、评判，倾听时的三堵墙

倾听是沟通的第一步，但很多沟通止步于倾听。这里有三堵墙，会阻碍倾听，也阻碍沟通的发生。

第一堵墙是修正心态。

我在父母课堂上做了这个有趣的实验，把下面这幅图（见图4-3）展示给家长看，问大家看到了什么？除了复训学员，几乎每个新学员，都会提出：2+2=5这道题算错了。这就是父母的注意力，我们的完美心态总推动我们去看不完美的地方，并试图修正它。和孩子沟通中，也是这样。我们喜欢去修正孩子，无论是语法、逻辑还是信念。

$$1+1=2$$
$$2+1=3$$
$$2+2=5$$
$$1+3=4$$

图4-3　孩子的数学题

当孩子说："哇，这朵红花真漂亮！"我们会修正："是粉色，不是红色。"或者，当孩子兴冲冲跟我们讲故事："盘古最后死了，他的眼睛变成了日月，血液变成了河流，嘴巴变成了星星……""嘴巴变成星星？怎么可能？"我们没有关心他讲的故事，而是急于修正他的逻辑。

但是，所有我们期待修正的地方，都是在提醒孩子："你错了，你不够完美。"对于自信心不足的孩子，这样的提醒很容易碰触他内心的自卑感，让沟通无法进行下去。

第二堵墙是贬低心态。

父母越是原则性强、标准高，越容易贬低孩子。因为在我们心中有个无法撼动的标准。比如，孩子考了90分回家，让你签字。孩子说："我都考了90分，很不错吧。"而你心中的标准是：作为小学生，95分以下相当于不及格。这时，我们就会贬低孩子："连95分都没到，还嘚瑟，你有点出息吗？"这话一出口，你和孩子就站在了不同战线。关键是，孩子自己建立的信心被打击了，他从父母的贬低中听出"我不行"。这种评价会让人沮丧，谁还愿意和贬低自己的人交流呢？

第三堵墙是道德评判。

　　成人思维和孩子的思维不同，成人懂得换位思考，甚至可以基于经验进行推理。但是孩子是以自我为中心的，心理学家皮亚杰通过三山实验（见图4-4）说明，孩子的视角无法换位，他认为别人看到的世界和自己看到的是一样的。两种不同的思维方式，就让成人和孩子对同一件事的解读时完全不同。

图4-4　三山实验手绘图　作者：朱彤彤

　　比如，孩子们在一起玩，如果你的孩子被打了，他过来告状："呜呜……他打我。"当你想伸张正义，问打人的孩子："你为什么打人？"打人的孩子也哭了："明明是他先打我的……"最后，两个孩子都说对方打了自己。谁对谁错？无论你站在哪个孩子的角度来看，孩子都没有错。他只是没有看清全貌，只看到了自己的受伤而已。

　　爱讲大道理的父母，总喜欢站在"公正"的道德制高点，期待孩子有更大的"格局"，却忽略了孩子大脑发育的阶段特点。而一旦父母倾听中带入了道德评判，孩子立刻就被放在了道德天平上，无论如何做，都会让孩子感到缺乏温情，沟通就被阻碍了。

四维倾听让你听出孩子的内在声音

想倾听孩子的内心，有很多方法，在这些方法的基础上，我们可以提炼出这四个维度：

内容倾听

孩子跟我们交流时，可能会唠唠叨叨说很多，可是，其中的重点呢？

就像成人说话喜欢在转折词后面说重点一样，孩子们的语言中也有密码。留意你们家孩子说话内容的次序以及重复的部分，慢慢就会找到规律。与成人的含蓄不同，孩子说话的重点往往在前面，比如，他会说："给我买个电话手表吧，我的好朋友都有了……"重点在前，后面才是解释。此外，重要内容孩子也会重复提及。像小九在周一是可以玩游戏的，我们约定好后的第一周，周一早上他跟我聊天时，重复一句话是："太好了，今天也可以玩游戏。"好像生怕我忘记或者突然反悔。每个孩子的语言模式不同，但只要父母用心倾听，很容易找到孩子话语内容中的重点。

语调倾听

比起内容，说话时的语音语调往往信息量更大。美国心理学家艾伯特·赫拉别恩曾提出一个公式，他认为信息的传递，7%来自语言内容，38%来自语音语调，还有55%来自肢体语言（见图4-5）。虽然这个比例的划分，后期受到了质疑，但大家都承认：语音语调和肢体语言对传递信息有重要作用。

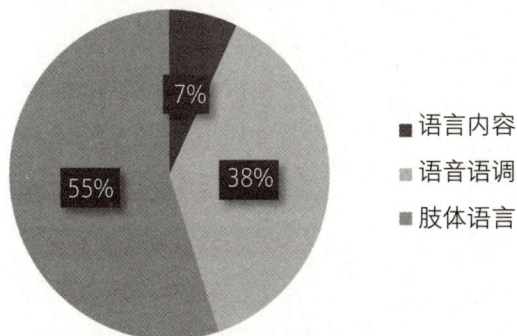

图4-5　艾伯特·赫拉别恩的信息交流效果

　　孩子的语音语调更是赤裸裸透露他的内心，哪怕到了青春期，孩子的表达都是直率的。他生气时，语调就会升高；他不开心时，语调就会低沉；他懒得理你时，语调里都充满不耐烦……读懂了这些语音语调背后的内容，我们才能做识趣的家长，知道如何融洽地和孩子相处。

表情倾听

　　孩子脸就是内心的晴雨表。有时不需要过多的语言，看到孩子的脸，我们就知道他此刻好不好。比如，说谎时，多数孩子眼珠会向右转动；欲言又止时会吞咽口水；遇到喜欢的东西，会两眼放光；不屑时，嘴角上挑……这些表情细节像一面镜子，透露出孩子内心声音，我们也就知道孩子愿意听什么，讨厌听什么，如何说，对他才有效果。

肢体倾听

　　肢体语言在信息传递中占到55%的重要性，可见倾听孩子，只是用耳朵是不够的，还需要眼睛来辅助。孩子进入青春期后，会有自己很多小秘密。这时，父母如果不能在孩子的动作中倾听出孩子的内心，就很容易忽视孩子。

　　孩子说的话可以作假，音调音量也能伪装，甚至表情也能调整，然而肢体语言是潜意识语言，孩子自己都很难发现。如果父母够用心，能在孩子的肢体中读出他真实的内心。他的身体是僵硬的，还是放松灵动的？他的双臂是打开的，还是紧缩的？他是安定地坐着，还是下肢一直在乱动？这里面有共性，比如双臂打开时，多是孩子敞开愿意交流的时刻；双臂紧缩时是孩子已经听不进去，在自己世界里的时候。当然，每个孩子也会有自己特定的肢体语言，需要家长不断观察并总结。

　　用心倾听的关键是放松，并给予孩子全然关注，这为孩子敞开心诉说创造了良好的氛围。而倾听中，放下修正、贬低、评断，带着愿意陪孩子同喜同悲的心，孩子一定愿意向你袒露内心的声音。

让孩子做自己的决定，但又不放弃他们

如果说父母也是一份职业的话，这个职业对孩子有什么核心价值？做到了什么程度算是达标了？

既然是职业，我们就假设了一个前提，即孩子是我们的服务对象，而不是私有产品。你认同吗？

作为一个独立的个体，孩子经由我们这个管道来到世界。在他漫长的成长中，由我们向他讲述这个社会的规则，并帮他建立能力，最后他独立面对社会和他的人生。所以，我们对于孩子核心的价值在于剥离，将他从我们这个管道中剥离出来，让他意识到自己是单独个体，并有能力选择想拥有的生活。对于我们做父母是否达标的考核，就是孩子的独立能力。孩子离开我们能过上自己想要的生活，就是我们工作达标了。反之，就是工作不合格。

从对这个世界一无所知的孩童，到青春期能独立应对各种挑战和选择，每个孩子都需要父母协助下的训练。所有训练都为了独立，而什么是独立呢？独立意味着可以自己思考、决定，并为决定负责。

养一个独立思考+决定+负责的孩子

独立思考

拥有独立思考能力的孩子，自学能力都很强。遇到难题，他会琢磨，为什么这么做行不通？怎么做才行得通？这类孩子不容易被煽动或带偏，当同学抽烟喝酒谈恋爱时，他会思考，我要什么样的人生？怎么做才能获得那样的人生？这类孩子的优点我还可以罗列一大堆，你是不是也想养一个这样的孩子？

很多父母想，却不敢，因为这样的孩子通常不听话。你让他向东，他会思考为什么要向东？当他没想明白，就会"跟你顶着干"。但是，正是这样的孩子，长大了之后，成为成人世界中最有创造力的人。

做自己的决定

你喜欢自己做决定？还是别人帮你决定？你小时候呢？

几乎每个孩子的天性里都喜欢自己做决定，从让父母头疼的2岁开始，我们就有了自我意识，对于自己的事情我们希望"我说了算"。这时，我们的父母如何做，会影响我们一生的决策力。如果父母是包容的，给了我们决策的机会，通过多次练习，我们越来越能做对决策。相反，如果父母总是替我们决策，我们越来越没有决策能力，也因害怕失败与嘲讽，而不敢决策。

现在，我们成为父母，我们希望自己的孩子有自我决策力吗？如果答案是肯定的，但在生活中我们却不断阻拦他，结果就南辕北辙了。从挑一支冰激凌开始，你希望他吃奶油的，他却挑了巧克力的。买书时，你希望他买德育故事，他挑的是《植物大战僵尸》。选衣服时，明明绿色更好看，他却非选黑色的。这些时刻，我们敢让孩子做自己的决定吗？

正是哪些执拗的非要做自己决定的孩子，长大后成为家庭、社会中敢于拍板并勇担责任的人。

负责任

只有做自己的决定，孩子才愿意为决定的后果买单。在我们家有一个约定，儿子去游乐场可以自由选择两个项目。有一次，在兴隆公园的游乐场，他选来选去，选了一个有屏幕的摇摇车，屏幕上是植物大战僵尸的动画，他大概以为这个屏幕像手机屏幕一样是可以打游戏的，兴冲冲买了票就去玩。结果发现，这个屏幕根本不会动，就是一个普通的摇摇车。对于一个五岁的孩子来说，两岁时玩的摇摇车太无聊。他意识到自己选错了，哇哇大哭起来。我们陪着他，等他哭完了，就去别处玩了。自己的选择，就算是坑，也得自己跳，这种道理孩子也懂。

人这一辈子很难一帆风顺，失意时，孩子能不能扛起伤痛继续前行？这种能力决定了他人生的高度。而只有让孩子做自己的决定时，他才有动力去为结果负责。

主动让孩子做决定，而非被动让孩子做决定

让孩子做决定，有两种方式。一种是我们主动给孩子决定权，另一种是我们管不了孩子了，不得不让孩子做决定。这两种情况，家长的心态和行动都截然不同，结果也千差万别。

被动给孩子决定权

被动是管不了之后的无奈，背后就有破罐破摔心理。看似给了孩子决定权，却没有祝福和支持，而是等着孩子出丑。

我在无锡遇到一位女士，满脸愁容。她年轻时不顾父母反对，从广东远嫁到无锡。当时，母亲就说了很绝情的话，和她断绝母女关系，还说以后过得不好也别回来了。这些年，她都活得很憋屈，爱情很美好，可婚后的生活却一地鸡毛，当她有委屈的时候，她却没办法跟母亲说，怕母亲嘲笑她。

我的好朋友高中时喜欢画画，没有遵从父母的想法考师范，而是走上艺术的道路。可毕业后，工作不顺，别人介绍她时会说她是自由工作者，只有她自己清楚就是打零工的。每年只要过年见到爸妈，她一定被数落一顿："当初你不听我们的，现在收入不稳定，还要养孩子，吃苦也活该。"

我和朋友聊天，她说特别讨厌过年，不愿意回家，为什么这么多年了，父母还对自己做的一次错误选择耿耿于怀呢？

当父母经常为孩子做决定时，意识中会产生一种误区，认为这是我的责任。这时，孩子跳出来要拿回自己的决定权，父母就会感受到背叛，这种背叛感引起的受伤让父母久久无法释怀。而孩子虽然争取到了自己的决定权，却因为没有父母的支持，而始终有一种对不起父母的愧疚感，削弱了自主决定的力量，甚至经常怀疑自己的决定是否正确。

主动给孩子决定权

当父母主动给孩子决定权时，父母不会放弃孩子，会依然给予孩子支持。也许按照父母的经验，孩子的选择会让他输的一败涂地。但是，我们看到即便输的

一败涂地，那也是他的人生，我只给他建议和支持。这时，我们就站对了父母的位置，同时，把属于孩子的位置还给了他。

不放弃，但可以提建议

不放弃孩子，在孩子做决定时，可以给建议。当然，这个建议，孩子是否采纳，也由孩子决定。不过，我看到的案例中，如果父母是以支持孩子做决定为前提，然后提供建议，孩子是很愿意采纳的。

一位高中生的家长找到我。当时她很焦虑，女儿高二了，成绩一般，想孤注一掷学画画，走美术生的路子。父母却觉得这条路太冒险，女儿没有从小画画的功底，现在把所有时间都投入去画画，文化课成绩肯定要被耽误，万一画画这条路走不通，连后路都没有。后来，经过咨询，她和爱人是这样做的：他们找了之前三年美术生考一本、二本的分数线，孩子看了后，自己觉得即便是去学画画，文化课也不能丢下。后来，父母支持孩子去学画画，孩子很开心，在文化课学习上也更主动了。

孩子的决定有时可能是一时冲动，并没有深入思考。即便思考了，他能收集到的信息有限，也很难对事情有全面的判断。这时，父母如果尊重孩子的决定权，并给孩子提供更多信息，协助孩子从多方面分析问题，这就是在手把手教会孩子如何自己做决定。

不放弃，陪他面对结果

孩子做了决定，结果可能很失败。这时，我们会不会奚落他："哼，不听老人言，吃亏在眼前！"这种态度会让孩子和你决裂。以后，有再大的伤痛，他也不愿跟你说。因为，他知道，你不仅不会帮他，还会在他伤口上撒盐。

孩子的力量取决于父母的心量。当孩子自己做的决定失败时，我们不仅不奚落嘲讽他，还能陪他一起面对，所谓患难见真情，他会不会立刻感受到你的爱呢？而这份爱，能帮助孩子有力量面对失败。

回想当年高考，我常对母亲充满感激。在选择专业和学校时，我并没有听她的建议，去考北师大，而是选择传媒大学去学新闻。当我去学新闻了，才发现这个专业和我想象的完全不同，其实，我更适合做老师。但是，母亲从来没有骂过我，而总是鼓励我：你这么年轻，既然喜欢当老师，可以多做这方面的工作，总会有机会。正是这些鼓励，让我也接纳了自己当年做错选择这件事儿。现在，我成为一名亲子老师，学新闻专业时学到的用气发声对我有很大帮助，看来没有一步路是白走的。而这些，都是在母亲的支持中看到的。

　　孩子总会长大，他的一生自己走，才会自己负责。而我们能给他的最大协助就是：在他需要支持时，给他力量；在他需要自由时，我们有勇气放手。也许孩子对人生的规划和我们完全不同，但我们终究爱孩子，而这种爱，应以鼓励他活出自己的方式呈现。

反转错误，让孩子从错误中学习

人很奇怪，那些平凡的温馨时刻很容易忘却褪色，但带着伤痛的撕心裂肺却记忆犹新。孩子听话乖巧的日子很容易就过去了，但他犯错惹祸的日子，却像慢动作，每个细节都让我们坐立难安。作为父母，我们都讨厌孩子犯错，但又知道这事儿不可避免。但是，发生时，我们还是常常被打击。怎样减少这种打击？关键在于如何定义错误。

对错误的定义，决定了错误对孩子的意义

孩子每一次犯错都让我惊出一身冷汗："怎么这种常识他都不知道，还好被发现了，就有补救的机会。"比如，儿子小时候到了公园，看到漂亮的花伸手就摘了下来。我很生气，想教训他，但转念一想，在公共场合不摘花草，对于我们成人是常识，但孩子并不知道。我从来也没有正式教过他，该如何对待公共场合中的花草。这样想，我就蹲下来问儿子："喜欢花吗？"他一边玩着手中的花，一边点头。我说妈妈也喜欢花，然后又问他："如果每人都来摘一朵，花池都空了还漂亮吗？"他看看花池，估计发挥了自己的想象力，撇着小嘴说："不好看。"嗯，我也很可惜地点点头，趁机告诉他公园是大家的地方，公园里的花草也是大家的，要保护好。他点点头，手里很尴尬地拿着花，大约知道自己做错了。后来，我们一起把花放回了花池里的土壤上，等着它有一天成为花肥。

孩子做了错事儿，却可能并不理解为什么错了。像儿子摘花这件事儿就是

他没意识这样的行为是错误的，正好给了我为他普及常识的机会。有时他知道错了，却没忍住。有一天，奶奶带着孩子出去玩，他拿了一把仿真枪，来了一个小弟弟想跟他一起玩。他讨厌小家伙，就拒绝了。被拒绝的小弟弟并不离开，还是缠着他，后来两人争抢了起来，他拿枪杆打小弟弟，正好戳在小弟弟额头上，血就下来了。闯了这么大的祸，家长怎么办？奶奶的做法太有智慧了。奶奶立刻让他向小弟弟和家长道歉，并主动表示愿意承担责任。两家打了车去医院，给小弟弟处理了伤口，奶奶又赔偿了对方一定费用。这个过程，孩子都看在眼里，等奶奶把事情处理完，问他："你不小心打了小弟弟一下，咱们是不是就要花钱？"儿子是个"小财迷"，他立刻说："嗯，我以后不动手了……"。

奶奶处理这件事时，没有因为孩子犯了错，就当众责怪他，相反，第一时间去解决问题。这种态度，孩子在身边看着自然也会学到。奶奶让孩子看到做错事会受到的惩罚，孩子自己心里就有了对错误的认识，这时，他会主动思考以后怎么做。经过自己做错事承担后果的体验得出的启发，是孩子内心世界的经验积累，会帮助孩子一天天成熟起来。

孩子对错误的看法是通过家长建立的。如果家长面对错误时，认为这是讨厌的麻烦。孩子也会因为做错了事儿而觉得自己是令人讨厌的家伙。但为什么做错了，以后要怎么做？孩子并不知道，他只知道自己给别人添麻烦了。相反，如果父母帮孩子看到错在哪儿了，该如何做？这次错误就成了在体验中学习的好机会。

不过，生活中，孩子做错事儿后，我们经常用三种没效果的方法对待他。

孩子犯错后，家长千万别做这三件事儿：划清界限、指责抱怨或失控打骂。

划清界限

我曾经就犯了这类错误。儿子五岁时，有一次他和幼儿园的小朋友打了起来，我狠狠批评了他，并让他向对方道歉。儿子哭着跑开了，等我找到他，小家伙委屈地看着我："你是我妈妈吗？"这句话深深刺痛了我，肯定哪个地方出错了。

孩子有自己的感受和想法，不见得正确但是真实，如果我们一味把自己的道理强加给他，他不会听。我很想知道他怎么想的，于是，我耐着性子坐到他旁边去，他立刻扭过了头不理我。我摸摸他的脑袋，亲亲他，他态度缓和了些。我问他："你觉得我是你妈妈吗？"他撅着嘴说："不是，你根本不爱我……你一直在批评我，可是是他先抢了我的……"谜底解开了，在他眼里看：自己委屈受欺负时，妈妈不仅不帮自己，还一直在帮外人，根本不像自己的妈妈。

我反思了儿子犯错时，自己的习惯反应，竟然很多次都是和他划清界限。我会强调是"他"错了，"他"要改正，却忽视了，我是他的监护人，如果"他"错了，"我"肯定没有做好。划清界限时，我把自己的责任剔除了，站在局外人的道德制高点，对这个"小坏蛋"进行审判。他感受到的是被抛弃了，这只会让他抗拒审判，而不是明白自己的错误并改正。

划清界限背后的心理：不愿意和孩子共同承担他犯错后的责任。

抱怨指责

划清界限的升级是抱怨指责。指责一开始，我们就给孩子的错误定了罪：你犯的错是坏事儿，你是坏人。

孩子打翻水瓶，"你就不能小心点儿吗？如果你把水瓶往里放，它能掉下来吗？"

孩子和别的孩子打架了，"你别理他不就完了吗？打架你自己疼不疼？"

孩子非要买一个零食，结果很难吃，最后只好扔掉。"都跟你说了，这个不好吃，你非要买……你当时要是选我给你拿的，肯定喜欢……"

我们看到了自己的模式吗？我们在替孩子后悔。期待回到过去重新选择，期待这个错误没有发生。这些行为传达给孩子的信息是：犯错是件倒霉事儿，要是没有就好了。孩子也会学到，当他犯了错，他会陷入后悔中，而不是面对错误，寻找修正的方法。

抱怨指责背后的心理：完美主义，期待抹掉错误。

失控打骂

曾经看过一档法制栏目，讲一位曾经的代课老师，因为孩子没有完成作业，对孩子一通打骂，第二天竟然发现8岁的儿子已经离世了。孩子爸爸常年在外打工，妈妈做一份很辛苦但每月薪水只有600元的工作。当天妈妈回家问孩子作业写完了吗？孩子说写完了。但妈妈一检查发现，根本就没有写。不顾孩子没吃晚饭，还有点感冒，妈妈还是打了孩子一顿。第二天，妈妈翻动儿子的身体，看到儿子身上的伤痕，很吃惊，她不记得自己对儿子下手这么重了……你看，人在盛怒之下的失控，自己都没有意识。是什么样的心理让这个妈妈完全失控了呢？

我很少打骂孩子，但这样的冲动却经常发生。总结下来，失控往往是恐惧引起的愤怒诱发的。比如，孩子和你闹着玩儿藏起来了，过了很久不出来。你一开始是开心，慢慢变成担忧，找来找去找不到，开始有很多不好的想法"孩子不会被人贩子抓走了吧……"可是还找不到，这时，恐惧就滋长得更大了。最后，孩子顽皮地出现了，你会怎么做？长出一口气，上前打骂一通："死孩子，跑哪儿去了？不知道大人着急吗？以后不许乱跑了……"

同样，我们会打骂孩子或有冲动打骂孩子的事儿里，多数都藏着我们的担忧、恐惧……后来演变成愤怒爆发出来。

但打骂只是家长情绪的宣泄，孩子受到打骂的威胁，以后在你面前或许不敢再犯这个错误。但他没有从心里明白为什么要改正时，孩子不会有彻底的改变。

失控打骂背后的心理：恐惧引起的愤怒。

如何引导孩子从错误中学习？

面对错误

敢面对错误，就是一种勇气。很多孩子不敢面对，就会撒谎，甚至做过激的事情试图弥补错误。

有时，我们家散落着各种零食的包装，我问儿子："这些零食谁吃的？吃了之后垃圾还乱放？"他会立刻回答："爸爸吃的……""可是，爸爸出差了呀……""噢，不知道。"他狡黠地看看我。我就不经意地说："说实话的人总是有奖励。"听我这么说，他立刻就跳出来说："我吃的。"

虽然我们从来没有因为他做错事儿严厉惩罚他，但孩子心理天生对做错事儿抵触，如果我们不引导，很多孩子并不愿意面对错误。

引导孩子面对错误，先要停止和他划清界限、抱怨指责和打骂。同时对孩子承认错误的行为给予鼓励，可以是言语上的，也可以是物质上的。这一步，让孩子做错事后的紧张心情放松了，能更理性地去思考如何解决。

一分为二

当孩子能理性思考，就会一分为二看待错误。我们常说："吃一堑，长一智"，就是说错误中蕴含着智慧。

你小时候做题时，有没有用过一种排除法。孩子自然而然就学会这种方法，而这种方法就是在错误中获得好处。A错误，B错误，D错误，所以C是正确答案。每一次错误都让孩子离正确更近一点。

有一次，儿子起得很早，没有及时吃饭，反而看起漫画书。后来，迟到了。我问他，迟到后怎么样了？他说不好受，老师会罚站，以后不要迟到了。我趁机让他制定一份时间表，他很兴奋地和我一起做起来。错误中的后果，孩子承受了；错误带来的价值，比如，让孩子更看重时间，孩子也收到了，所以他也愿意和我一起制定时间表。

协商解决

错误造成了不良后果，该如何解决？6岁之前，父母处理，但要让孩子帮忙。6岁之后，问问孩子，孩子的解决方法会给你惊喜。当然，6岁是一个大致的时间划分，孩子们差异很大，你根据自己孩子处理问题的能力来判定即可。

比如，6岁前，孩子拆玩具，不小心弄得满地都是。这时，父母可以邀请孩子一起来整理："妈妈帮你把玩具收拾好，但需要你帮忙。"孩子帮忙中，学会了做错事儿后如何处理。3～6岁，按照发展心理学家埃里克森的理论，孩子进入到"主动对内疚"的心理阶段，更期待能按照自己的想法去做事。经过3～6岁父母对孩子的逐步引导，6岁以后，就可以和孩子协商解决问题。比如，6岁后，孩子把房间弄得很乱，可以问他如何做？他可能说，等会儿我收拾。这时，父母要把这个方案具体化，并监督执行。可以问："过会儿是多久"。等孩子给出具体时间后，计时，然后提醒孩子去完成。14岁之前，孩子很难系统解决问题，家长需要在每个执行的节点提醒孩子，引导孩子一步步完成。

留存经验

孩子关于犯错的记忆，往往很深刻。事后，如果能像故事一样讲出来，和孩子说说自己当时的心情，也让孩子说说他的想法，这些犯错的经历，就成为有用的经验，经过了整理复盘储存在记忆里，日后可以随时提取来用。我小时候，妈妈就会经常和我聊聊犯错的事儿，比如，我曾经跟哥哥吵架抢一碗面，情急之下，我直接把碗摔了。后来再说起这件事儿，我主动反思："当年真傻呀，气急了，就想着大不了都不吃。哎，人不管理情绪，情绪真可怕。"长大后，特别乐意学习情绪管理的课程，并且把其中的技巧用到生活中，大概也跟这段童年经验有关。

　　错误，会让孩子有痛的感觉，不需要说教，他就会有体验。父母只需要让孩子看到错误的原因、错误里的价值，孩子自然会从错误里学习，并且尝试找到正确的路径。

共同解决问题，而不是让孩子独自面对

　　我们一直在强调教育孩子的根本在于让他独立，为什么又要共同解决问题？如果问题共同解决，孩子会不会变得依赖？这些担忧在情理之中。我们养孩子的过程，很少有哪条原则是绝对的，反而强调的是一种平衡的尺度。就像我们经常说，对待孩子要"温柔而坚持""爱而有分寸""自由里有规则"……正像古人讲的中庸之道，教子之道，也是过犹不及。孩子终有一天要独立，但独立的过程中，不是我们家长一把将他推出家门就完成了，需要有一个过程让他主动向门口移动，有一天，他自己推开门走出去，发现更广阔的世界。

共同解决问题，给予孩子勇气

　　孩子的成长就像上台阶，如果他还在第一阶，你却推动他上第十阶，只会吓到他。就算他愿意去试一试，尝试结果也只会让他垂头丧气。这样的推动不是爱，而是蛮干。有一次，我带儿子去野生动物园，里面有个区域给孩子做野外拓展训练，孩子需要爬过一个空中吊桥，吊桥下面就是网兜，还是很安全的。一个五六岁的孩子赖在吊桥的一头，不愿意往前爬。他的爸爸在做孩子的思想工作："一点都不危险，快往前爬呀！""你看多少小朋友都爬过去了，你试试！"孩子委屈得都快哭了，爸爸也着急了，站在下面骂孩子："你怎么那么胆小？哎，真没用！"孩子孤零零趴在吊桥一头，不敢往前爬，也不敢自己下去，看着生气的爸爸，一脸无助。

看得出，爸爸想锻炼下胆小的孩子，但从结果看，这种方法对孩子无效。我也曾多次推动过猛，比如，在餐厅里，让孩子去向服务员要打包袋，小家伙转了一圈又坐下来，眼巴巴看着我："我害怕。"我内心的第一反应是：有什么害怕的？不就是跟人说句话吗？但转念一想，觉察到自己又站在了自己的角度。是的，对于我们成年人来说，跟其他成年人说句话要个打包袋很简单，但对于孩子，成人是庞然大物，要怎么开口呢？儿子的害怕，只能说明，我平时给他的训练太少了，需要调整。

于是，我跟儿子商量："妈妈陪你一起去，你来说，可以吗？"他有点犹豫，但还是点了点头。等到了服务员面前，我站在儿子身后，服务员微笑看着我们，小家伙深吸一口气，小声说："能给我一个打包袋吗？""什么？"服务员没听清，又问他，他大声说："我需要一个打包袋。"服务员听清了，立刻拿了一个给他，他拿了打包袋，得意地回头看了我一眼。后来，他需要我陪的次数越来越少了，现在在面包店我给他一张卡，告诉他我要吃什么，就可以安静找椅子坐着等他了。他会很绅士地买好面包，并端过来。他一次次鼓起勇气和人交流，并最终达成目标，也不断收获成就感。这些成就感给了他力量，让他相信自己，也不再依赖父母。但是，一开始，孩子面对一种陌生的场景或要进行一番新的挑战，他内心恐惧忐忑是正常的。如果父母能陪伴，甚至稍稍扶一把，他就从父母那里拿到了力量，更有勇气去面对挑战。

共同解决问题，给予孩子底气

孩子的底气，与他成长中形成的获取社会支持的能力有关。什么是社会支持？简单来说，就是一个人从社会网络中获得的物质和精神的支持，包括物质、体力、信息以及情感等方面。一个人再优秀，也不可能脱离社会网络而独自存在。独立不是绝对的。当一个孩子能够独自面对问题，同时，他也不排斥寻求别人协助，这才是一种良性的社会互动能力。而这种能力，是孩子和早期抚养者互动形成的惯性模式。

如果面对问题时，父母完全不管，孩子只能自己面对。孩子会形成一种思维：我只能靠自己。等孩子走入社会，身边的资源或许很多，但这种思维会让他不会利用资源，无论遇到什么问题都独自解决。同样，别人也不敢找他帮忙。于是，本来可以流动的社会资源网，被他一经营，就成了无法流动的死水。相反，如果面对问题时，父母大包大揽，孩子就完全不需要面对自己的责任了，时间一长，孩子就养成了这样的思维：对任何事儿，都觉得"这不关我的事儿"，形成回避责任的态度。而在这两种方式之间，父母还可以采取第三种方式，那就是协助孩子共同解决他的问题。孩子知道问题是自己要去面对的，同时，父母又愿意支持和协助自己。这时，孩子形成第三种思维"我要面对自己的问题，但可以寻求帮助"。

我记得，儿子一开始搭建小块积木，手还不是很灵活，经常找我帮忙。我工作忙，又担心他太依赖我，就粗暴地拒绝他："你再试试，你可以的。"但这些敷衍的鼓励，并没起作用，他经常委屈地再跑来拉我："你来帮帮我吧，我真的拼不起来。"但是，如果我耐心陪着他，有时帮他拼一把，有时只是帮他找零件，并鼓励他再试试看，这样他就很容易静下心来，难题很快就被攻克了。这种事情在阅读、写作业、运动等方面都出现过。当我想推他独立面对时，他就烦躁不安，而当我愿意陪他、教他，他上手很快。有时，我想他也许只是在面对问题时，想多一个人站在他身边，哪怕这个人并不出力，只要这个人愿意和他共同面对，他就有了底气。

共同解决问题，但不越界

和孩子共同解决问题，关键要不越界，否则就成了越俎代庖。这里产生两个问题，什么时候和孩子共同解决问题？如何做不越界？

苏联心理学家维果斯基提出"最近发展区"的概念，他认为儿童现有的独立解决问题的水平，与通过成人或更有经验的同伴的帮助而能达到的潜在发展水平，这两者之间的区域就是最近发展区。简单来说，一个孩子自己垒积木能垒到10层，而你在旁边协助他，他能垒到15层，这中间之间的差异，就是最近发展区。我们和孩子共同解决问题的最佳时机，就是这个最近发展区。

生活里，我是这么判断的：如果是孩子已经解决过的问题，我基本不插手，而是鼓励他想想上次是如何做的？但如果是新的挑战，而且孩子已经自己尝试了，这时遇到问题来找我帮忙，我会立刻和他一起想办法。

而怎样不越界呢？多提问，多协助会比较有用，因为这两种做法，都在告诉孩子：你要为这件事负责，我只是来帮忙的。比如，儿子满屋子找手机也没找到，就来找我。我会问："你记得最后一次用手机是在哪个位置吗？"他会思考，有时能想到，有时想不到。接着我会问他希望我帮他找哪个位置？他会分配我找某个区域，自己找另外区域，我很乐意做他的小帮手，因为即便找不到，他也会去想别的办法，这还是他的事儿。

不过，我看到多数热心肠的父母会把孩子的事儿拿来直接自己做。在儿童游乐场中，有涂色项目，我经常看到父母认真地坐在那里涂色，孩子则无所事事坐在旁边四处张望。有脾气不好的父母，一边涂还一边唠叨："你快过来画。到底是你画，还是我画？"这就越界了，不是和孩子共同解决问题，而是替孩子解决问题了，这样做，孩子的能力并没有培养起来，而父母也心力交瘁。

适时退出，让孩子独立

陪伴孩子共同解决问题，恰恰是为了孩子能独立解决问题，所以，退出是必然要走的一步。用前面提到的最近发展区理念，如果孩子本来独自能爬上第二阶，在你的帮助下，他能爬上第四阶，慢慢训练，当他能熟练爬上第四阶时，就可以鼓励他独自去爬第五阶。

退出前要做两点确定，一要确定你给孩子的鼓励，让他愿意去尝试了；二要确定他对将要处理的问题有能力解决。第一点确定的目的是确保孩子有内动力，第二点确定的目的是确保孩子的能力会带来满意的结果，最终让孩子看到自己的实力，为下一次他独立解决问题打好基础。

退出时，要用小步递减的思路：一次后退一小步，孩子适应了，再往后一小步……直到孩子独立面对问题。就像小九搭积木，一开始要我陪他一起搭，慢慢地，变成了我做他的助手，帮他找零件，到后来，完全不需要我了，自己就可以一玩儿一下午，最后拉着我欣赏他的杰作。

退出了并不是绝对不管了，有时孩子的心理会反复。即便他独立了，也会有脆弱的时刻。让他知道我们总在他身后，他可以脆弱，这样他的内心反而更强大。儿子可以独立完成积木工程后，有时，还会叫我陪他。我就参与进来，往往不到五分钟，他就满足了，我提出要干其他事情，他都愉快地放我走。好像他叫我陪他，只是想确认，只要自己有需要，妈妈就会出现。

心理学家西尔维亚说：这世上所有的爱都以聚合为目的，只有一种爱指向分离，那就是父母对孩子的爱。小时候读朱自清的《背影》，看着父亲渐行渐远的背影，潸然泪下。长大了，为人父母，看着那小小的身影逐渐高大，又渐行渐远，有不舍，但更有欣慰。他离开我们，活着，还活得很好，说明我们的爱，对了。相反，如果他离不开我们，或者离开了活不好，只能说明，我们爱了，却成孩子的障碍。

Part 5

信任，授权，让孩子去尝试

　　文艺复兴时期的法国著名哲学家、教育家卢梭认为，世上最没用的三种教育方法就是：讲道理、发脾气、刻意感动。明明有更好的方法去教育孩子，但大多数家长最常用的却是这三种没用的方法，让人遗憾。这中间有一部分家长是偷懒，而大部分家长是无所适从，不知道还有更好的方法，也不会用更好的方法。父母需要从最简单的原则入手，通过对孩子授权，让孩子在家庭中有参与感，给孩子信任和尊重，就能够慢慢掌握教育孩子的更好的方法。

为什么不要去说服孩子

我因为做儿童教育的缘故，和孩子、家长交流特别多。家长经常问我的一个问题就是："我说什么孩子都不听，有什么办法能说服他们呢？"

说服是什么意思？就是通过说话让对方服从。如果能够说服孩子，结果就是你赢了，孩子输了。和孩子争个输赢很没意思，也没道理。我从不试图去说服孩子，也会建议家长们不要去说服孩子，为什么呢？

第一是你没有办法说服孩子，第二是你没有必要说服孩子，因为有比说服更好的方法。

为什么你没有办法说服孩子呢？

说服这个过程看起来挺简单，实际上包含了几个重要的环节：

第一，你要说的有道理；

第二，你说的内容孩子能听懂；

第三，孩子承认你说得对，并按照你说的做。

然而，现实一点也不美好，因为：

很多家长在第一环节就"出师未捷身先死"了，除非你本身就是道理，你说什么都是对的。可能吗？根本不可能。

首先，在很多情况下，家长并没有讲道理，而是在使用position power（职位权力），就是父母用身份的优势力量，试图压制孩子，让孩子屈服于地位的差异。就像老板给员工分配任务，即使员工觉得老板说的不对，也不太敢反抗。

我们看看下面的对话：

> 妈妈："你要去睡觉了，不然你明早起不来，会迟到的。"
>
> 孩子："还早呢，你也没睡啊，我还想玩一会儿。"
>
> 妈妈："不行，你睡觉时间到了，我不睡，因为我还有事情做，你是小朋友要早睡。"
>
> 孩子："为什么小朋友就要早睡，我就想玩。"

家长很容易双标，只许州官放火，不许百姓点灯。自己可以做，孩子不能做，却又不给孩子合适的理由。只解释大人和孩子的差异是站不住脚的。

其次，讲道理是个技术活。你需要有耐心，需要有足够的知识储备。每天发生那么多的事情，孩子会问你各种问题，也许刚开始你还能解答，等到好奇心爆棚的孩子刨根问底，多问几个为什么，你就讲不出来了。有些家长为了维护自己的权威和面子，还会恼羞成怒。孩子并没做错什么，却得到家长的批评，非常不公平。

说服的第二环节更难了。很多家长觉得，"我说得有理有据，也没压制他，他怎么会不听呢？"其实可能不是孩子不听，而是因为没听懂。因为孩子的认知能力是有限的。

掌控我们认知功能的脑区是前额叶，也就是眼眶后面及额头的部分。这部分要到成年以后才能逐渐发育成熟。因此孩子在青春期以前，逻辑思维能力还处于发展的过程中，只能理解简单的因果关系，难以理解复杂的逻辑关系。学龄前的儿童对于因果关系的理解也有一定困难，当然也有个体差异。家长试图让孩子理解事件中的逻辑关系，可以用痴人说梦来形容。

比如有一次我在表姐家吃晚饭，那时候小外甥才3岁。大人们喝啤酒和饮料，我喝的是刚从冰箱里拿出来的橙汁。小外甥看见了也想喝橙汁。我表姐说不可以，你喝冰凉的橙汁会肚子疼。然而，小外甥不买账，一定要喝，又哭又闹，他不能理解喝了冰凉的橙汁会肚子痛这个"因果关系"，更何况，肚子痛并不是必然发生的，所以也不能说是因果，只可能有些相关性。如果孩子喝了之后肚子并没有痛，那岂不是狠狠打了脸，以后再说什么也没有说服力。

有时候，你都没有办法说服和你认知水平差不多的伴侣及父母，又有什么能力说服认知水平不如你的孩子呢？

说服的第三环节，孩子要认可你说的话，也就是你认为的"道理"。你说的没错，他也听懂了，但是他有自己的想法。你从你的角度思考，认为是为了他好。他从他的角度思考，认为你不懂他，并不是真的为他好。这就是立场不一样，认定的事实不一样。我们很多人拥有的是"律师思维"，就是先认定一个事实，然后找相应的证据，而不是通过一系列证据来证明事实。所以我们倾向于相信自己愿意相信的证据。立场不同的双方，用讲道理的方式就非常困难了，而且很容易适得其反。

举个例子：入冬了，天冷了。妈妈说："天冷了，你要穿秋裤了。"

妈妈说的没错，天确实冷了，孩子也明白，但是，他不觉得冷。很多妈妈觉得："我认为你冷，你就应该穿秋裤。" 孩子觉得不冷，就是他自己的感觉和想法，不冷为什么要穿呢？他不认同。因为温度是感受的缘故，每个人对温度的感受都是不同的。冬天，在26摄氏度的空调房间里，有人觉得很暖和了，有人还是觉得冷。身体条件和体质也有影响，所以，谁觉得冷了谁就穿秋裤好了。

再有，即使孩子也觉得冷，但是觉得穿秋裤难受臃肿，因此拒绝穿秋裤，你也不能强迫他穿。因为孩子有自主权，我们不能剥夺孩子自主的权利（涉及安全、健康、价值观等原则问题还是要有约束的）。

我们成年人也有类似的经验，都知道吸烟有害健康，熬夜容易猝死，但是戒不掉的。这些道理大家都明白啊，怎么不做呢？

从第一到第三，任何一个环节出问题，最后孩子没照着做，你就全白说了。

既然如此，无法说服孩子，也没有必要说服孩子，更好的办法是什么呢？

对于小孩子，家长可以转移注意力和做示范。

回到我的小外甥喝橙汁的例子，肯定不能给他喝冰橙汁，讲道理他也听不懂。怎么办呢？

我摸着装橙汁的玻璃杯，说好冷啊，然后让他也用手摸，他也觉得冷。我说："这么冷喝到肚子里可怎么办，你的肚子也会冷冷的，我可不喝了。"然后我指着墙上的挂钟，问他，"你看到钟上面短的那根针了吗？等短针指到7，橙汁就不冷了，到时候我们再一起喝。"他听了之后也不哭闹了，真的开始等。

其实这个例子里，我有做示范，他不能喝，我也不喝，因为他不能理解为什么我能喝而他不能。所以大人要做个榜样，一视同仁。同时，转移他的注意力，给他任务，把橙汁拿开，还让他等待时针指向7。小朋友被认知能力限制，很难同时记住几件事情。吃饭的时候看不见橙汁，他很可能一会儿就忘记了。即使他还记得要喝橙汁，忘记了要等待，大人也可以提醒他说："你看，短针还没指到7哦，我也没喝，我们一起等着吧。"

还有一个好办法就是把结果展示给孩子看，让他自己承担后果。

我本人就是活生生的例子。我是个慢性子，上小学的时候总是迟到，老师对我好，也不批评我，没有任何惩罚。但是后来我妈妈受不了了，她和班主任商量好，我迟到就不让我进教室，在外面罚站。这可不得了了，我这么要面子，在班级里各个方面都出类拔萃的人，怎么可以被罚站呢？那次以后，我再也不能允许自己迟到。到现在还是特别有时间观念。

还比方说很多家长为孩子的作业头疼。孩子没有养成好的学习习惯，不理解学习的意义，你是没有办法说服他要按时写完作业的。那么就规定个时间，到时间要睡觉了，写不完就写不完。"作业是你自己的事情，就像我要完成自己的工作一样。没写完就这样交上去。"之后孩子因为没写完作业被老师批评，这个后果他要自己承担，而不是家长来承担。

与承担后果相关的方法是给孩子选择。

有了选择，孩子才能对选择的结果负责。否则，如果是你替孩子决定，需要负责的人是你。

面对选择，我们很自然地就会选一个，这个并不奇怪，就是一种正常的心理现象。比如你去吃快餐，人家问你："要大薯条还是中薯条？""要可乐还是雪碧？"即使你本来没想要，人家问了，你也会做个选择。

我平时陪学生做家庭作业的时候，会给他们选择。

"你想休息5分钟再写还是写完了一起休息10分钟呢？"

"你想先写语文卷子还是英语卷子呢？"如果他不知道怎么选，我就把两张卷子拿在手上，放在背后，问他想选左手还是右手，选好了就开始做。

有选择，证明他是自由的，没有人强迫他，他做出了选择也就愿意负责。所以，让孩子听话，好的方法有很多，而说服是最没用的。我从来都不去说服我的学生们，他们有选择，他们能看到结果，因此会自己调整，做出最适当的决定。

对孩子授权而不是驱使

在工作中，经常有很多家长来找我咨询孩子的问题，见到我就大吐苦水，说他们的孩子有两个问题，就是"这也不好"和"那也不好"。开始的时候，我还有点儿忐忑，心里想："孩子有这么多问题，有点儿难办啊，得好好想想干预方案。"后来我和这些"问题"孩子们接触多了，就习惯了，也不忐忑了。因为孩子都是好孩子，家长却有点儿一言难尽。

到最后，无论是课程还是咨询，都从教育孩子变成了教育家长。家长需要放弃让孩子改变的愿望，首先要改变自己。当家长努力转变自己的认知，把自己变成更好的家长，孩子自然就是好孩子了。

为什么家长认为孩子有各种毛病呢？因为家长太焦虑，而焦虑产生于控制。

2004年，心理学者古赛尔和费根斯通过一项研究发现，那些认为自己对孩子缺乏控制的父母，与孩子的"控制型互动"更多，即有更多的督促、提醒、限制、质疑和纠正行为。在这些行为的影响下，父母感觉更焦虑，同时会认为自己的孩子属于"气质困难型"的孩子，也就是不好管的孩子。

父母认为孩子不好管，便给孩子贴个"气质困难型"的标签。这样，父母就可以给自己控制孩子的行为一个很好的解释。他们的想法就是："为什么我要经常督促、限制及纠正我家孩子呢？一定是因为孩子有问题嘛，孩子很难管，我才要管！如果他好好的，我就没有必要管了。"

　　大多数家长都认为自己的孩子很"困难"，然而事实并非如此，"气质困难型"的孩子只占10%[①]。其实是父母的焦虑、想要控制孩子的想法及行为和随之产生的失控感，造成了这种状态。以至于父母觉得孩子更"困难"，因此更加焦虑，更想要去控制孩子。孩子会因为父母的焦虑而变得焦虑，因而行为产生偏差。焦虑的这种影响有两个层面。首先在大脑神经层面，孩子大脑中的镜像神经元[②]会自动搜索父母的情绪信息，比如面部表情、语音语调、肢体动作等。人类就是通过这些信息来体会对方的情绪、意图及行为。如果父母焦虑，那么镜像神经元也会使我们体验到焦虑，类似一种情绪的"传染"。其实在某种意义上说，共情能力确实是一种"情绪的传染"。想象一下，当你看到朋友在打哈欠，你也会不自觉地打哈欠，这就是镜像神经元的作用。情绪的影响也和打哈欠的传染如出一辙。其次在外显的情绪表达和行为表现方面，焦虑的父母说话的方式、内容及行为的表现与平静状态下必定有所不同。而由于人们的行为方式是根据互动中的状态来调整的，父母的情绪和行为表达有变化，孩子的表达也一定会跟着变化。那么，焦虑状态的传染和循环就产生了。所以，我们提倡远离充满负能量的人是有理论依据的。负能量的人让你感受到负能量，进而影响你的情绪和行为。研究指出，如果长期接触负能量的人，我们的大脑也会发生变化。如同长期处于压力下一般，神经细胞的树突（树枝样的小触手，神经细胞依靠这些触手产生联结）会受到损害，也就会破坏神经细胞之间的联结和信号的传递。

　　孩子的"困难"的行为状态不是因，而是果；父母的焦虑和失控感不是果，而是因。在绝大多数情况下，是父母的焦虑和控制让孩子变得"困难"，而不是孩子的行为引起父母的焦虑和控制。理顺了到底是谁的问题，我们才能解决问题。如果一直认为是孩子有问题，在孩子身上下猛药，那是无论如何也治不好的。

　　这个小节的题目有两个关键词，我先说第二个词"驱使"。驱使就是命令别

―――――――――

[①]　其他气质类型：容易型占40%，慢热型占15%，其他难以归类型占35%。

[②]　镜像神经元主要存在于大脑的前运动皮层，负责反映他人的行为、理解他人的意图和情绪。对模仿及语言的发展有重要意义。

人做什么，就是控制。

与控制相比，驱使是一个更加形象的词，让人联想到被套上缰绳的马和绑着牵引绳的宠物狗。很多情况下，驱使其实就是对孩子发号施令，对孩子全天候360度无死角地掌控。孩子就好像马和宠物狗一样，被绳子限制住，不能自由地奔跑。

加拿大有一项针对有3～5岁孩子家庭的调查，发现父母每天和孩子的对话中有90%是命令、指令性语言。这是什么概念呢？就是这些父母跟孩子讲100句话，其中有90句是"让他做什么"和"不让他做什么"。听起来就很可怕，想象一下，孩子们每天听父母说这么多的命令是什么感受呢？

虽然我们不知道其他年龄段孩子的家长指令性语言占比多少，但是这个调查是非常有意义的。3～6岁处于埃里克森心理社会阶段的第三个阶段，孩子要通过尝试各种新活动以便获得主动感和目标感。显然，在这个阶段中，父母过多的命令和控制会对孩子产生更大的影响。因为主动性和目标都是需要孩子自主去探索和发现的，而不是通过父母给的指令和禁令。

父母的控制有以下几种形式：

第一种：你必须做什么。父母就像权力很大的明星经纪公司一样，你要在哪一天，哪个时间，去跑哪个通告，你要接什么剧本，统统安排好；作为明星（孩子）的你必须听话，否则就会有很多后果：明星被雪藏，孩子被惩罚。

长期生活在这种控制下的孩子未来有两种可能性。一种是孩子永远被家长控制，有可能长成家长希望的样子，不过家长希望的样子并不一定是适合孩子的样子，只是满足了家长的愿望而已。一旦家长因为某些原因不能再控制孩子了，孩子会不知所措，因为他还是个孩子，从未长大，就像一直依靠拐杖走路的人，一旦离开拐杖，他不会走也不敢走。

还有一种可能性是孩子再也受不了被家长控制，于是奋起反抗，这种情况下，孩子很容易走向相反的方向，结果难以预料。而且亲子关系可能从此断绝。

第二种：你不许做什么。在这种形式的控制中，家长最常说的话就是"不要"和"不可以"。孩子兴高采烈地刚想要探索世界，家长就开始紧张起来，觉得有各种危险事情会发生。比如，爸爸抱着孩子在栏杆边上看风景，爸爸很小心的牢牢抱紧孩子，并与栏杆保持一定距离，而且栏杆的高度也很高，可是这时候，妈妈大喊："快离栏杆远点，万一掉下去呢！"结果前一刻还很开心的孩子，被妈妈的大喊吓哭了。这样的孩子会怎么样呢？他们会觉得世界是危险的，慢慢失去探索的勇气，遇到事情容易退缩逃避。

家长控制孩子，不让孩子做一些事情还有一个原因，就是偷懒。比方说孩子喜欢玩水甚至玩泥巴，是非常有乐趣的事情。但是家长不允许，理由是"脏""不卫生"之类的，其实呢，就是想给自己省事，因为玩脏了要给孩子洗澡换衣服嘛。我的妈妈就做得比较好，我小时候很调皮，经常被老师告状，爬树玩水玩泥巴都会，但是妈妈会在保证我安全的情况下放手让我玩，所以我的衣服裤子很容易坏很容易脏，也创造了一天换8次衣服的记录。

还比如，很多家长不愿意训练孩子自主吃饭，因为孩子会吃得自己手上脸上衣服上甚至地上都是饭菜，这就给家长增加了很多"麻烦"。为了避免这些麻烦，并且让孩子快速吃完饭，就要一直喂孩子吃饭，以至于他们到上幼儿园的年纪都不能独立吃饭。记得我刚到德国读书的时候，住在有三个儿子的德国人家里，一家人坐在餐桌两边，孩子们都是自己吃饭。7岁的老大用金属刀叉，不到3岁的老二熟练地使用塑料刀叉，1岁多的老三挥舞一把塑料勺子，不过大多数时候都是用手抓。吃得到处都是又怎么样呢？不过就是洗洗衣服擦擦地板而已。这样孩子练着练着就会好好吃饭了。

第三种：你什么也不需要做。这种控制是父母只让孩子学习，其他事都不让孩子做。所有的吃喝拉撒都一手包办，替代孩子做好。于是孩子除了学习，什么也不会。这样的孩子能成功吗？没有自主的能力和独立的习惯，学习也未必优秀。而且孩子容易出现一些问题。我认识一个男孩子，各方面都还不错，就是有时候发脾气、不开心了会打奶奶。因为在家里只有奶奶宠着他，代替他做所有的事情。通常在家中最宠孩子的那个人，说话越没有分量，被孩子攻击越多。

这几种控制方式都要不得。更糟糕的情况是，家长同时使用以上三种控制方法。在孩子最需要发展自我意识、最需要获得自主权的阶段，家长一定要避免控制孩子。接下来就讲讲另一个关键词——授权。

什么是授权，授什么权呢？

简单来说，授权就是授予孩子权力，这个权力就是自主权。孩子需要在尝试中学习世界的规律和各种事物的关系，了解自己的行为是否适当以及解决问题的方式是否正确。

孩子在1岁半到2岁之间开始形成自我意识，他们知道自己是区别于世界、区别于他人的特别的存在，知道自己的一些行为能够对别人产生影响。2岁以后的孩子进入第一个"叛逆期"，他们开始频繁地说"不"和"不要"。家长可以对这种现象做一个积极的解读，"这是孩子自我意志的一种体现"，并不是叛逆。

所以，从2岁开始，家长就可以适当地授予孩子自主权了。很多家长经常会低估孩子的能力，认为他们这个不懂，那个不会，所以才要帮他们做决定。

家长们可以想一想，自己的孩子2岁的时候，在穿衣服方面是否有偏好。有的孩子喜欢穿粉色，有的孩子喜欢有汽车图案的衣服，这就是很明显的偏好，也是自我意识的一部分。因此，穿哪件衣服，孩子可以自己决定，在两件粉色的衣服中，让孩子选一件，在两件汽车图案的衣服中，让孩子选一件，家长省心，孩子开心。

给孩子自主权，鼓励孩子探索的前提是保证安全。孩子天生有好奇心，而且又不具备预知和躲避危险的能力，家长必须出手保护，而且要态度严肃，不容反驳。比如玩火、摸电器插座开关、在楼梯上奔跑等危险行为必须严格禁止。有些事情没有机会试错也不允许试错。只要家长态度严肃，孩子就能明白这些事不能做。即使他们的认知水平还不能明白原因，也能从情绪上体验到父母的坚决态度，知道这样做是不可以的，是危险的。

随着孩子年龄的增长、认知水平的提高，家长可以给他们更多的自主权和选择权。要把孩子身上的绳索解下，让他们在安全的大花园里奔跑、探索，而不是被牵引绳限制在父母身边。

让孩子参与家庭决策

给孩子更多的自主权，父母就可以协助孩子在日常生活的实践中发挥自主权来锻炼和提升能力。

每个家庭都会有很多关于孩子的决定。小决定包括孩子穿什么衣服，孩子房间的装修风格，家具样式；大决定包括孩子学什么乐器，上什么兴趣班，去哪所小学哪所中学等。还有很多看似和孩子无关的决定，比如买什么车，去哪里旅行，甚至要不要生二胎，其实都和孩子有关系。

大家可以想一想，有多少决定是没有和孩子商量过的？孩子是家庭的一员，而且很可能是最重要的一个成员。在孩子出生后，一个家庭的大多数决定都是围绕着孩子的，家庭中的核心人物如果不参与家庭决策，很明显是说不过去的。就像我们现在批判的包办婚姻，明明是孩子的婚事，却由父母决定娶什么人、嫁什么人，是非常奇怪的事情。父母和孩子是平等的，而不是公司领导和员工的关系。家庭中的任何决策都需要和孩子商讨之后共同做出，而不是通知孩子结果，不要让孩子成为最后一个知道这件事情的人。

孩子通过参与决策过程还能够获得和提升"四力四感"，何乐而不为呢？如图5-1所示，"四力"分别是认知能力、共情能力、问题解决能力与合作能力。"四感"分别是亲密感、归属感、责任感和成就感。

认知能力

共情能力

参与决策

问题解决能力

合作能力

亲密感

归属感

责任感

成就感

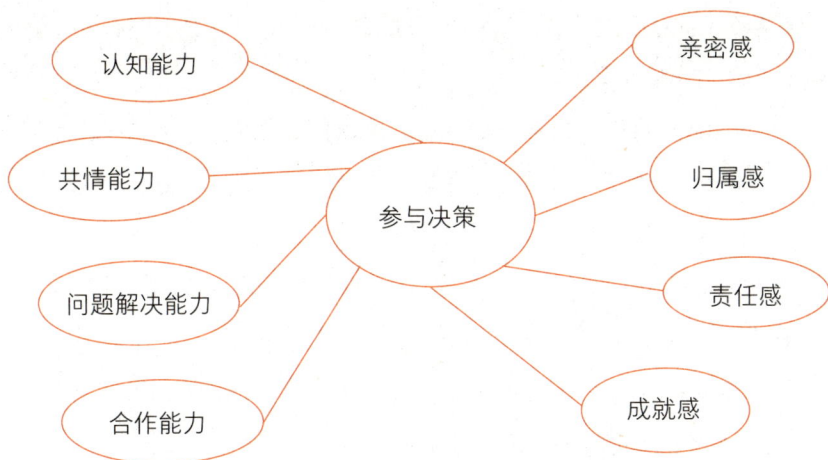

图5-1　孩子参与决策获得"四力四感"

　　第一力是认知能力。认知包括感知觉、记忆、思维、想象和语言等心理过程。认知能力不是自然而然产生的，而是在实践中发展出来并不断提升的。很简单的例子就是语言的习得和发展过程。出生后就脱离人类世界的"狼孩"是不可能习得人类语言的。

　　决策的前提是拥有一定的认知能力。我们需要知道做什么决定，我们的目标是什么。然后我们要搜集各种信息，这需要"感知觉"和"记忆"。有了足够的信息之后要做比较，"思维"过程就参与进来了。"想象"在比较的过程中也会发挥重要的作用，要在脑中想象各种选择会有什么样的结果，这也是人类特有的能力，所以才可以针对未来做计划。在决策的过程中会有讨论甚至争论，孩子需要用语言表达自己的想法。最后，决策也需要通过"语言"——口头语言或书面语言表达出来。

　　孩子在参与决策的过程中学习并锻炼了与认知相关的所有心理过程。一方面孩子可以自主地通过观察来学习父母的认知过程；另一方面父母可以有意识地对孩子进行引导，抛出问题，给出一些信息，提出各种方案，引导讨论方向，充分调动孩子的积极性，让孩子主动发挥认知能力，并达到锻炼和提高的目的。

　　第二力是共情能力。共情是能够感受和理解他人情感的能力。儿童受到认知和思维的限制，会认为别人的感受和想法与自己的一样。因此，儿童的一个重要特点就是自我中心。理解他人的想法，理解世界上千千万万的人有不同的想法和立场是社会化的重要步骤。

缺乏共情能力的孩子很难感同身受，难以体验别人的喜怒哀乐，因而可能会产生很多冲突。在学校里这些孩子的人际关系会有问题，他们不受欢迎，学业成绩也会比较差。如果家长能够在家庭决策中带领孩子一起分析和讨论各种可能性，用丰富的情绪语言表达自己的感受和思维过程，孩子就能够在这个过程中练习换位思考，并学习如何体验和表达情绪，提高共情能力。

第三力是问题解决能力。问题解决的过程就是用认知能力来解决问题。问题解决能力的高低，直接影响决策和行动的效果。举个例子，很多家庭都有一个大问题，就是孩子早上无法按时起床。孩子起晚了，后面的一切安排都会受影响，也会影响家中每个人。穿衣吃饭可能会手忙脚乱，忙乱中很可能又会出错，孩子可能忘带了课本作业，父母可能忘记了上班需要的东西。如果孩子再拖拖拉拉，就会造成孩子家长双双迟到。其实晚起床的后果孩子心里很清楚，但是这个大问题为什么无法解决呢？其中很重要的原因就是只有父母单方面的努力。家长要么惩罚孩子，要么尝试说服孩子，讲道理，而这些都没有效果。

解决这个问题需要把问题的核心人物，也就是孩子拉进问题解决的过程。首先聚焦问题，找到问题的核心原因——孩子为什么无法按时起床。可能的原因有很多，比如晚上睡得太晚、早上太冷了、孩子就是想拖拉等。让孩子参与讨论问题的原因。然后让孩子针对这个原因提出改变方案，而不是父母告诉孩子应该怎么做。如果孩子不知道有什么方法，家长可以给出几个建议，引导孩子思考和想象这些方案哪个比较容易执行。最后选择一个大家都认可的方案开始实施。这个过程中，孩子就学习了问题解决的方法，并提升了能力。

第四力是合作能力。合作是多人一起工作达到共同目标，是工作和学习中非常重要的一种能力。人类是擅长合作的物种，天生就有合作和共享的倾向。但是有的人可以很好地独立工作，却难以和他人合作。合作能力也是需要学习和锻炼的。

中国学者陈琴认为，合作的心理结构包括认知、情感、技能和行为四个主要成分。认知就是对合作的意义的认识以及对共同目标和共同行动规则的理解。理解之后产生合作情感，形成合作的动机。合作技能是在合作过程中为了实现共同目标而相互交流、协商、配合行动的技能策略。最终运用认知、情感和技能采取合作行为，达成共同目标。家庭决策过程恰好与合作的心理结构一致，能够促进孩子与家长合作。在孩子还小的时候训练合作能力，对他们进入青春期之后继续保持与家长的沟通和合作是非常有意义的。

讲完"四力"，再来看看孩子能获得的"四感"是什么。

第一感是亲密感。从图5-2马斯洛的需求金字塔中我们可以看到，安全需求属于基本需求，在满足饱暖等生理需求之后，人类就要追求安全感。孩子的安全感如何获得呢？最重要的途径就是与父母的亲密互动。孩子从出生到1岁半左右是建立安全感的重要时期，父母需要给孩子积极关注和回应，孩子知道自己的需求能够得到满足，因此获得信任感和安全感。

在一个平等的关系中讨论家庭中的问题，孩子就已经获得了父母的信任。而且，通过了解家庭事件，孩子也会信任父母，因为父母事实上表达了对孩子意见的尊重和重视，因此他们会努力满足父母的期望。另外，孩子在参与决策的过程中，和父母有大量的亲密互动。父母一定要珍惜和孩子的交流机会，孩子每天回家要写作业，休息时间还要参加兴趣班等，如果父母和孩子之间没有高质量的陪伴和交流，亲子关系的亲密账户是存不了多少钱的，等孩子到了青春期，交流的通道可能已经被堵死了。

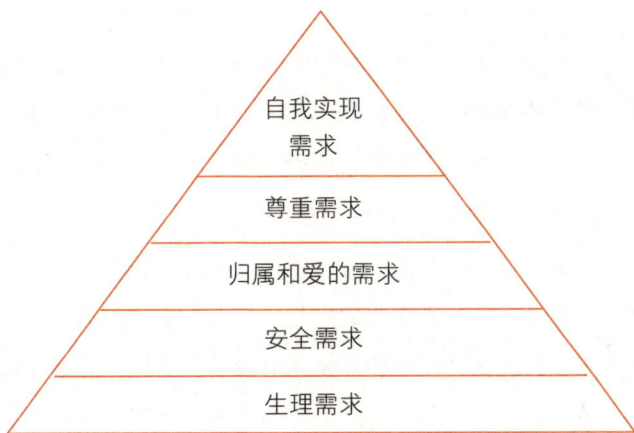

图5-2　马斯洛的需求金字塔

第二感是归属感。归属的需求是比较高级的，和爱的需求处于同一等级。孩子是家庭的重要成员，理论上孩子对家中的各种大小事务都应该有投票权和一票否决权。很多家长会担心，孩子什么也不懂，如果事事和孩子商量会无法做出正确的决定。这种担心也反映了家长先入为主的想法，真是低估孩子的能力了，而且还体现了家长没有把孩子当成一个独立的有思想的个体。

让孩子参与决策，就是让孩子有归属感。孩子和爸爸妈妈是一体的，所有的决定都是一家人共同做出的，而不是谁代替谁的决定。

第三感是责任感。责任感就是自觉地主动地做一件事，需要有内部的动机。而不是父母对孩子说："你要负责任。"很多家长和老师会吐槽孩子没有责任感，都太自我中心了。为什么会这样呢？答案很简单，孩子没有参与决策。别人给他们做的决定，他们为什么要负责呢？难道不应该是做决定的人负责吗？父母自作主张让孩子学这个学那个，孩子没兴趣，还说孩子不负责任，太不公平了吧，孩子可不背这个不负责任的锅。

说一个比较重要的家庭决定，就是生二胎。这个要不要跟老大商量呢？很多家长觉得，生孩子是夫妻双方的事情，没有必要询问孩子的意见。有一定的道理，生孩子确实是夫妻双方的事情。但是，二胎的出生会对老大产生巨大的影响。做决定的一个原则是需要考虑到受这个决策影响的所有人的利益。毋庸置疑，老大的利益在老二出生后一定会发生巨大改变，如果处理不好很可能产生不良后果，比方说老大会跟弟弟妹妹争宠，偷偷地打骂弟弟妹妹，如果再加上不懂事的大人乱讲话（"你妈妈不爱你啦，只爱你弟弟。"），后果可能更加严重。理论上讲，老大对弟弟妹妹没有什么责任，因为是父母决定生下他们的，父母对他们才有责任。如果一开始就能和老大达成共识，那么他会特别期待弟弟妹妹的到来，并能够承担起照顾弟弟妹妹的责任。

第四感是成就感。在参与决策的过程中，孩子首先获得被信任、被尊重的成就感。得到尊重是非常重要和高级的需求，在需求金字塔的第四层。父母是孩子最亲密的人，是他们内心认可的权威。孩子能够得到父母的尊重就是非常大的成就感。

其次，孩子会在决策过程中展现自己的能力，语言表达能力，思维能力，甚至画表格、写字的能力。父母的引导和鼓励会给孩子一个积极的反馈，就是"我可以，我能做很多事"。直到完成整个决策并实施，孩子的体验都是积极的。即使过程中有争论，即使孩子对最后全家人的决定不是很满意，他也是付出了努力的，还是能够体验到成就感。而且孩子也能认识到，有时候付出努力也不一定能得到完美的结果。这个认识有助于他们在经历挫折之后适当地调整自己的情绪和行为。

表面上看起来让孩子参与决策是很麻烦的事情，但是长远看来其实是一劳永逸的，一方面避免了替孩子做决定之后未知的麻烦。因为确实有很多父母会决策失误，结果害了孩子一生。另一方面孩子通过参与决策提高了各方面的能力，真是一石多鸟的好办法。最重要的是，孩子的这些能力可以迁移到生活中的方方面面，在学校里，在父母难以提供帮助的时候，孩子都能够发挥这些平时学到的能力和技巧，无惧挑战和问题。

让孩子参与家庭事务，至少完成最后一个步骤

　　在孩子参与家庭决策过程并做出最终决策之后，决策的执行过程也不能把孩子排除在外。父母可以根据孩子的能力，给他们安排力所能及的任务。不仅仅是决策的执行，家庭中的日常事务都应该并且必须让孩子参与执行。因为孩子是重要的家庭成员，不是一个局外人。

　　就说做家务这件事，在孩子很小的时候就可以参与了。很多父母会觉得孩子小，做不了什么家务。家务事有大有小，一些很容易的、不需要操作工具的家务还是可以放心交给孩子的。2岁的孩子开始产生自我意识，也认为自己可以做很多事情。那么家长就可以利用这个机会，让孩子通过做事体验自己的能力，同时能够探索世界，并尝试理解各种事物之间的联系。比如孩子吃完香蕉，可以让他们自己把香蕉皮丢到家里的垃圾桶里；喝完牛奶，让他们自己把杯子放到水槽里等。在孩子做这些事的时候，父母要陪在旁边，保证安全，引导孩子应该如何做，并在孩子成功之后及时地赞美他们。这个行为就会得到强化，孩子以后会更喜欢自己做家务。关于赞美有个很有趣的例子。我有个好朋友，她家里烧菜所有的撒盐步骤都是她来完成的，就因为在她小时候有一次撒盐之后，被妈妈赞美说："囡囡撒盐真均匀啊，比爸爸撒得好，以后都是囡囡来撒盐吧！"她又开心又得意，结果就是，她撒盐撒了十几年直到出嫁。

　　随着孩子的成长，他们的能力也越来越强，可以参与更多更复杂的家务活动。比如饭后擦桌子、把洗好的衣服从洗衣机里拿出来、把晾干的衣服叠起来等。孩子通过每天做家务的磨炼，了解自己的能力，提高自信心，知道哪些事情是自己擅长的，哪些是不擅长的，还有哪些是需要求助父母的，对自己会有更加深入的了解。因此，促进自我意识的发展就是让孩子参与家务的第一个好处。

有时候也不需要让孩子参与全部的家务或者一项家务的所有步骤。因为家是全家人的家，所有人都应该为家庭做贡献。在一项家务中，让孩子参与他可以做或者擅长做的部分就可以了。另外，一件事的开头和收尾最好让孩子来完成。孩子可以通过完成任务体验成就感，明白做事要有始有终。

比如让孩子参与准备晚餐，第一步和最后一步是什么呢？每个家庭可能不一样，有的第一步是擦桌子，有的是拿碗筷，最后一步可能是盛饭，也可能是分餐具，那么就可以根据自己家的情况，让孩子参与第一步和完成最后一步。至于切菜炒菜这种有技术含量的工作暂时让孩子旁观就好。但是很多家长不愿意让孩子进厨房，总是用各种理由把好奇的孩子给轰出去，要么说："都是油烟你在这里干什么，小心油弄到身上，快出去。"或者说："你作业写完了吗？在这里凑什么热闹？"我要重点说一句，父母应该而且有必要让孩子旁观你在厨房的忙碌和辛苦。孩子了解所有事情都需要付出努力，才懂得感恩和珍惜。

小小的厨房其实对孩子有大大的好处。第一就是可以满足好奇心。拥有好奇心是做一件事情的前提条件。其实孩子天生就是好奇的、喜欢学习的。但是慢慢地，他们的好奇心消失了，父母的做法应该负很大的责任。父母把孩子赶出厨房，拒绝满足他们的好奇心。等到孩子长大了，也就完全没有兴趣学习下厨了。同时厨房是一个很好的交流场所，一家人在厨房洗菜、切菜、烧菜的时候会有很多互动：从当下忙碌的各种步骤到一天发生的各种事情，都会在不经意间表达出来，也可能顺便解决一些小问题。如果父母把孩子拒之厨房门外，就错失了一个和孩子沟通的绝好机会。

我小时候很喜欢看爸爸妈妈做菜，小学五六年级就开始学习烧菜，读初中以后就已经很熟练了。周末的时候我经常把同学请到家里烧菜给他们吃。我也乐于学习和探索有关美食的一切，觉得下厨的过程就像创作色香味俱全的艺术品。因此，我到德国读书才能够自力更生，吃到地道的家乡菜。饺子、馄饨、生煎包等家常面食没有我做不出来的。网络上曾经有个著名的"番茄炒蛋"视频。一个留学生不顾时差在国内时间的夜里给父母打电话，就是为了询问番茄炒蛋的做法。看了这个视频我真是哭笑不得。第一，我觉得这个男生生活能力很差；第二，他缺乏同理心。不顾时差在夜里叫醒父母，要知道某些时刻的来电会让人紧张和害怕，会以为出了什么严重的事情；第三，这个男生自我中心、却又依赖别人，不会烧番茄炒蛋，去网上搜索一下就好，一分钟都不用，却偏偏要在半夜叫醒父母为他直播教学……希望家长们真的不要培养出来一个除了读书什么都不会的孩子啊。

孩子参与家务还有一个更重要的好处，就是孩子能够学会感恩。家务虽小，但是他们参与了，看到爸妈的付出，自己也付出了努力，而不是饭来张口、衣来伸手，觉得一切都是应该的。

感恩是一种"生命取向"的美德，著名荷兰哲学家斯宾诺莎认为："感恩或者感激是爱的渴望，我们努力让那些使我们得到爱的益处的人也能受益。"感恩是指向外界和他人的，与喜怒哀乐等基本情绪不一样，是高级而复杂的情感，是需要我们进行认知和归因的。感恩，就是"感"，也就是识别"恩"的能力。我经常听到父母和老师说类似的话："现在的孩子都不懂感恩，太自我中心，都太自私了。"为什么呢？

感恩来自人与人的相互依存，孩子并不会天生懂得感恩。学会感恩要以孩子的大脑和认知发展及情绪发展为基础，也需要父母的教养和社会的熏陶。孩子参与家务，就是让他们真正沉浸在各种大大小小的杂事里，了解父母的付出。他们在做家务的过程中遇到困难和挫折，才更能体会父母的不易。"衣服不是自己干净的，饭不是自己香的，家中不是自动一尘不染的。"这些话很像是对那些不理解妻子辛苦的丈夫说的。其实道理是一样的，没有体会，就无法理解，更不会感恩。

最后再说一个小技巧，可以让孩子很乐意做家务。就是父母学会示弱。毕竟每个人都有弱点，都有需要帮助的时候。孩子特别希望证明自己很能干，而且很愿意帮助大人。所以我跟学生说话的时候，总是在"去做什么什么"前面加上"请帮我一个忙"，孩子们都很积极的帮助我。父母就正好可以利用这一点，有机会就请孩子帮助，但是要注意语气，毕竟求人办事，总要态度好一些才行，多用"请""谢谢"。比如买了东西请孩子帮忙提包包，在家工作的时候口渴了请孩子给你倒杯水等。孩子帮了你之后可千万别忘记给他赞美。

　　给孩子参与家务的机会，也就是给了他们学会独立、学会感恩的机会。自己家的孩子，可千万别舍不得用啊。你会发现，孩子和脑子一样，越用越灵活，越用越好用。

给孩子信任："我相信你会弄明白自己到底需要什么。"

　　信任是我们从出生就需要的最重要的东西。孩子要相信妈妈爱他，相信妈妈能保证他的安全、能让他吃饱穿暖，在他需要的时候陪在身边。孩子从出生到1岁半处于埃里克森心理社会阶段的第一个阶段。这一时期的关键主题是"信任"和"不信任"。婴儿需要对周围的世界和人建立信任，同时需要有一定的不信任感来保护自己的安全。如果婴儿能够成功地度过这个阶段，也就是能够获得安全的信任感，那么孩子就能够得到"希望"这个美德。

　　妈妈给婴儿敏感的、积极的关注，孩子就能够体验到安全感，首先对母亲产生信任感，进而对其他人产生信任感。孩子知道在他需要的时候一定有人能够来满足他，因而能够相信自己的能力并且使用这些能力，比如发出哭、喊等各种信号给抚养者，得到想要的食物和温暖。在这个过程中，他们还不断地调整自己和抚养者的互动模式，找到一个合适的平衡点。这就是"希望"的意义。

　　如果妈妈或其他抚养人没有及时地、积极地关注和回应孩子呢？孩子可能会产生习得性无助。因为他们的需求没有得到回应，他们会不相信自己的能力，觉得不被爱，甚至觉得自己不值得被人爱，产生自卑感。久而久之，他们也不会向大人求助了。孩子成年以后也很难拥有健康良好的人际关系和亲密关系。很多患有产后抑郁的母亲特别需要家人的关注和治疗。因为抑郁的母亲难以共情孩子的情绪，无法给孩子积极的、温暖的关注和回应，母婴关系会受到干扰，会给孩子带来严重的不良影响。

信任也是相互的。孩子信任父母，父母也要信任孩子。如果孩子得不到父母的信任，没有探索和试错，没有对世界各种关系的认识，他们很难形成完整的真实的自我意识，也就不知道自己真正需要什么。如果不是孩子自己思考并选择的，最后的结果很可能不是孩子的需要，而是家长的需要。

信任孩子其实包括两个方面的自信心：一方面是对孩子有信心，相信孩子能够做到；另一方面是对自己有信心，相信自己能够放心并放手让孩子探索，自己能够成为孩子的坚强后盾。

很多父母无法信任孩子，或者不愿意去信任孩子，就是在这两个方面缺乏信心。

第一，父母对孩子缺乏信心，不信任孩子的想法和能力。不信任孩子的想法就是会用大人之心度孩子之腹，不愿意或不会站在孩子的角度思考，认为孩子不可能这么想。比如孩子想学画画，家长却觉得孩子不擅长画画，认为他也就有三天热度，何况其他的兴趣班已经报了很多了，就别再学画画了。还有很多父母不相信孩子的能力。能力包括认知能力、行为能力等。父母单方面觉得孩子做不到，因此连尝试的机会也不给孩子。即使孩子真的做不到，也要孩子试过之后自己认识到这一点。在这个过程中，父母还可以帮助孩子理解受挫的感觉，之后鼓励孩子再次尝试，如果真的做不到也不必强求，可能只是不擅长这个方面而已。

第二，父母对自己缺乏信心，害怕自己因为放手产生的一些担心、焦虑等情绪，害怕自己无法处理放手之后的一些问题。父母还会害怕孩子没有成长为他们想要的模样，缺乏接纳孩子的信心。因此，还是都帮孩子做好吧，免得自己提心吊胆，寝食难安。

所以从表面上看，哪些不给孩子信任的父母是不愿意失去掌控感，其实是他们缺乏信心，才要维持掌控感。

很多父母也想给孩子信任，但是不知道如何给。

首先在心态上，家长需要建立自信，心中要满怀积极的期待，相信孩子的能力。如果家长没有信心，态度就会比较消极，在做事之前就认为孩子不行，自己的情绪、语言和行为就会影响到孩子的情绪和表现。孩子在"不行"的标签和压力下，事情就真的向不行的方向发展了，然后失败了，家长就会很有"先见之明"地说："看吧，我早就知道不行的。"这就是自证预言。

其次在行为上，家长的任务是引导和支持，少说"不可以"，多说"我们可以试试"。记得孙悟空在《三打白骨精》中给唐僧师徒三人画的圆圈吗？这个圆圈的大小就是父母可以提供的支持的大小。这个圈表示父母的认识、能力以及给孩子的保障和爱。在这个圆圈里，让孩子尽可能地尝试。无论怎么折腾试错，有父母在兜底。直到孩子找到真正的自我。

自信是一种超越理性的情感，因此家长在建立自信的时候要注意避免盲目的自信。给孩子信任要慢慢来，圆圈可以先画得小一些，经过练习能力提高以后再把圆圈向外扩大。父母给孩子信任，孩子也收获了自信。他们会知道自己要什么，达到这个目标自己要做什么，需要父母有哪些配合和支持。孩子在尝试的过程中还培养了思维、计划和决策能力。

还用兴趣班举例，每个孩子可能都要去上兴趣班，我有一个7岁的学生，周末两天一共要上七个兴趣班，我真心替他累。他妈妈就好像经纪人一般，陪着孩子奔波在各个机构之间。大多数孩子的兴趣很多变，而且有时候他们即使有兴趣也难以长期坚持，因为兴趣一旦变成枯燥的、重复的任务就变质了。针对孩子兴趣班的问题，就可以给孩子充分的信任，让孩子主导一个完整的决策会议，并解决这个难题。家长一定要记住孩子是上兴趣班的主体，因为是孩子的兴趣，而不是家长的兴趣。如果家长有兴趣，请自己去学习。让孩子把所有想要上的兴趣班列个表格，考虑因素主要包括上课时间、机构距离、费用、坚持程度、效果或意义、兴趣程度（可以用1～10刻度法，10表示最喜欢）等，也可以根据实际情况增加因素。大家针对一些重要问题进行讨论，比如：不能坚持了怎么办，失去兴趣了怎么办，时间冲突了怎么办等。深入讨论分析之后，孩子看到了各种选择的可能性和结果，困难和益处都摆在眼前，孩子才能意识到自己真正需要的是什么，然后通过比较，做出大家都认可的选择。

父母只要给孩子信任和时间，并抱持积极的期待，花朵就会慢慢盛开。

尊重："当你愿意讨论这个问题的时候，我随时都在你身边。"

我们经常会说一个词，叫"伤自尊"。伤自尊伤的是什么？就是因为没有被人尊重，伤了自己的尊严。尊重需求处于马斯洛需求金字塔的第四层，是人类非常高级的需求。每个人都希望别人能尊重自己。无论是西方的人际交往黄金准则"你想别人如何对待你，你就如何对待别人"，还是我们中国的"己所不欲，勿施于人"，都体现了尊重的思想。

尊重孩子体现在两个方面：对孩子人格的尊重和对孩子自主权的尊重。

第一是对孩子人格的尊重。孩子首先是一个独立的人，然后才拥有和别人的关系。也就是说，孩子先是独立的人，然后才是父母的孩子，和父母有亲子关系。亲子关系是否良好和亲密，很大程度上取决于父母。孟子有云："爱人者，人恒爱之；敬人者，人恒敬之。"尊重是相互的，父母不尊重孩子，孩子也不会尊重父母，母慈子孝，母先慈，子才能孝。因为孩子需要观察父母的行为而学习，需要在和父母的互动中调整行为。孩子就是父母的镜子。

这个我自己深有感触。我小时候是个很调皮、个性很强的孩子，给妈妈添了无数的麻烦。但是妈妈给我的尊重让我受益匪浅。记得小学时有一年端午节，学校要开运动会，我要准备些零食带去学校。妈妈问我想要买些什么，我不知道怎么想的，说了句："哼！我说了你也不会给我买。"现在想想我真的有问题。妈妈听了这句话就有些不开心了，然后说："既然我不会给你买，那你自己想想吧，想好了再和我说话。"妈妈说完就去院子里包粽子了。我已经看出妈妈不高兴了，就自己一个人在角落里待着。到底过了多久，我想了些什么，已经不记得了。之后我去院子里找妈妈，我说："妈妈，我也想包粽子。"妈妈说："好啊，我教你。"事情就这么过去了，我没说我错了，妈妈也没问我是不是知道错了。

这个反省的时间非常重要，体现了妈妈给我充分的尊重。她表达了不满的情绪，也没有伤害我，还给了我台阶下。后来妈妈说："我知道你是个什么样的孩子，你自己可以想明白，我知道你主动来跟我说话就是认识到自己错了，我没有必要再问你知不知道自己错了。"

认错不是一件容易的事情。一方面孩子很难马上明白自己是不是错了，另一方面孩子也是要脸面的。所以父母需要给孩子时间。这个时间有三个作用，一是让情绪冷却，避免双方情绪过激、产生冲突；二是让孩子自己思考，弄清楚发生了什么事情，接下来要怎么办，也就是问题解决和决策。三是给自己思考的机会，如何处理接下来的问题。

尊重是爱的一个必要条件。孩子得到了尊重，促进自尊和自爱的形成和发展。反过来，孩子拥有完整的自尊和自爱，才能够尊重别人和爱别人。而没有尊重的爱并不算真正的爱，是以爱之名的压迫和控制。很多父母自认为非常爱孩子，孩子就是他们的一切，然后试图用这高压的"爱"绑架孩子一辈子。他们为孩子付出一切，感动了自己，到最后却抱怨"感动天地却无法感动孩子"。很简单，他们没有给孩子尊重，孩子和父母不是一种平等亲密的关系，孩子无法敞开自己，当然无法接受父母给的这些沉重的"爱"。大家可以回忆一下，你在任何一种关系中，无论是面对老师、老板，还是同事、伴侣，如果对方不尊重自己，你是否还能够真诚地说出自己内心的想法。不被尊重，我们会觉得难过、失望、受挫甚至愤怒，全部都是负面情绪，有时候还会感觉被对方否定，从能力到人格的全面否定。长期下去，自尊会降低，自卑感也可能会越来越严重。

因此，尊重的原则就是平等和爱。

第二是对孩子自主权的尊重。自主权包括自主的想法和自主的选择。尊重是一种积极的态度，虽然我觉得你说的不一定对，我不一定认可，但是我尊重你的立场，我倾听你说的一切。

我经常看到家长会强迫孩子和陌生人打招呼，强迫孩子说"谢谢"，强迫孩子道歉。即使孩子在这些外部压力下按照父母说的做了，但是孩子的内心并没有认可这些行为，反而会产生不良影响。也有很多家长会咨询我类似的问题："我家孩子不愿意打招呼，很害羞，怎么办呢？"很多家长会给孩子贴"害羞"的标签，看起来，好像只要说孩子害羞就可以解释这种情况，让孩子克服害羞就可以解决问题一样。事实并不是这样的。孩子是否跟别人打招呼，是否应该说感谢，是他们自己的意愿，是自主权的一部分。而且孩子的行为也受到想法和情绪的影响，对大人来说，在情绪不好的状态下，行为也会和平常不同。当然以成年人的能力，会根据场合调整自己的行为，即使百般不愿，见到老板还是得打招呼。可是孩子就不同了，他们的情绪表达很直白坦诚，不想打招呼就不打，很难为了父母的面子违背自己的想法。

父母的这些困惑和不满其实就是没有尊重孩子的自主权。没有接纳孩子的想法、态度和状态。不尊重、不接纳就会认为对方是错的，而自己是对的。就像夫妻吵架，双方都觉得自己有一肚子的委屈，认为自己是对的，要对方道歉。在这个过程里面，双方都有几个问题：第一，没有倾听，不听对方的想法，只是一味表达自己的想法，第二，没有换位思考，因为没有倾听，不理解对方的想法，很难换位思考；第三，暴力沟通，不会处理情绪；第四，不会解决问题，要么吵得不欢而散，要么冷战，之后问题依然存在，等待下一次爆发。而这些问题的核心就是自我中心，不尊重对方。对待孩子也是一样的道理，遇到问题，先别想谁对谁错，毕竟在家里，在父母孩子之间不是谈对错的，而是要讲爱的。

我知道很多家长认为孩子是没有自尊心的，包括很多教育工作者也这样认为，因此会不分场合地辱骂孩子、惩罚孩子，这对孩子来说是非常严重的伤害。身体上的伤害就已经很伤人了，心理上的伤害很多人会记得一辈子。很多人在成年后还记得当年老师在课堂上对自己的侮辱，还记得父母当着很多人的面指责自己，让自己害怕、伤心又羞耻。不尊重孩子就是没有把孩子当成独立的人。人是唯一一种有自尊心的高等动物。所有人都有自尊心，孩子也不例外。

当遇到孩子和自己有分歧的时候，请先等一下，倾听孩子的想法。一定要注意场合，如果在公共场合，就要首先控制自己的情绪，保持平静，给孩子留脸面，维护孩子的自尊心，也是给自己留脸面。相信我，孩子会感激你的。一切等回家以后，在一个安全的空间里，保持对孩子的尊重，和他讨论分歧的原因。先了解他是怎么想的，然后表达自己的想法和愿望，表示对孩子的接纳和信任，看看双方是否能想到一个解决办法，下次再遇到同样的事情怎么做。如果暂时没有办法也没关系，至少你和孩子都了解了对方的态度和想法。有了尊重，孩子自己也会有时间、有意识地来思考。父母只要给予孩子信任和支持，等他想通了来找你就好。

孩子有任何想法，有跟你说的权利，也有不说的权利。重要的是，他不想说的时候，你要告诉他你尊重他的想法，你等着他。当他想说的时候，你在，同时准备好用真心来倾听他。这体现了尊重的第二个字"重"，也就是重视。重视孩子的内心世界，也是父母之爱的重要体现。

因此，尊重就是平等、爱和重视。愿我们的孩子都能够得到父母的尊重，从内心生长出自尊自爱的能量，能尊重人和爱人。

表达底线："如果老师打电话给我，我会把电话递给你。"

　　做人要有原则和底线，做父母也是一样的。有了原则和底线，谁的事情谁负责，分工明确，责任清晰，有问题不会互相推诿，不会踢皮球，对大家都好。父母表达自己的底线，其实也是和孩子划清界限。界限不清造成的家庭问题大家都深有体会。很多人就算没有经历过，也听说过妈宝男家庭的婆媳关系有多难搞。妈宝男的产生很重要的一个原因就是亲子关系的界限不清晰。

　　目前的社会，在有孩子的家庭里，最没有底线的事情就是孩子的作业。虽然这个问题是社会现状引起的，但也不是不能解决。最重要的事情是要确定写作业是谁的事情，而且是要心理上接受和认定，并接纳随之产生的问题和结果。因为很多家长都说："是啊，写作业是孩子的事情，不是我的事情，但是……"要命的就是这个"但是"。典型理由包括：一、我不陪不催，孩子写不完；二、写不完作业不能睡觉，早上起不来，精神不好；三、孩子写不完，老师在群里批评的是我啊。

　　请大家仔细想想，第一，写不完的作业还是孩子的作业，不是父母的作业。虽然作业量不少，但是也有很多孩子可以很快写完。他们拥有良好的学习习惯、不拖拉、能够好好管理时间。我工作中也接触到很多写作业拖拉的孩子。只要教他们一些情绪调节方法和时间管理方法，调教几天以后，他们都可以很积极很快地完成作业。否则，明明一个小时可以完成的，随随便便就可以拖到3个小时。

任何事情都是讲方法的。写不完作业不是孩子的问题，也不是老师或家长的问题，而是方法的问题。

第二，为什么写不完作业就不能睡觉呢？任何事情也没有健康重要。孩子拖拖拉拉，到睡觉时间还没写完怎么办？很简单，不写了，书本都收到书包里，写了多少，写成什么样，第二天上学就照样交上去。老师怎么说，什么结果，都是孩子的事情，他自己承担。负责任的美德也是要学习的，没有人天生就会负责。被老师批评正好是让孩子学习承担责任的机会。父母可不能替孩子背这个锅。跟孩子说清楚，虽然写作业很重要，但是我们更在意你的健康睡眠。没有足够的高质量的睡眠，大脑发育会受影响，身高也会受影响。所以，到睡觉的时间一定要睡觉。今天没写完，那么明天就抓紧时间快点写，反正睡觉的时间是固定的，不能打破。

第三，老师在群里批评你是老师的做法，这个结果虽然是孩子没写完作业造成的，但是，这个结果不应该你来承担。当然我不会告诉家长不要去在意老师的批评，不会说"不就是丢面子吗！"确实，家长会丢面子，因为孩子而丢面子还是比自己丢面子更严重的事情。怎么办呢？先忍辱负重，采取一些必要的措施，把这个矛盾，同时把责任转移给孩子。就是本小节标题讲的方法"如果你的老师打电话给我，我会把电话递给你。"如果你的老师因为你的问题在群里提醒或者批评我，我需要你来想办法告诉我如何解决，并回复你的老师。

这些时刻就可以用到《非暴力沟通》一书中提到的方法，对大多数人，包括孩子，都是非常有效的。我在给孩子上课或辅导作业的过程中百试百灵。非暴力沟通法有四个步骤，操作起来也简单，练习几次就可以很熟练了：第一步是观察现象，发生了什么事情；第二步是表达自己的情感，这件事情让自己体验到什么感受；第三步是表达自己的需要，也就是产生这种情感的原因；第四步是向对方提出请求，希望对方能做到什么事情。

用孩子没写完作业造成家长被老师批评举例，如何完成这四个步骤。首先在平静的状态下，认真地、真诚地和孩子对话。拿出班级群的聊天记录，让孩子看看老师如何批评你（要注意的是，如果老师批评了孩子，不要给孩子看，因为我们要保证避免孩子得到负面的评价，要积极地对待孩子的问题）。观察到的现象就是孩子没完成作业造成了你被老师点名。其次，表达自己的感受。真诚、真实、具体地说出自己的情绪：包括难堪、羞愧、生气、担心、受挫等。如果你平时就经常和孩子沟通情绪，表达自己的情绪，这一步做起来就会比较容易。和孩子分享情绪是亲子互动中不可或缺的一部分，对孩子情绪智能（情商）的发展有重要意义。对孩子说出你体验到的很不舒服的情绪，孩子也会随之产生一些情绪，比如他可能会觉得内疚。内疚是比较高级复杂的情绪，如果他说不出来，你可以帮助他说出来。他可能觉得害怕，害怕你惩罚他。你可以告诉他你知道他可能有点害怕，同时说不会惩罚他，不管怎样父母都爱他。不过会有一些后果，在制定家庭规则的时候就要把没完成作业的后果写清楚。然后你可以真诚地表达自己的需求。这件事的需求就可以是："我觉得按时完成作业是一个很好的品质，帮助老师和你自己了解对学习内容的掌握程度。所以我们应该做到。没有按时完成作业，我会觉得很羞愧。"最后就是向孩子提出请求。请孩子按时完成自己的作业。针对这个目标，大家要一起讨论一个结果。为了按时完成作业，孩子需要做什么，父母需要如何配合，都要讲清楚，然后就落实并坚持做。

建议家长一定要试试，千万别连尝试都没做就说方法不管用。心态上不积极，再好的方法也难以发挥作用。按照步骤做一次，很多孩子就会有改变。有的孩子可能需要多做几次。另外，在孩子改变的过程中可能会有反复，就像减肥也会反弹一样。坚持多试几次就好，因为有时候孩子是在挑战你的底线，他们特别喜欢并擅长这样做，不是吗？

解决问题要抓问题的核心。想一想，孩子真的需要你陪着写作业吗？并不是。如果仅仅是催促和陪伴也还好，问题在于家长很难保持平稳的情绪，也没有适当的方法。因此孩子在写作业的过程中，伴着父母的紧张、愤怒情绪，听着批评和大呼小叫。严重的情况下，甚至引发父母之间的冲突升级、大打出手。结果就是恶性循环，孩子的作业没有办法好好完成。终于熬到战斗结束，可怕的是第二天还要继续，鸡飞狗跳的状态周而复始。

孩子真正需要的是父母帮他认识到学习的意义、激发学习的主动性，并帮助他养成良好的学习习惯。家长要做的就是在孩子确实需要帮助的时候伸出援手。

分清一件事情应该谁负责，最重要的是家长要调整好心态。不是自己的事情千万不要插手。孩子知道你的底线，他才知道什么事情可以做、什么事情不可以做。如果你没有底线，孩子也就没有指引，就像高速公路要限速一样，如果没有限制，是不是可以跑到200千米每小时呢？你只需要给定孩子一个限定范围，信任他的能力，相信他能够解决问题并为自己负责。你不是束缚孩子的"牵引绳"，也不是让他依赖的"拐杖"，而是他的"脚手架"和"登山杖"。

Part 6

用家庭规则培养良好家教

  规则无处不在。任何组织、机构都有规则。家庭这个小组织也不例外。懂规则、有规矩的孩子在家庭之外就会表现得很有修养，也就是我们经常说的家教好。这样的孩子备受称赞和喜欢。规则两个字说起来简单，做起来可不容易。有些规则是现成的，普遍的，像数学公式一样，做题目的时候拿来用就可以。但是每个家庭有各自的特点，所以就需要有"私人订制"独特的家庭规则。

  家庭规则从制定到执行的过程并不复杂。只要依照文中的例子按部就班地学习和孩子进行良好的沟通，掌握适当的奖惩机制，帮助孩子提升责任感，"熊孩子"也能变成好孩子。

要以非常民主的方式召开家庭会议制定规则

规则无处不在，自然界有自然的规则，动物界有动物的规则，我们人类的社会也有社会的各种规则。规则是一个群体保持良好运转的必要条件。也就是说，只要是两个人及以上的群体就要按照规则来互动和运转。家庭作为一个群体，当然也要有家庭规则。规则有很多含义，有规范、规章、法则、准则、守则等。家庭规则应该是指家庭中的规章、守则及行为模式和准则。

家庭就像公司，所以公司的量词是"家"。而且每个家庭都是一家创业公司，是一个利益共同体。有的家庭，全家人为了公司运转良好，达到赚钱的目的，有靠谱的公司章程，也就是家庭规则。有的家庭，没有公司章程，或者说即使有也不按照章程实施，结果公司一塌糊涂，濒临破产倒闭。

家庭规则应该如何产生呢？

公司章程由股东共同制定。因此，家庭可以模仿公司，由"家庭股东大会"制定家庭规则。可能有些家长一想到要开会就觉得头疼。不过，开会讨论看起来花时间花精力，但是会议确定下来的规则很明确，大家就不会每天都为了同样的事情再另外花时间和精力来沟通甚至争吵。而且开会有一种仪式感，仪式感体现了对规则的重视。规则执行起来也会比较严肃和认真。

规则是为目标服务的，所以要先确定目标。一家公司的目标是赚钱。一个有孩子的家庭的共同目标是什么？我觉得是全家人都能够身心健康，并能够增加整个家庭的价值，包括物质价值和精神价值。孩子虽然很重要，但也不应该成为超越家中其他人的存在。孩子应该和其他所有人一样平等。

既然是家庭股东大会，那么家庭中所有的成员都要参加。大家对家庭事务共同享有权利和承担义务。找一个所有人都比较放松的时间，大家都放下正在做的事情，保持平静的情绪，坐在一起。任何人都不要说"今天讨论的事情与我无关，我就不参加了"之类的话。家庭中的任何事情都与全家人有关，会对所有人产生影响。祖父母如果也住在一起，也是要参加的。老人家可能会说："你们讨论的事情我也不懂，你们决定就好。"还是坚持让他们参加，就算不参与讨论，也需要旁听。这体现对他们的尊重，毕竟他们也为家庭付出的，也算股东。至于小朋友，只要他们有一定的理解能力和表达能力，就可以开始参与家庭会议了。他们在听父母和哥哥姐姐讨论，耳濡目染，也可以提高他们的能力。以后会更快地进入角色。父母不要觉得自己可以代表孩子的立场和观点。任何人都不喜欢被代表，孩子也一样不喜欢。而且，更重要的收获是，孩子在会议上表达自己想法和参与讨论的机会。这个机会也是学习和成长的机会。

民主的家庭会议要有仪式感。

首先，开会时间要有仪式感。家庭中可以根据需要，每周一次或隔周一次开会，具体是哪一天要固定下来，可以在日历上做标记，写上"家庭会议日"。也可以做一张图文并茂的"家庭会议日某月某日"海报贴在家里醒目的地方。因为视觉信息的刺激会在意识和潜意识中留下印象。我们发现在幼儿园，情绪海报贴在明显位置的班级，小朋友对情绪的认识和理解比其他班级要好。因此，我也建议用贴海报的方式做视觉提醒，这样可以增强家人对家庭会议的意识，同时提醒大家思考在下一次家庭会议上自己想要解决哪些问题，对家人提出哪些建议，促进每个人对家庭事务的观察和参与。

其次，人员安排要有仪式感。任何会议都有主持人，家庭会议也不例外。所有家庭成员可以轮流担任会议主持人。家长可以先示范几次，等到孩子对整个流程比较熟悉以后，掌握了主持方法，就可以让孩子来做主持人了。主持人可以有个标志或道具，比如制作一个主持人的标志牌或用纸卷当话筒。一方面代表身份，另一方面孩子会觉得有趣，提高积极性，会很期待当主持人。家庭会议也应该有大会主席，由家庭成员轮流担任。该主席也担任家庭常务委员会主席，负责在非会议期间记录一些家庭事务，并在下次家庭会议中提出并讨论解决。

会议程序也要有仪式感。在会议日，主持人负责把家庭成员召集在一起，可以开动脑筋，自己创造会议开始的仪式。我给小朋友上课的时候，有的孩子就喜欢在表演之前或讲话之前拿着小木棍和盒子敲出一段声音，表示表演开始。表演结束再敲一段声音，表示表演结束。整个过程体现完整性，表演也会很投入。家长可以先给孩子做一些示范，也可以引导孩子发挥他们的想象力，把开会变得认真又有趣。会议上讨论的内容要记录下来：讨论哪些问题，每个问题的方案是什么，最后的决定是什么等。记录最好用图画的方式，这样做有两个好处：第一，不会写字、不认得字的小朋友也能够理解会议内容；第二，让孩子画图画或者画思维导图还能够锻炼图像思维和逻辑思维能力，非常有利于学习。

有了这些仪式感，一方面家庭会议就得到了足够的重视，而且充分体现了民主；另一方面，这些仪式在具体的操作过程中提升了孩子各方面的能力。接下来，在会议中针对家庭规则的讨论更要发扬民主的精神，即平等和共同管理的原则。

平等体现为每个人都有提出问题和发言的权利和机会。任何人在发言的时候，其他人要注意倾听，不要打断，给予积极的关注，体现礼貌和尊重。发言结束其他人才可以发言或提问。这样孩子也能够学会倾听和尊重别人，而不是经常打断别人说话。平等也体现在每个人拥有相同的投票权。对于会议的决定，每个人有一样的投票权，需要全家人同意并通过，而不要少数服从多数。因为相对来说，孩子在家中属于弱势群体，如果孩子内心不认同父母做出的决定，这个规则对整个家庭来说是没有意义的。如果某个规则实在无法得到全家人的认可，大会主席可以提出选择一个相对容易接受的方案，说明先尝试执行一周，如果可行就继续执行，如果不可行下次会议再调整。不要强迫任何人认可会议决定。这也体现了平等的共同管理原则。

表6-1　家庭规则

项目	负责人（监督提醒）	具体安排	打卡
垃圾分类	妈妈	妈妈：每周一、三；爸爸：每周二、四；孩子：每周五、日；全家一起：每周六	
洗碗	爸爸	自定义	
写作业	爸爸妈妈轮流	自定义	
自定义	自定义	自定义	
	签名		

　　会议的决定需要形成文字，所有人需要签字同意。表6-1中是一个家庭规则的举例，可以作为参考。表格里规定哪天谁洗碗就是谁洗碗，该谁分垃圾就是谁分垃圾，谁也无法抱怨。

制定家庭规则的注意事项

在民主的气氛下召开家庭会议是一个非常好的开始。制定家庭规则需要家庭成员严肃而又严谨。在制定规则的过程中有几个原则要遵循。

家庭会议的职能有很多，制定家庭规则只是其中一个方面。不是所有在会议上讨论的事情都能成为家庭规则。所以，第一点需要确认的是，家庭规则应该包含哪些内容。我认为，家庭规则清单应该包含基本的家庭共同事务，即对全家人都有影响、而且孩子也能够参与执行的项目。比如孩子每天的起床时间和睡觉时间，洗碗的安排、擦桌子的安排、垃圾分类的安排等。建议先把规则分成几个大类，比如：（1）时间类，包括起床时间和睡觉时间等；（2）家务类，包括洗碗、拖地、垃圾分类等；（3）学习类，每周哪几天安排全家人与学习相关的事情，以及学习什么内容等；（4）娱乐类，每周哪几天安排娱乐相关的事情，如看电视、玩游戏等。

第二，针对这些内容分类详细地制定规则。就像法律法规有总则和细则一样，前面的分类是总则，分类里面的每一项就是细则。细则就要比较具体。比如孩子每天睡觉时间是9点，睡前准备工作如刷牙洗脸从几点开始，睡前故事谁负责，没有准时睡觉的结果是什么，都要讨论得明明白白，经过全家人同意，然后写下来或画下来。可以直观地画个时钟和睡觉的小火柴人，或者更方便地贴个孩子的大头照。细则宜精不宜多，而且要从容易做到的事情开始。就像我们经常像模像样地拿个本子记录每天的待办事项，可是有很多事项是很难完成的，写上去只是让自己看起来很忙很认真而已。家长要正确评估孩子的能力和自己的能力，暂时还做不到的事情尽量先别写进规则清单里面，因为如果做不到，一方面会很尴尬，失去了规则的严肃和严谨；另一方面也会影响大家的积极性。最开始的家庭规则清单里最好有几条规则是大家都执行的比较好的，只是偶尔没有做到的项目。比如孩子在90%的情况下都能够在7点钟起床，那么就把这个起床时间规则写进清单。孩子如果在规则和监督下每天都能做到，就获得了成就感，提高了积极性。

第三，制定规则决不能"三天打鱼，两天晒网"。定期召开家庭会议和制定家庭规则是整个家庭要长期坚持的事情。规则一旦制定，除非发生特殊事件，绝无例外。比如涉及安全和健康等问题，孩子生病需要休息，实在不能按照原来的时间起床，就另当别论了，也不能僵化死板。不能为了严格执行规则，非要让孩子按时起床不可，相信虎妈狼爸还是极少数的。"三分钟热度"是做事情的大忌，千万别觉得新鲜好玩，大家开个会，讨论几件事情，制定了几条规则，然后没坚持几天就不了了之了。如果是这样，父母就给孩子做了一个非常糟糕的示范。孩子没有学到规则的真谛，却学到了决定的事情可以不遵守，同意的事情也可以反悔，不承担责任也没有任何后果。这样的结果就与家庭规则的初衷背道而驰了。当然家庭规则可以是阶段性的，有些规则全家人完全养成了习惯，已经不需要监督和提醒了，就可以从规则清单中撤出，然后再加入新的规则。

第四，在家庭规则中一定要明确家庭事务的权限，也就是分清责任。责任分为以下三个方面：

（1）孩子该做的：如按时起床、睡觉、完成作业；

（2）父母该做的：如提醒或支持孩子完成必要的任务、按时睡觉、每天读几页书、每天给孩子至少一个赞美等；

（3）共同项目：如家务类、学习类、娱乐类项目。

孩子该做的最典型的项目就是写作业，可以按照表6-2的方式制定规则：

表6-2　家庭规则细节

项目	负责人（监督提醒）	责任人	安排	结果
写作业	妈妈/爸爸轮流	孩子	1.时间安排：18：30—20：30。 2.休息安排：每做30分钟（或完成几项作业）休息5～10分钟。 3.辅助工具：使用某工具计时。 4.求助安排：不会的题目先跳过，所有作业完成后统一向负责人求助。 5.负责人在孩子写作业期间可以安静地读书、工作，禁止使用手机等电子产品。	1.如果连续30天按时完成作业，奖励一次外出参观活动。如果因为特殊情况某天未按时完成，顺延到30天进行奖励。 2.如果未按时完成作业，当周减少超时时间的娱乐活动，如超时30分钟，则减少30分钟娱乐活动。 3.其他（自定义）。

　　作业的直接责任人是孩子。作业时间安排要具体，根据自己家庭的实际情况调整。孩子只要不拖拖拉拉，一定可以按时完成。因此，父母有必要帮助孩子养成学习习惯。其中最重要的部分就是时间管理。孩子对时间的理解和我们成年人是有差异的，我们告诉他要30分钟写完一张卷子。30分钟是多长呢？很难讲，无聊的时候30分钟也度日如年，快乐的时候30分钟转瞬即逝。需要非常直观地让孩子看到时间过了多久。我通常的做法是放一个小电子钟在旁边，告诉孩子30分钟之后可以休息，或者完成一张卷子可以休息，休息的时间由孩子来选择，在10分钟以内。有的孩子为了尽快完成作业，只休息3分钟或5分钟就开始下一项作业了。孩子需要时间养成习惯、慢慢进步，家长别着急。沙漏也可以充当计时器，5分钟的沙漏用来记录休息时间，30分钟的沙漏用来记录作业时间。孩子可以直观地看到时间流逝，就不会觉得时间还有很多，边写边玩了，也不会磨蹭到了睡觉时间才感叹"时间都去哪了"？

　　孩子的作业可以全部写在白板上，做完一项划掉一项，让孩子看见自己完成了多少，还有什么没有完成。孩子可以自行选择作业的顺序，父母给予协助。孩子不知道怎么选，可以用抽签的方式。无论用什么方法选择，重要的是快速，避免在选择上浪费时间。

　　帮助孩子养成求助习惯也是非常必要的，我发现很多孩子遇到不会的题目马上就来问，这样其实非常不利于他们的自主、独立和思考。所以我平时工作的时候都会告诉他们，一张卷子全部做好了再拿给我看，不会的题目先空着。我也会在咨询的时候告诉家长这样做。一方面是培养孩子延迟满足的能力，减少依赖性，不要碰到困难就立刻求助，可以先自己想一想，实在没有办法了再求助；另一方面是有的题目当时不会做，等他做到后面的题目可能会突然明白了那个不会的题目，可能是题目之间的联系让孩子明白了，也可能是潜意识的持续思考让孩子突然领悟了。这就是时间的作用。

　　负责人的角色是非常重要的。负责人有监督的责任、提供帮助的责任、检查的责任等。负责人要保持情绪稳定，同时给孩子营造学习氛围，安静且积极。因此，严禁使用手机等带有娱乐功能的电子产品。家长不要觉得自己在旁边刷着手机就能够帮助孩子养成学习习惯、快速完成作业，那简直是天方夜谭。在时间管理方面，父母能做的就是协助孩子规划时间，在孩子忘记时间的时候进行提醒。慢慢地孩子就可以学习自己规划时间了。

　　第五，制定规则要同时明确监督机制。监督是非常重要的，就像我们会加入打卡微信群，或者利用打卡APP来提醒自己要完成什么任务。我们的认知资源是有限的。记住任务的同时要提醒自己按时完成，这需要付出持续的努力。而利用工具等外挂就是认知资源的延伸，我们不必每件事都要花费精力去记住。而且监督是社会支持的一种，父母监督和提醒孩子根据规则完成任务也是给孩子关注和信任，只要提醒"家庭规则是这样安排的，现在是作业时间啦。"同时，孩子也要监督父母是否按照家庭规则读完了几页书，是否给了自己赞美。

　　第六，制定家庭规则最重要的一点，就是明确相应的奖励机制。原则上，每一条规则都要对应一个结果，项目完成对应的是奖励，项目没有完成对应一个结果（而非惩罚）。因为奖励机制非常重要也比较复杂，要用一个小节来具体分析。

　　制定规则的几个原则归纳如下：

　　（1）明确规则分类；

（2）规则清单宜精不宜多，从易到难，小心谨慎；

（3）忌"三天打鱼，两天晒网"；

（4）明确家庭规则责任人；

（5）明确监督机制；

（6）明确奖励机制。

"坏的惩罚"与"好的结果"

很多家长会通过给孩子一些惩罚或奖励来达到某些目的。暂时不讨论惩罚或奖励是否有用，先了解一下惩罚和奖励分别是什么，它们的目的是什么？然后再来看惩罚或奖励是否达到家长期待的目的，以及应该如何合理使用奖惩机制发挥最大效果。

在汉语中，惩罚的基本含义有惩戒、责罚、处罚，可做动词和名词。

在心理学中，惩罚的目的是让人或动物产生厌恶的或不愉快的、不舒服的感觉，以消除某种行为。其形成机制是以条件反射为基础的，无关道德，只是一种手段。心理学中的惩罚分为施加痛苦和剥夺利益。

请大家思考以下几个问题，判断它们是不是惩罚，如果是，是哪种惩罚？

（1）孩子不听话，天冷了，你不让孩子穿秋裤；

（2）孩子不吃晚饭，之后却要吃零食，按照约定你不让他吃零食；

（3）孩子没考到A，打一顿；

（4）你和爱人吵架，不给对方做饭吃；

（5）你不给爱人做饭，所以对方没给你买生日礼物。

答案见本章结尾。

没有人喜欢惩罚。为什么家长们还会惩罚孩子呢？因为惩罚看起来见效快，立竿见影，但副作用是药效短，而且孩子可能产生"耐药性"。如果可以恰到好处地使用惩罚，可以起到强化良好行为、消除不良行为的效果。遗憾的是，大多数家长没有掌握合理惩罚的要领，结果适得其反，事与愿违。

孩子真的不能惩罚吗？如何"惩罚"才有用？

惩罚的手段是可以使用的，使用的原则只有一个，就是拒绝伤害，任何会伤害孩子身心的惩罚方式都不可以使用。

通常情况下，父母或老师施加的大多数惩罚是无效的。原因有两个，第一是惩罚和事件无关；第二是惩罚带有侮辱或伤害性质，目的是让人痛苦，无益于改善行为。

大家理解的惩罚，也就是常用的惩罚是一种外加的伤害，包括身体和心理的伤害，而不仅仅是让人为自己的过错承担责任。我们通常认为的判处某犯罪嫌疑人若干年有期徒刑并不是一种惩罚，而是让其承担责任。这个责任结果和所犯过错是有直接关联的，并不是外加的伤害。因此，法官需要判断某人是否具备承担刑事责任或民事责任的能力。而很多家长或老师施加给孩子的惩罚经常和需要孩子改正的行为无关。比如孩子考试没达到要求的分数，被爸爸打了一顿，这个就是无关的惩罚。为什么孩子没考到父母要求的分数就要被打一顿？考试和皮肉之苦到底有什么关系呢？根本没有关系，所以这个惩罚毫无道理。

还有的惩罚很明显就是侮辱。比如学生上课时做了些影响课堂纪律的事情，老师把学生叫起来站在教室一边，可以吗？是可以的，这个手段与事件相关，站一段时间也可以帮助学生集中注意力，让学生了解到自己的行为已经影响老师上课了。但是，有的老师还要用难听的语言侮辱学生，甚至打学生耳光，这就是外加的无关且有伤害的惩罚了。

很多家长觉得，不让孩子觉得痛，孩子是记不住教训的。孩子是否记住了教训暂且不提，孩子记住了痛，但也记住了很多你可能不知道的事情。

面对惩罚，孩子会有哪些内心戏呢？

他们会觉得愤怒。"凭什么这样对我？为什么是我错了？"尤其是在有多个孩子的家庭里，孩子面对不公平惩罚时，他们会非常愤怒，然后会想要反抗，报复会更猛烈。比如哥哥和弟弟打架，哥哥被惩罚了。等到兄弟俩单独相处时，哥哥下手会更重。哥哥在你面前好好对待弟弟只是为了避免惩罚，而不是认为自己不应该打弟弟。因此，惩罚是治标不治本的，见效快，药效短，副作用大。

他们会觉得害怕。"天哪，这次又没考好，爸爸又要打我了。"于是，孩子从得知没考好那一刻就开始害怕紧张，大脑释放压力激素，心跳加快、血压升高、手心出汗，等待即将到来的暴风雨。从进化过程看，害怕这种情绪是为了保护我们自己安全的，遇到猛兽或敌人，我们会害怕，要么战斗要么逃走。孩子害怕了怎么办？战斗吗？打不过爸爸。逃走吗？可以试试。于是有些孩子为了避免惩罚而离家出走。还有一种方法是去求助可以压制爸爸的人，比如奶奶。也有的孩子修改考试分数，用谎言来逃避。更糟糕的状况就是，孩子为了能考好不惜作弊。这样的结果是你想要的吗？

他们会觉得屈辱。因为有的惩罚方式会让自尊心很强的孩子无地自容，这就是老师或家长想要看到的效果。因为孩子真的不再犯同样的错了，你却不知道孩子内心受了多严重的伤害。他们觉得自己被否定，可能会自卑，自尊也会降低，以至于多年后还难以忘怀，影响心理、事业和家庭。千万别认为这些伤害不要紧，觉得有些孩子是太脆弱了才会如此。孩子是脆弱的，孩子都是有自尊心的，所有孩子的自尊心都要小心呵护，不容践踏。我们作为成年人，有时都会因为自尊心受伤而情绪低落甚至失控，更何况孩子呢？

了解了孩子的内心戏以后，请大家把那些常用的惩罚手段丢掉，学习一些新方法。为了与不友好的"惩罚"这个词区分开，下文中统一使用"结果"这个中性词。

在制定家庭规则的同时，就需要讨论每一条规则相对应的结果，即如果没有遵守规则有什么后果。恰当的结果是"和规则有关"和"无伤害"。用写作业规则举例，孩子写作业超过了时间怎么办，对应的结果是什么？作业时间超过了，直接结果就是占用了作业之后的安排的时间。比如，本来写完作业可以看半小时动画片，如果超过规定时间10分钟写完了作业，那么就要减少10分钟看动画时间，如果写作业超过了规定时间半小时，那么当天的看动画时间就只好取消。因为没有给孩子增加额外的痛苦，而且也是大家通过讨论确定的结果，所以这样的结果孩子是可以接受的。

很多孩子写作业拖拉还有一个很重要的原因。孩子本来想写完作业可以玩游戏或做自己喜欢的事情，但是家长在孩子完成作业之后给了更多附加的作业。因此对学习没有兴趣或没有动力的孩子就会拖拉，避免更多的作业。如果想要给孩子加一些任务，也要通过家庭会议的讨论，经过同意才能写在规则中并执行。要注意的是，在孩子没有学习动机的情况下，不要给孩子增加作业内容，这样会更加打击孩子学习的积极性，甚至厌恶学习。

制定规则的时候让孩子自己先提出，如果不能按照规则完成任务要接受什么样的结果。孩子自己提出的方案是孩子做出的选择，比别人强加的规则容易接受也更容易坚持。因为家庭规则是为了实现家庭共同目标而制定的，是为了所有家庭成员的共同利益。因此孩子思考规则和结果的时候也要考虑到其他人的利益，而不是只考虑自己。父母可以先给孩子做示范，涉及父母的规则也要考虑到孩子的利益。

规定事件结果的好处是，孩子能够把事件和自己不太喜欢的结果建立联系。而且这个结果是孩子自己造成的，而不是别人给他的，他不想要这个结果的话只能按照规则完成任务。如果家长给孩子加一个痛苦的惩罚，他会把事件和惩罚建立联系，同时产生愤怒、害怕等情绪。孩子做什么或不做什么是因为害怕惩罚，而没有内心认可，没有主动地做家长希望他做的事情。我们的动机不一样，结果也会不一样。比如我们工作的时候，老板让加班。加班的动机是什么？是被动的还是主动的？如果被动的加班，你的理由可能会是为了加班费或调休，或者因为无力反抗以及为了给老板留下好印象等。加班的效果也不一定让人满意。创业者和主动加班的人想法就不一样了，他们动机很强，为了提升自己的能力，为了达到某些积极的目标，那么加班也会很有效率，而不是待在公司里耗时间。

如何奖励才有效？

物质奖励对那些学习动机比较弱的孩子有很好的激励作用，但是它的效果和惩罚类似，也是见效快，药效短。副作用虽然不像惩罚那么大，但是孩子很容易为了获得奖励而学习，而不是内心认可。一旦没有了奖励，就很容易恢复到原来的状态。就像节食减肥一样，一旦停止节食，就很容易反弹。因此，家长可以先使用物质奖励引起孩子的兴趣，之后还是需要帮助孩子寻找学习动机，理解学习的意义。

奖励也有原则，要在制定家庭规则的时候同时讨论完成任务对应的奖励。奖励分为两种类型，不同类型的奖励原则不同：物质奖励要精简而有价值，精神鼓励要持续而具体。

首先，物质奖励要精简而有价值。物质的特点是多样的和可消耗的，因此物质奖励的效果很短暂。物质奖励也分为两种，包括有形的物质奖励和体验类的物质奖励。有形的比如好吃的零食和好玩的玩具等。体验类的包括参观博物馆、听音乐会和旅行等。

这两种物质奖励的效果有较大差异。

有形的物质给我们带来的快乐很容易消退。吃一顿大餐的快乐可能在发过朋友圈之后很快就消失了。一件新衣服带来的满足持续时间也不长久，所以我们会觉得明明有很多衣服了，还是忍不住要买新衣服。物质方面的欲望非常难以满足。所以孩子总是要买玩具，同一类的玩具也要买很多个，要集齐全套。而且要想达到原来的快乐程度，需要更加频繁地买玩具，因此，买玩具和吸烟类似，都容易成瘾。

相对于有形的东西，体验带来的满足感更加持久，也让人更快乐。美国心理学家瑞安·霍伟尔（Ryan Howell）等人研究发现，花钱买体验的人（如去听音乐会等）与花钱买东西的人（如购买电子产品）相比，有更多的积极情绪，而且拥有更多的幸福感。一方面是因为体验可以和更多人分享，通过分享促进了交流和互动；另一方面是体验可以获得更多成就感。同时体验的感觉会储存在记忆中，回忆的时候就可以再次体验积极的情绪。

我们成年人工作的奖励是每个月的工资和奖金等收入，因此给孩子的物质奖励也不建议太多，每个月一次的频率是合适的。我也建议给孩子更多的体验类奖励。根据孩子的兴趣爱好，可以奖励他们音乐会、电影、话剧、参观博物馆、旅行等。比如，孩子坚持了一个月的家庭规则，就可以带他去听一次他喜欢的音乐会。有形的物质奖励也是可以的，但是也要精简而有价值。比如乐高积木这类动手的开放式玩具就是很好的选择，因为可以培养孩子的动手能力，可以促进思维和想象，又可以反复拆装。

其次，精神鼓励要持续而具体。物质奖励满足了孩子的快乐需求，根据马斯洛需要层次理论，快乐也是属于基本需求。但是每个孩子的需求是不同的。很多孩子并不太看重物质奖励，他们最需要的是更高级的需求，比如归属和爱以及尊重和自我实现的需求。

问题在于很多家长并不知道孩子真正需要什么。有的孩子最需要被认可，可是父母偏偏不给孩子认可，即使孩子表现很好，进步很大，父母也非常吝啬，不去赞美孩子。即使偶尔赞美一下，还要压抑自己，惜字如金地说一句："表现还行，继续努力。"有的父母可能是真的不知道孩子需要认可和赞美，也有的父母知道孩子需要赞美，但是他们担心赞美孩子以后会让孩子变得骄傲，因此拒绝赞美。掌握赞美的技巧，绝对不会把孩子夸坏的。如果孩子一直得到父母的否定或差评，得不到认可，反而会有坏影响。心理学家苏珊·福沃德（Susan Fward）博士曾说："没有一个孩子愿意承认自己比别人差，他们希望得到成人的肯定，他们对自己的认识也往往来源于成人的评价。"孩子会觉得自己不好，无论怎么努力也得不到父母的承认。他们会失去自信，害怕挑战，成年之后在职场也难以发挥自己的能力。即使有人给了他们认可，他们也拒绝相信，因为他们最爱的人在他们小的时候没有给他们爱和承认。

　　赞美的原则是真诚、具体和在当下。父母需要用欣赏美的眼睛看到孩子的优点和进步。赞美首先要发自内心，从情绪、语气到语言都要真诚，不真诚的赞美就如同假笑，孩子很容易就能看出来。虚情假意的赞美让人觉得尴尬、耻辱和讽刺。赞美还要具体，孩子做了一件好事，就针对这件事来赞美，让孩子知道他的哪些行为是值得赞美的，而不是简单的"你好棒，你好厉害，你好聪明"。最后是要赞美当下，不要带着期待。赞美可以说："你今天写作业很专心，还没到规定的时间就提前完成了，特别好。我也很开心，我们可以一起玩游戏啦。"这就是一个完整的赞美了。不要说"你明天还要像今天一样快哦。"避免给孩子压力。

　　只要掌握技巧，用爱孩子的心，去发现孩子的优势，发挥语言的力量，你的赞美就会成为孩子的动力。

　　赞美不嫌多，只要有值得赞美的地方，每时每刻都可以给孩子点赞。

执行规则的特别注意事项

有了家庭规则，就要按照规则办事。"有法可依，有法必依，执法必严，违法必究"这16个字完全可以拿来用在家庭规则的执行过程中。有了规则却不执行或者不能严格执行，那么规则也就成了一纸空文，大家在家庭会议上的努力也付诸流水了。

通过家庭会议制定了家庭规则，第一步"有法可依"就做到了。成文的规定可以时刻提醒大家遵守行为规范、完成任务和目标。第二步"有法必依"有以下三个方面要注意。

第一，家长要做到"依法"的态度温柔而坚定。

如果只讲温柔或者只讲坚定都比较简单，但是温柔和坚定放在一起做就有些难度了。有的家长能做到温柔，但是不够坚定，孩子只要一撒娇卖萌，眨着水灵灵的眼睛做出楚楚可怜状，家长就缴械投降，什么都答应了。不够坚定的妈妈比较多，毕竟她们可能更心软、更心疼孩子。有的家长够坚定，却不会温柔，总是用严厉的语气和态度与孩子讲话，就是不会好好说话。所以孩子会害怕，做起事来也不是真心的。不会温柔的爸爸比较多，毕竟中国传统文化总是要求"严父慈母"。我有个学生的妈妈属于温柔的，爸爸属于坚定的，所以孩子在爸爸和妈妈面前的表现很不一样。他和爸爸妈妈的关系也不同，和妈妈比较亲近但是不太听从，听从爸爸但是觉得爸爸太可怕，在爸爸身边就觉得自己要挨揍。这就是父母教养方式不一致产生的不良后果。妈妈表示自己觉得孩子不容易，确实会心疼孩子，特别容易心软，很多原则不能坚持。孩子爸爸说："你知道为什么他怕我吗？就是因为我能说到做到，该是怎么样就是怎么样的，不像你不能坚持。"孩子妈妈反驳："他怕你有什么好处呢？他都不愿意你在他旁边，怕挨揍。"我给他们的建议是爸爸妈妈两个人的优势结合在一起就完美了，就是妈妈的温柔加上爸爸的坚定。妈妈要向爸爸学习坚定原则，坚守底线。爸爸要学习妈妈的温柔，改善父子的亲密度，降低孩子的恐惧，减少和孩子的矛盾。

　　温柔体现了父母对孩子的爱意和控制情绪的能力。在孩子调皮、不断挑战底线的时候确实容易让辛苦工作、压力巨大的爸妈们抓狂。很多父母开玩笑说："抓狂的时候就提醒自己说孩子是亲生的，孩子是亲生的。"所以，爱就是无条件的、不会给被爱的一方带来伤害的。口里说着爱孩子，行为上却给孩子带来伤害的，这不是爱。

　　大多数父母是可以控制住自己情绪的。不过也有家长说："我知道打孩子不对，但是我就是控制不住自己，打完孩子我就后悔。"我也不能说这位家长不爱孩子，她其实也不爱她自己，一个爱自己的人是不会任由自己被强烈的情绪吞噬并做出一些傻事的。她把自己的情绪发泄出来，却给孩子造成严重的伤害，之后又后悔不已。可以想象孩子在妈妈如此反复无常的情绪之下，会有多害怕、伤心和困惑。孩子的情绪处理能力也会受到影响。这位家长也不知道如何控制自己的情绪，或者说她没有想过要控制。再严重一些的病态例子像《不要和陌生人说话》里的安嘉和，无法控制爆发的情绪殴打妻子，之后又后悔道歉。这样的状态是非常恐怖的。要做一件事情，首先我们要有意愿，想去做才能做。如果不想做，如何开始做呢？所以控制情绪首先要有意愿。就是在情绪激动要失控的时候，有意识地提醒自己"我想要控制我的情绪"。可以拍拍额头——即我们的前额叶，参与控制情绪的部分，让自己暂停一下。暂停之后，告诉自己"我可以控制我的情绪"，让自己相信是有办法控制住的。比如：（1）深呼吸几次；（2）心里数数，从1数到30；（3）立刻离开让自己失控的源头，和孩子隔离，告诉孩子自己需要平静一下，然后找到一个能让自己放松的空间。平静之后再跟孩子讨论问题，表达自己刚才的情绪，孩子也能够看到父母的努力，也会更加配合。

　　坚定也体现了父母对孩子的爱意和权威。权威型的教养方式是最有利于孩子成长的方式，其基本的内容是"双高"，即高关注和高要求（三种教养方式的表现和结果见表6-3）。高关注包括积极的关注、建设性的沟通和爱。高要求就是有原则、有底线，并可以坚持。坚定的原则在执行家庭规则方面体现在温柔和重复的提醒。提醒就是向孩子描述家庭规则中的内容。因为家庭规则是全家人讨论通过的，孩子对规则负有责任。有时候孩子们不做或不能坚持，一部分原因是因为他们忘记了，还有一部分原因是想看看不做会如何，就是挑战底线。所以父母需要做的就是重复提醒。经过多次提醒孩子还是拒绝做，就要进入"违法必究"的程序了。

表6-3　鲍姆林德教养方式

教养方式	含义概括	表现	结果
专制型	高要求、低关注	父母强调控制和绝对的服从，处罚严厉，冷漠、缺乏温暖，有原则和底线，过于严厉	孩子倾向于表达不满、孤僻和多疑
放任型	低要求、低关注	父母很少提出要求，温和、不专制，甚至放纵，无原则和底线	孩子不成熟、缺乏自我控制和探索能力
权威型	高要求、高关注	父母注重孩子的个性，同时给孩子一些社会性的限制，尊重、关爱孩子，交流积极、温暖，有原则和底线	孩子比较独立，自我掌控和自主；探索能力较强

　　我在德国读书的时候，有一段时间住在德国人家里。这家人有个1岁的小女儿，我正好见证了她分床睡觉的经历。这对德国夫妻完美展示了什么叫温柔和坚定。晚上7点钟，妈妈准时把女儿放进婴儿床，跟孩子说睡觉时间到了，然后关灯、关门，房门只留条小缝。刚开始还好，过一会儿，孩子就会哭。但是父母不会立刻进去哄孩子，过5分钟左右，妈妈或爸爸会进去。但是他们不会把孩子抱起来，只是会温柔地跟她说话："宝贝，现在该睡觉了，爸爸妈妈爱你，我们都在，你要自己睡觉啦。"然后出来。孩子又哭，过5分钟妈妈或爸爸再进去，重复一次刚才的话。就这样反复几次，孩子就一觉睡到天亮了。坚持了差不多一周，孩子就可以完全自己入睡，并睡觉到天亮。

温柔和坚定都是在给孩子做很好的示范。孩子从父母的温柔中体会爱意，学习管理情绪的能力。从父母的坚定中了解重视承诺、坚守底线和承担责任的意义。

第二，家庭规则是全家都要遵守的，不可随意改变。修改家庭规则需要在会议上进行，经过讨论并再次投票通过。所以，万一有规则实施起来发现有些问题，需要更改，就需要召开家庭会议。在任的家庭股东大会主席负责记录下来，在下次家庭会议时讨论解决。除非是特别紧急的事项需要立刻开会解决，其他事情都要等到家庭会议的固定时间再讨论。这样在开会之前会有一个等待阶段，这个时间也是大家充分思考和反思的机会。规则是否真的要改，如果要改，可以怎样改，这个思考过程对所有人都是有好处的。不可随意改变规则也体现了家庭会议的权威，体现大家的认真和重视。朝令夕改、朝三暮四的家庭规则是不会有权威、也不会有人遵守的。

第三，家庭规则的执行标准要一致。比如要求孩子刷牙刷满三分钟，爸爸严格遵守，妈妈就没那么严格。家庭规则规定零食时间才能吃零食，电视时间才能看电视，妈妈严格遵守，外婆外公就不严格了。这样就会造成孩子钻规则空子。所以全家人都要一致地按照规则标准来执行，避免孩子说"妈妈说可以的"或"爸爸说可以的"，要做到家庭规则就是唯一标准，家庭规则说可以才是可以。

第四，"执法必严"和"违法必究"除了要表现"坚定"，还要严格执行家庭规则的奖惩机制。规则规定一个月奖励一次听音乐会或参观博物馆，差一天没完成任务也不行，一定要顺延，直到完成任务才行。这样孩子才会学到什么是一诺千金，才会重视承诺和自己的责任。

正确地和孩子"讨价还价"

在家庭规则制定和执行的两个方面，都可能会出现一个普遍现象。说它普遍是因为该现象在日常生活中很多见，而且孩子们颇为擅长此道，就是"讨价还价"，同时可能伴有撒娇、发脾气、耍无赖等明显症状。家长们需要注意，否则容易不知不觉中掉入孩子的圈套。

其实"讨价还价"并不是坏事，反而是很厉害的能力，谈判专家的看家本领就是"讨价还价"。我就非常不擅长还价，所以出门买东西的时候特别希望妈妈能陪我一起，那样能省好多钱。

孩子能够与父母讨价还价是一种很高级的能力。同说谎的能力一样，需要认知发展到一定水平。讨价还价也就是谈判的同时需要"硬"和"软"两方面的能力。

"硬能力"也就是在硬件方面，孩子的认知能力要发展到一定水平。孩子对自己和父母要有足够的了解。一方面要知道自己需要什么，什么对自己有利。人类包括所有动物的天然设定就是"趋利避害"。在家长看来，很多孩子认为的对自己有利的事情并不正确。可是在孩子看来，自己喜欢的或者当下想做的事情就是他们认为的"利"，比如玩游戏，而写作业会被他们认为是"害"。在比较短期利益和长远利益方面，孩子需要水平更高的能力，包括自律、目标感及责任感等。成年人是拥有这些能力的，但是能坚持做到的并不多，也会为了口腹之欲，多吃一块蛋糕而把瘦身计划忘到九霄云外。所以家长们也不必太苛求孩子。

另一方面，孩子也要了解父母的性格和行为方式，知道自己提出什么样的条件才能被父母满足。这些硬件（认知）包括感知觉、思维、想象、记忆和语言能力等。孩子要记得之前跟父母提出过哪些条件，哪些被满足了，在什么情况下满足的；哪些没有被满足，为什么没有被满足。孩子还要知道父母喜欢听什么，那么他们就可以说什么话。如果这次提出A要求，父母没同意怎么办，有没有B计划呢？这些都是要学习的，知己知彼才能百战百胜。

"软能力"也就是软件方面，需要配合"硬能力"使用，效果加倍。这部分主要包括孩子的情绪能力，具体有情绪的感知和应用。最简单的例子就是，孩子能够察言观色，绝不会在父母心情不好的时候提出自己的要求。他们知道提了也没用，反而可能被责骂。在爸爸发奖金的时候要零花钱效果肯定非常好。但是如果考试没考好，也就别提买玩具的事了。情绪的应用也比较容易理解。孩子可以表达自己的情绪，比如通过示爱、示弱、装可怜、假装生气等"操控"父母。即使有时候父母知道孩子在耍手段，但是因为心疼孩子或者想避免麻烦，也不得不满足他们的要求。

开始的时候，孩子讨价还价的能力可能还比较稚嫩和生疏，但是在与父母的互动中，通过一次次地、不断地试探和练习会逐步提升自己的谈判水平。很多家长觉得，孩子有那么"精"吗？他们想得那么复杂吗？能策划得那么好骗过父母、达到自己的目的吗？在意识层面，孩子们可能并没有过于复杂的思维过程。不过在潜意识层面，为了达到目的，大脑在背后付出的努力让人难以置信。假设孩子的目的是得到一个比较贵重的礼物，但是要如何得到，要做什么，要说什么，孩子可能并没有有意识地去思考。感谢我们的大脑，它从不休息，总是不辞辛劳帮我们解决各种难题。所以，达到目的的路线及步骤就忽地一下冒出来了。记得我上小学的时候，因为不喜欢自己的书包，就千方百计地把书包弄坏。想法和方法都很直接，如果书包坏了就必须要买新的。当然最后我的目的达到了，买了我喜欢的新书包。但是妈妈说："我知道你想换书包了，书包也是你自己弄坏的，其实你不弄坏，想换个书包也不是不可以啊。你弄坏的痕迹太明显了。"有这样的妈妈，我还能说什么呢？

常用的"讨价还价"小伎俩

下面我来介绍两种在生活中常用的小伎俩，它们来自社会心理学，在人际关系中实现。它们都有自己特别的名字，一个是"登门槛效应"[①]（Foot In The Door Effect），另一个是"门面效应"（Door In The Face Effect）。

"登门槛效应"其实就是得寸进尺，是指一个人一旦接受了他人的一个微不足道的要求，为了避免认知上的不协调，或想给他人以前后一致的印象，就有可能接受更大的要求。孩子并不知道这个效应，但是他们却天生会利用家长的善良，步步紧逼。有句俗语"蹬鼻子上脸"把这个伎俩表达得非常形象。破解这个效应的方法就是一开始就不要答应孩子的要求；或者即使答应了第一个要求也可以拒绝后面的要求，没有必要为了维护自己的"面子"而去满足孩子的任何要求。

当然，家长也可以把这个方法用在孩子身上，对孩子先提出较小的要求，孩子做到之后，通过鼓励、赞美、加油等积极手段让孩子一鼓作气完成更多的任务。比如有一次学生要做计算题，他当然不想做，我说："那你就做好这一页好了，你看应该很快的，以你平时的速度，十分钟肯定能做完。"他闷闷不乐地开始做，不过速度倒是一如既往地快。等他做好之后，我检查之后对他说："你看看，全对了，还很快，十分钟都没到就做完了，剩下这一页你就一鼓作气做完吧，然后下午你就轻松啦！"他点点头，接着把第二页也做完了。

"门面效应"，也叫"留面子效应"，是指为了让对方接受一个不太容易接受的条件，先提出一个比目标条件更大的、更高的要求。孩子当然也不知道这个效应，但是天生会做。比如我读小学的时候，没有网络没有微信，老师基本不会和家长直接联络。学校让交什么费用的时候，我们可能都会找家长多要一些钱。比如，"妈妈，明天要交50元杂费。""50元那么多？上学期不是只有40元吗？""好吧，其实只有45元哈哈哈，这学期涨价了。"然后妈妈给了你45元钱。第二天你交给老师40元，于是你有了5元私房钱。如果妈妈很慷慨给了你50

[①] 出自美国社会心理学家弗里德曼与弗雷瑟于1966年做的"无压力的屈从——登门坎技术"的现场实验

元，那么你就有了10元私房钱。破解门面效应也容易，多问几次问题就好了，还要问得详细一些。问题越多、越详细，孩子编理由就越容易有破绽。当然了，如果家长已经识破了孩子的伎俩，也因为无伤大雅没有必要揭穿的话，做个顺水人情也无可厚非。家长需要区分孩子是有自己的小心思还是在说谎。分清事情的严重性，如果是经常说谎就需要管教了。

　　同理，这个方法一样可以用在孩子身上。在孩子不想做什么事情的时候，可以适当降低要求，有时候任务减少一些总比什么也不做要好得多。有一次我上课，学生的任务是听三小段音乐并根据音乐画三幅画。他说我不想画。我说："那好吧，你可能觉得三段太多了，那么我们就听一段好了。"他同意了。然后我让他选择播放第几段音乐。他选好之后，我就开始放音乐。其实一段音乐只有几十秒，而且一段播完自动播放下一段，学生一边听一边画，不知不觉就听到下一段了。最后学生还是把三段音乐都听完了。

表6-4　登门槛效应和门面效应

效应	登门槛效应	门面效应
含义概括	得寸进尺	退而求其次
举例	"妈妈我想吃一小块巧克力。" "好的。" 几分钟后，"妈妈，我想吃冰激凌。"	"妈妈，我想要十块钱。" "要十块钱干什么？没有。" "妈妈，那我要五块钱行吗？"

　　表6-4中列出了这两种效应的含义和举例，方便记忆和对照。其实家长们只要在类似的情况下，能够意识到孩子是在用一些手段和你讨价还价就可以了。孩子挖的坑你要不要跳，看你自己的意愿。更重要的是，看结果对孩子、对家庭及家庭规则有没有伤害。如果有伤害，就不能同意孩子的要求。

用建设性的话语"春风化雨"

　　家庭规则中的语言是非常重要的一个因素。俗语说："工欲善其事，必先利其器"，就是说我们要做好一件事，准备工作非常重要。语言是我们交流的工具，要想交流顺畅，达到我们理想的、期待的状态，就要做好准备工作，掌握好语言这个"器"。我们从出生开始花几年的时间学会说话，可是要花一生的时间学习好好说话，说恰当的话。

　　我们每天都要说很多话，和家人说、和朋友说、和同事说，还要和各种陌生人说。所有人都知道会说话的好处，语言的力量非常大，所以有很多人为了学会好好说话买各种网络平台的说话课程。市场上也有很多教人说话的书，甚至把会说话等同于情商高，其实并非如此。

　　会说话、说恰当的话本质上就是在对话中使用建设性的话语。

　　什么样的话语是建设性的呢？建设，顾名思义，有建立、增加、充实之意。语言作为工具，在关系之中使用，并对关系产生影响。因此，在关系中的建设性语言就是对关系有益的语言，即积极的、正向的、鼓励的、引导的语言。

　　在现实生活中，人际关系不融洽的一个主要原因就是话没说对。要保持良好的亲子关系，父母知道如何与孩子沟通是一个非常重要的课题。事实上，很多家长和孩子的对话中，大部分都不是建设性的，更不要说建设性地制定家庭规则了。与建设性语言相反的是破坏性的语言，就是会破坏关系、伤害对方的语言。破坏性语言包括攻击性语言和否定性语言。

心理攻击（psychological attack）就属于攻击性语言，是指父母通过言语的（咒骂）或象征性的（威胁说不爱孩子、不要孩子了）攻击行为对儿童实施心理或情感上的拒绝，是一种非常糟糕的、可能导致心理伤害的言语攻击，如同精神虐待，其消极影响甚至超过身体的伤害。很多研究都发现，儿童时期受到心理攻击很可能引起成年后的抑郁、低自尊、焦虑及人际关系敏感等问题。心理攻击如此可怕，很多家长却经常很轻易地说出类似的语言。比如，地铁上尴尬的爸爸对哭闹的孩子说："你再闹，我不管你了，我自己下车，你自己在这儿哭吧。"生气的妈妈对调皮的孩子说："你怎么就是不听话，怎么说都不听，我做这么多都是为了你，我容易吗？你这样对得起我吗？我真是白疼你了。"

孩子听了这些话会有什么感受呢？他们会害怕。孩子本来就非常敏感，总会不停地确认父母爱不爱自己。孩子又非常天真，大人说什么，他们就信什么。所以有些玩笑是开不得的。有些大人就很喜欢逗孩子，却不是逗孩子笑，而是以把孩子逗哭为乐。最经典的就是"你妈妈不爱你了，只爱你弟弟。"大人说句话很轻松，可是没有安全感的孩子听了这话就可能会做出极端的事情。还有的家长会说："你不是我们亲生的孩子，是我们捡来的，等你长大了就去找你亲生父母吧。"这种话也不要说，即使告诉孩子这是开玩笑的，在孩子看来，也是拒绝和伤害。

孩子还会觉得内疚，觉得父母说这些话，有这样的感受都是自己的错。可是，孩子真的错了吗？孩子的某些不良行为并不是无缘无故产生的，没有一个孩子天生就想做个坏孩子。家长不分青红皂白就认为是孩子错了，让孩子改正。但是，孩子并不知道自己到底哪里错了，应该怎样改。

否定的破坏性语言很好理解，就是否定孩子的想法、行为甚至人格。同样会对亲子关系造成伤害。无论孩子做得多好、多努力，家长都觉得不够好，觉得孩子不行。

　　　　"你怎么这么笨，讲了多少次了，这都不会！"
　　　　"你这样想是不对的，不听我的，你会吃亏的。"
　　　　"这样下去你还有什么希望，干脆去讨饭吧！"

　　"有什么好骄傲的，比你强的人多了。"

　　这些话听起来是不是很熟悉？很多人是听着这些话长大的，又有很多人把这些话说给他们的孩子听。这些负面的标签贴在孩子身上很难撕下，慢慢产生"习得性无助"，就像在实验中被电击却无法逃脱的狗，即使笼门开着，他们也不能逃走了，只是无助地等待电击的到来。我有一个朋友，他告诉我他的父母就是否定型的父母，不管他有多努力，父母都不会说他好，只是一味地否定他。以至于到现在他都觉得自己的人生是失败的，婚姻是失败的，事业是失败的，心态和行为都很消极，健康状况也不好，和父母的关系也很差，人际关系困难重重。

　　因此，破坏性的语言不仅会破坏亲子关系，严重的还会破坏孩子的未来。所以，爱家庭、爱孩子的父母们都要学习建设性地讲话，为了达成家庭成员身心健康的目标而努力。父母不仅要把积极的、正向的、鼓励的、引导的话语写在家庭规则中，也要在交流互动中使用这些建设性语言。

　　语言的使用包括两个方面，一方面是语言的形式，另一方面是语言的内容。虽然语言的内容很重要，但是在和孩子讲话的时候，形式一定要大于内容。语言的形式，也就是语言的内容表达出来的方式。我们讲话的时候，有语音、语调、语气等声音的信息，也有表情、动作等外在的身体表现。这些表现就体现了我们讲话时的情绪和态度。情绪的传达快而直接，不需要通过语言就能够让对方体会。大脑中的杏仁核负责情绪的接收和理解，它的反应非常迅速。因此，我们对情绪的感受和反应比听到语言的内容要快得多，等到大脑皮层要处理语言内容的时候，我们早已经有情绪反应了。而且孩子的大脑皮层发育还不够完善，对语言的理解能力也有所欠缺，他们最直接的感受就是父母和他说话时的态度。

　　语言的形式就像产品的包装和营销策略，或者是一道菜的色和香。如果说话的态度很差，甚至辱骂、喊叫、语无伦次，就像很难看的产品包装，没有人有兴趣去看这个产品好不好。一道菜既无色也无香，没有人会想去尝一尝它的味道。所以，语言的内容再好，再有道理，语言的形式不好也会让人反感，甚至会想要反抗。因为话语的接收方——孩子，会感觉被攻击、不被尊重、不被爱。孩子有了这种感受，就会开始防御或反抗。孩子的这种反抗并不是为了对抗父母，而是为了保护自己。同时，他们会自动屏蔽语言的内容，所以无论父母说什么，他们都听不进去。这种形式的话语当然不会产生任何积极作用。

歌手鲁思·贝本梅尔在歌曲《语言是窗户，否则，它们是墙》中描述了语言的意象和相关的情绪：

> 听了你的话，我仿佛受了审判，
> 无比委屈，又无从分辨。
> 在离开前，我想问，
> 那真是的你的意思吗？
> 语言是窗户，或者是墙，
> 它们审判我们，或者让我们自由。
> 在我说与听的时候，
> 请让爱的光芒照耀我。

请父母们注意语言的形式，控制自己的情绪，在平静的状态下，平等地、尊重地、积极地和孩子对话，就是歌词中所说的"用爱的光芒"照耀孩子。孩子的内心是敞开的，才能够接收到信息。我们想要让孩子接收到的信息需要是积极的、正向的、鼓励的和指向目标的。语言的内容需要正向而具体，要用肯定的句式，避免否定的句式。我们都有过类似的经验，考试的时候，如果题目中有否定词的问题就很容易答错，因为否定词很容易被我们忽视。因此，家庭规则或交流中都要说肯定的语言，表达你希望看到什么样的结果，而不是表达想要禁止的内容。表达期望的结果要具体、肯定、避免抽象和模糊不清。请跟孩子说"要做什么"，避免说"不要做什么"。比如，规则中写"按时完成作业"，说"请慢一点走"，不要说"别走那么快"。说"请保持安静"，不要说"别吵了"。你希望孩子的书桌可以保持整洁，那么可以说："请把和学习有关的书本文具等放在书桌上，其他东西应该在它们自己的空间里，比如玩具请放在玩具箱子里。"我们经常会忽略否定词，只记得否定词后面的形容词，于是，行为就相反了。而且肯定的语言强调和强化的都是我们要达到的目标，比如"按时""慢走"和"保持安静"，我们的大脑对这些目标信息也更容易处理。而且，把目标讲清楚、具体，甚至明确步骤，便于对方理解，知道应该做什么，就是建设性的内涵。所以我们不要说"我要减肥"，而要说"我要变瘦"，说那个想要达到的目标词，大脑记住的是"瘦"这个目标，并以瘦的目标指导身体。现在开始，请把规则和日常讲话全部换成积极的指令。这样做还有一个更大的好处，这些积极的语言经过反复强调，会进入潜意识继续工作，发挥更大的作用，反过来影响我们的意识，积极的、正向的循环就产生了。

　　这就是建设性话语的强大力量。肯定和认可孩子，从和孩子说肯定的语言开始。

让孩子明白，他必须学会承担责任

家庭股东大会讨论并通过了家庭规则，全家人就要认真执行。如果有家庭成员没有按照规则行事，就要承担相应的责任。因为在制定规则时，就已经按照每个人的责任能力规定了相应的结果。

责任一方面是自觉地、主动地做事情。另一方面是做错事以后承担相应的结果。这个结果也是责任人要自觉地、主动地去承担，不用别人强迫和提醒。这其实也体现了意志自由，是主动的选择。责任感也和自我管理能力相关。自我管理与责任在一些方面有交叉。第一是在价值观层面，我们知道自己应该做什么，要遵守社会的规则，有社会责任感；第二是知道自己在特定的场合中，在当下应该做什么和不应该做什么，要有适当的行为。例如，在作业时间内，孩子写作业就是应该做的，看电视是不应该做的。自我管理能力就是可以主动管理自己在作业时间写作业，也可以说是对作业有责任感。

著名作家阿来说："自由的第一个意义就是担负自己的责任。"能够管理自己的人可以掌控自己对时间的安排，也能够适当地调节情绪，就不会被他人控制，不会被情绪控制，因此也就是自由的人。如果孩子能够对自己负责任，可以自己管理自己，那么孩子就能够获得自由，父母就不必多加催促和约束。以下几个题目来自某个行为问卷，都是与自我管理能力有关的。可以帮助大家理解自我管理的内涵，也更能体会责任与自我管理能力的联系。

（1）不需要提醒就能够完成家务；

（2）遵守家庭和学校、社区等规则；

（3）愤怒时能够控制自己；

（4）遇到问题时能够保持平静。

责任也代表着唯一的、特别的权利。我很喜欢一位学生的父亲对责任的认识。他说："每天接孩子放学是我的责任，也是我的特权，我是他爸爸，除了我别人都没有资格去接他放学。"

我有个朋友跟我分享过她4岁儿子的事情。有一天，朋友送孩子去学跆拳道。那天孩子说觉得很累，朋友说要么别去了，请一次假吧。孩子坚持要去。到了学校后，孩子真的觉得很累，刚开始上课时就哭了，想要回家。朋友就帮孩子换衣服，过了一会儿，孩子自己想了想，不哭了，跟妈妈说："妈妈，我还是不回家了，我得坚持，不然的话，我就得不到纪念的奖牌了。"然后孩子果断地回去坚持上完了课。这个4岁孩子的责任感和自我管理能力让很多大人都自叹不如。因此，责任不仅是自己拥有的权利，还一定能收获甜蜜的成果。有些成果在承担责任的当下就可以得到，而有些成果需要经过自己的努力和坚持，在未来得到。承担责任总不会让人后悔的。

违反家庭规则的直接结果就是要承担责任。如果孩子连自己认可的规则都不去完成，相应的责任也不去承担的话，那么当孩子走出家庭、走上社会之后也会步履维艰。孩子在家里不能承担责任，不能与家人合作，那他在学校、在未来一样不会承担责任。不能承担责任的人无论在什么场合、什么时间都不会被人喜欢。在家庭不会被伴侣和孩子信任，在公司也不会被委以重任。

责任感是非常重要的一种品质。一般来说，缺乏责任感的孩子会比较自我中心，总觉得自己是对的，别人都是错的，即使是自己的问题也要怪别人。他们可能会抢别人的东西，无视别人的感受。很多"熊孩子"就属于这一类。

缺乏责任感的孩子自我管理能力比较差，他们觉得自己不需要承担责任，也不知道主动去做自己应该做的事情，即使有人提醒，也难以进入学习或工作状态。这种情况下，家长可能就会觉得孩子不爱学习，真实原因可能是缺乏责任感。

缺乏责任感的孩子还容易出尔反尔。他们轻易做出承诺，之后却因为没有责任感而又反悔。类似的行为多了，别人就不会再信任他，会对人际关系造成不良影响。因为没有人会想要和不守信用的人做朋友。

责任感还会影响孩子在学校的表现。2014年，耶鲁大学心理学者伊夫塞维奇（Zorana Ivcevic）、布拉克特（Marc Brackett）经过调查发现，那些责任心强（例如，有条理、有计划、勤奋、有责任感等）和情绪调节能力较好的学生，在学校的表现（例如，在遵守校规、获得荣誉、学业成绩等方面）更优秀，发展更加全面。尽责是"大五人格"[①]中稳定性最高的特质，而且与好的工作表现又较大的相关。有责任感的人看起来总是井井有条、细心、周全、目标明确且十分努力。他们成年后的尽责性能够较好地预测客观成功（如收入和财富）和主观成功（例如，生活满意度、积极情感和较少的消极情感）。很多心理学研究都认同，尽责性是"大五人格"中预测事业成功的最佳品质。

责任感的培养越早越好，家长首先需要给孩子做出良好的示范。父母要主动承担自己的责任。我国学者张升峰发现，父母的责任心水平和责任行为对孩子责任心有比较显著的影响。还有一些学者研究发现，父母对于儿童责任行为的期望和明确要求能够提高儿童的行为表现水平。因此，父母应该鼓励儿童承担责任，并以身作则，通过自己在日常生活中负责任的行为方式为儿童树立学习的榜样。

父母的责任是什么？韩愈在《师说》一文中写道："师者，所以传道受业解惑也。"在育儿方面，父母的责任和教师类似，也需要用自己的经验向孩子传道授业，并解答孩子的困惑。父母首先要认同责任感的"道"，才能传给孩子，但同时父母应该比教师多一项责任，就是示范，因为身教重于言传。

如何示范呢？我来举个例子。某个周六上午，我在教室等学生上课。学生的妈妈打电话给我，说孩子早上闹情绪，因为奶奶不小心弄散了他拼好的乐高玩具，不想来上课。我和孩子通话的过程中，孩子说了句"我在拼玩具，别打扰我。"就挂掉了我的电话。然后我和妈妈再次通话，用非暴力沟通的技巧与孩子进行了一轮对话。我说："我知道你现在心情不太好，拼好的玩具散了，我也会不开心的。今天早上本来我家里有一些事情，还打算跟你妈妈说是否能调整一下

---

① 大五人格理论，也叫人格五因素理论，五个因素包括开放性、尽责性、外倾性、宜人性、神经质性。

上课时间，不过我想，给你上课是我的责任，那么你来上课是你的责任，我们都需要为自己负责，也为对方负责。请你来上课，我等你来。还有，我在和你通话的时候，突然电话挂了，我觉得很难过。"说完之后，过了十几分钟，妈妈就把孩子送来上课了，上课的过程中孩子情绪也比较平稳。

还是这个学生，他妈妈跟我分享的一件事，证明他了解了责任感的真谛。有一天妈妈问他："我今天要不要去参加读书会呢？"孩子说："你去，你不去，这是你自己的事情，我不能帮你决定。"谁做的选择，谁就要负责任；主动去做，要是做不到，还要主动承担责任。因此，孩子了解到承担责任之后获得的成果和不承担责任的后果，内心就会慢慢认同自己需要承担责任。父母要和孩子保持亲密、安全的亲子关系，信任孩子的能力，增加孩子的家庭归属感，孩子就会愿意为家庭付出，为家庭和自己承担责任。他们在学校及其他的集体中，也能拥有良好的归属感，也能够为集体负责和承担责任。

第3节问题答案：

（1）孩子不听话，天冷了，你不让孩子穿秋裤。如果你认为这个是惩罚，我们意见一致。不听话和秋裤之间没有关系，不让穿秋裤是外加的让孩子痛苦的惩罚手段。属于施加痛苦的类型。

（2）孩子不吃晚饭，之后却要吃零食，按照约定你不让他吃零食。如果你认为这个是惩罚，我们意见不一致。约定是好好吃饭才可以吃零食，零食是一种奖励，如果孩子没有好好吃饭却要吃零食，那么按照约定不让吃零食是结果，并不是惩罚。

（3）孩子没考到A，打一顿。如果你认为这个是惩罚，我们意见一致。体罚孩子和孩子的考试成绩没有关系，而且造成伤害。属于施加痛苦的类型。

（4）你和爱人吵架，不给对方做饭吃。如果你认为这个是惩罚，我们意见一致。属于剥夺利益的类型。

（5）你不给爱人做饭，所以对方没给你买生日礼物。如果你认为这个是惩罚，我们意见一致。属于剥夺利益的类型。

Part 7

从有爱客观的
观察开始

　　想要了解一个人，首先要做的就是仔细观察。观察是一个很科学的词语，如同做研究、做实验，需要客观、用心而且坚持。观察还是一个很有技巧的词语，需要有专业的方法。当我们观察孩子的时候，不仅要科学、专业还需要有爱，还要再加一层欣赏美的"滤镜"，多用积极的、建设性的思考。虽然家长需要从整体与细节上"观其形态，察其情状"，也不要把眼睛时时刻刻盯在孩子身上，让孩子陷入被监视的恐惧之中。

要充分了解孩子，就要有意识地主动观察

　　我的一个学生有些失落地找我谈心。这个小学三年级的男生说："老师我觉得没有人能理解我，我觉得我很孤独。"因为这个孩子平时乐观开朗又幽默，我从没见过他这个样子。听他这样讲，我有些心疼又有些好奇。现在的小学生都已经这么哲学了？感到孤独，确实是很高级的人类情感。

　　"怎么有孤独的感觉呢？我知道你家人都很爱你。"

　　"他们是很爱我，但是不理解我。"他说："他们就和我谈学习，让我做这做那，根本不问我想要做什么。"

　　"嗯，理解确实不是容易的事情，不被理解确实会很难过，如果别人不能理解我，我也会和你有一样的感受。你跟他们说过你想要做什么吗？"

　　"没有，他们一说我，我就会想发脾气，跟他们吵，可是我知道吵也没用，算了。"他觉得没有必要去努力。

　　"不被理解你还很生气对吧？不过有时候也不一定是他们不理解你，你看爸爸妈妈工作压力也很大，他们很可能忽略了一些问题。你不讲出来，他们可能真的不知道呢。我每天都能见到你，一直觉得你很快乐的。要是你今天不告诉我你觉得孤独，我也不知道你很孤独，是不是？并不是你觉得他们应该知道，他们就一定会知道。你要不要试试跟他们说说呢？"经过解释和鼓励，他同意向爸爸妈妈表达自己的想法。

　　我相信，除了他，一定还有很多像他一样觉得孤独的孩子。

很多家长都觉得很了解自己的孩子，但当我问到他们的孩子需要什么的时候，却很少有人能说得出来。家长们把孩子的性格特点和优缺点说得头头是道，实则对孩子缺乏真正的了解。家长们很少能走进孩子的内心世界，自然不知道孩子灵魂深处的斑斓色彩和星辰大海。瑞士心理学家卡尔·荣格说道："孤独并不是来自身边无人，感到孤独的真正原因是因为，无法与他人交流最要紧的感受。"所以才有很多父母双全的孩子，内心依然感到深深的孤独，如同流浪在荒野之中。

> 我爱你，
> 不光因为你的样子，
> 还因为，
> 和你在一起时，
> 我的样子。

这著名的诗句是爱尔兰诗人克里夫特的著名诗歌《爱》的开头一句。不管这首诗是描写爱情还是友情，我认为，用来描写父母子女的爱再恰当不过了。因为有了孩子，父母才成为父母。"我爱你，不光因为你的样子"，父母对孩子的爱是无条件的，无论孩子是否完美、是否符合自己的期待、是来"报恩"还是"讨债"，都爱。"还因为，和你在一起时，我的样子"，孩子是一面剔透而又真实的镜子，父母的一切都会映照在这面镜子中，父母可以通过这面镜子看到真实的自己。我可以推测，如果父母没有从孩子身上看到自己，那么他们一定没有用心去观察孩子。如果父母不爱自己孩子的样子，那他们也一定不爱自己的样子。

诗中下面这一段，则充分表达了一个孩子对父母的期望：

> 而我心里最美丽的地方，
> 却被你的光芒照得通亮。
> 别人都不曾费心走那么远，
> 别人都觉得寻找太麻烦，

所以没人发现过我的美丽，
所以没人到过这里。

父母是孩子最亲近的人，孩子当然希望父母能够理解自己。陌生人对我们的评价无关紧要，因为他们对我们来说不重要，他们的看法当然就不重要。但是亲近的人对我们的评价，尤其是否定等负面评价却有巨大的杀伤力，因为他们对我们很重要，他们的评价就更加让人在意。所以当亲近的人不理解自己时，我们就会陷入深深的悲伤、失望甚至孤独绝望。

我们会有一种认知偏差，认为亲近的人、经常和我们在一起的人，应该甚至必须了解我们、知道我们的需要，然而事实并非如此。就像那个感觉孤独的男孩子，他没有办法理解的是，为什么爸爸妈妈每天和他在一起，却不知道他想做什么呢？既然他们爱他，就应该理解他不是吗？理解并没有那么简单，所以才非常难得。有多少夫妻因为互相理解而白头偕老，就有多少夫妻因为无法理解而分道扬镳。事实上，即使是形影不离的两个人也可能"视而不见，听而不闻"，就是没有想要去理解对方的意识、没有理解的主动性。理解孩子并不比理解伴侣容易。要做到理解，首先要认识，其次要分析。而且要理解的对象内容还有很多，包括想法、情绪还有行为等。这些都需要花费大量的时间和精力。《小王子》中有句话非常经典："正是你花费在玫瑰上的时间才使得你的玫瑰花珍贵无比。"如果父母没有主动地花时间去观察孩子，如何才能了解孩子所思所想，如何体现自己对孩子的重视，如何证明自己家那朵玫瑰花的独一无二呢？时间是金钱，也许你的时薪成百上千，但是这些花在孩子身上的"金钱"难道不是最值得的吗？时间还是小偷，它偷走的东西不会还给你。你没有在孩子身上花费时间，或者花费的时间不够，你自然也不会得到你想要的东西。

之前有位母亲来找我咨询孩子的问题。她看到孩子手腕上有割伤，询问之后，孩子说是自己割的，但是没有说原因，她就担心孩子是不是有什么问题，会不会有轻生的念头。经过询问，孩子并没有抑郁倾向，那么这样的行为背后会有什么原因呢？我给这位母亲做了一个联想，之后就找到了答案。

我请她把孩子想象成一种植物，并具体描述这种植物的生长环境和状态。

"我的孩子就是很普通的一朵花，生长在高架桥下的花圃里面。"

"这朵花是什么样的状态呢？"我接着问。

她说："我不知道，因为我在看花圃里面的玫瑰和百合。"说完之后她似乎就明白了。我说："你看，你都没有看到自己的孩子，那么她要如何让你看到呢？是不是要做一些让你印象深刻的事情才行呢？"

然后她恍然大悟："真是这样啊，我平时总会关心她班里那些表现特别好的孩子，并没觉得我孩子好，我还总和孩子说你们班里谁谁多好啊什么的。天哪，原来是我错了。"我后来又帮她做了些亲子关系的分析，给了她一些建议。在之后的回访中这位妈妈表示和孩子的关系改善多了，也有意识地提醒自己要多看到孩子的好处，多给孩子陪伴。她告诉孩子，如果自己哪里做得不好或忘记了，就请孩子来提醒自己。

还有一位妈妈联想自己的孩子是一棵坚强的仙人掌，养在家中窗台上的花盆里。我问她拿着什么东西，在对仙人掌做什么呢？她说："我在给仙人掌浇水，会经常浇水。"

"嗯，经常给仙人掌浇水，你觉得仙人掌需要很多水吗？"我提出我的疑惑。

"嗯，不需要。"然后她沉默了很久，眼泪就流下来了。

是的，很多家长不知道孩子究竟要什么，因为他们没有观察过孩子，没有思考过孩子真正需要什么。就像不知道要"看见"孩子的妈妈和经常给仙人掌浇水的妈妈。也许，很多家长连自己想要什么也不知道呢。

由于孩子的自我中心意识，他们会认为自己知道的，别人一定也知道，因此他们会觉得父母知道他们的需要，只是不愿意满足而已。因此，父母一定要主动去观察孩子，尽量减少和孩子的信息差距。不确定的一定要找孩子确认，得到孩子的反馈。因为你不问，孩子以为你知道。但事实上你却不了解，那岂不是白白浪费了很多时间，又产生很多本可以避免的误会？

好奇心是孩子与大人的重要区别之一。孩子对外界充满了好奇心，总是要问很多为什么。家长需要学习和保持好奇心这个能力，保持对孩子的好奇。大人应该对孩子的一切事情好奇：好奇孩子在想什么；好奇孩子喜欢什么，为什么喜欢；好奇孩子讨厌什么，为什么讨厌；好奇孩子每天在幼儿园、在学校有什么收获、有什么事情发生……有想要了解更多的愿望，家长才能有欲望探索孩子的世界，才能有意识地、主动地观察孩子，才能拥有了解孩子的基本素材。马上开启您的观察之旅吧！

观察要善用感知觉的力量，包括第六感

观察不仅需要我们付出时间和主动的意识，观察还是个技术活。所谓观察，是有目的、有计划过程，"观"过之后还需要"察"，也就是思考和分析。比如画家要画一幅风景写生，那么要对风景进行观察，要看得仔细，也要思考得全面。取哪部分的景色，从哪个视角画，用什么颜色等，都是观察的内容。画家和作家都少不了对生活和世界的观察。通过观察，画家才能抓住事物的特点，寥寥几笔就勾勒出栩栩如生的轮廓（图7-1是2019年元旦笔者画的自家养的巴哥犬James）；作家才能精准地用词，把情节描写得丝丝入扣、跌宕起伏。所以好的作品才能抓住人心，并拥有震撼灵魂的力量。

图7-1　巴哥犬James

技术活就需要一套技术来支持。观察需要哪些技术？传承数千年的中国传统医学给我们提供了非常合适又有效的方法——望闻问切。望，指观气色；闻，指听声息；问，指询问症状；切，指摸脉象。换成心理学的术语，就是要发挥利用我们的感知觉，即视觉、听觉、嗅觉、味觉、触觉及第六感。

"望"表而知里

首先来说说视觉。传统医学中的"望"都要望什么？简单来说就是各种看，全面地看。中医们会看病人的脸色、舌苔、眼睛、指甲等。看到那些标志性的特点，就可以对应相应的症状和脏器。比如看到病人脸色、眼睛发黄、指甲无光，就可能怀疑肝脏出现问题等。我们看孩子也是一样的道理。首先看整体，包括整个人的状态和肢体动作、手势等。通常情况下，如果我们情绪积极，整个身体是向上的、动态的、活跃的、放松的、肢体是向外伸展的。比如开心的孩子跳着走路，考了满分的孩子走出"六亲不认"的步伐，都是积极情绪的外在流露。而消极的情绪让人不舒服、想逃避、想躲起来。那么我们整个身体是向下的、向后的、僵硬的，会让自己在视觉上或感觉上变小。比如我们害怕的时候，会本能地缩起来，双臂环抱来保护自己、寻找安全感，就像刺猬或穿山甲遇到危险时把自己缩成一团，避免暴露更多。

其次看脸色和表情。我们身体健康时，自然是面色红润，精神饱满。情绪积极时也是同样的道理，我们脸上容光焕发，无论如何掩饰，"就算捂住嘴巴不说，也会从眼睛里流出来"，所谓"人逢喜事精神爽"。当我们身体不好或连续熬夜的时候，看起来就会灰头土脸、鬓发散乱、印堂发青。我们情绪低落时，也与身体出现问题类似，会双目无神、面色无光，好像脸上就写着"难""愁""困"几个字一样。而且长期的情绪问题还会反映到身体上来，所以很多病并不是机体出毛病，而是"心病"。[①] 这些知识我们平时可能有所了解，但是可能并没有意识到，也没有经常主动地去使用。所以我们要观察，首先就要"看"孩子的状态是什么样子的。毕竟我们人类获取信息的80%都是来自视

---

① 关于情绪问题反映到身体上的一些案例，有兴趣的读者可以参考武志红老师的著作《身体知道答案》。

觉的。

"闻" 一而知二

接着我们要动用鼻子和耳朵, "闻"所"未闻"。闻, 指听声息, 辨气味。医生需要听病人说话的声音、喘息、咳嗽的轻重强弱等, 也要嗅病人的气味。那么孩子身上有什么声息和气味是我们家长没"闻"到的呢?

情绪会极大地影响我们的声息, 也就是说话的语气、语调等。声如洪钟、气息绵长说明我们身体强壮; 有气无力、气若游丝体现我们状态不佳。所以, 有时候我们一听人说话, 就知道这个人当下的状态和心情。

关于嗅觉, 我讲一下信息素的作用。信息素(pheromone), 也翻译成费洛蒙, 与荷尔蒙相对应, 是某种化学物质, 能够被动物的嗅觉器官接收, 并引起一系列的行为, 包括情绪反应以及与物种繁殖有关的行为等。虽然人类的信息素难以察觉, 但是众多实验已经证明其存在并有重要意义。比如经常在一起的女性的生理周期会逐渐趋向同步, 就是信息素的影响。我读书期间, 我们的社会心理学教授贝缇娜·宝泽博士(Dr.Bettina Pause)曾经做过研究, 被试对人在紧张情况下分泌的汗液反应更强烈, 眨眼反射[①]更快, 而对人运动情况下分泌的汗液反应平稳, 眨眼反射速度变慢。说明人类与动物一样, 能够通过信息素传递和接收情绪信号。因此, 我们也要把鼻子和耳朵好好利用起来, 配合眼睛"眼观六路, 耳听八方"。

好 "问" 而决疑

通过"望"和"闻"收集第一手资料以后, 就要通过"问"进行进一步确认。中医的问是指询问症状、病史、病程等, 同时要询问饮食、睡眠等生活情况。西医也有问的步骤。比如我咳嗽去医院看病, 医生问我自己感觉如何, 什么时候开始咳嗽的, 是否有发烧、流涕等其他症状。最后医生结合验血和胸片结果, 说我是得了支气管炎而不是肺炎, 因此只是开药而没有开输液。所以, 问问

---

① 眨眼反射是一种防御性反射, 是人或动物对威胁反应的重要表征。例如, 有风吹过来或有东西朝眼睛飞过来, 我们会迅速眨眼保护自己。

题是非常重要的一个步骤。医生需要会提问，家长也要会提问。提问不仅仅是问"为什么"而已，还要有技巧地问。有经验的警察和侦探都是很会提问的，问到点子上就很容易得到想要的信息。问的问题有两个关键的要素，第一个是被问的人知道如何回答。第二个是被问的人愿意回答。如果对方不知道如何回答或不愿意回答，这个问题就白问了。

我们都有过别人问了一个问题，自己却不知道如何回答的经历。比如一个男人看到妻子在哭，就问："你怎么了？"这时候作为妻子应该如何回答呢？她要先问自己："我怎么了呢？我在哭，那么我肯定是难过嘛。那我为什么难过呢？因为……他问我的是怎么了，我应该回答我难过，但是我难过他难道看不出来吗？"这就不是一个好问题，对方第一时间不知道如何恰当地回答，而且在这种情况下，对方在难过的情绪中也无法回答问题。那么男人就得不到想要的信息。更糟糕的情况是，如果提问的态度和语气不好，还会引起对方的反感和愤怒。比如，男人看到妻子在哭，还是问"你怎么了？"不过这次男人加了个"又"，变成"你又怎么了？"千万别小看一个副词，这个词很容易让人火冒三丈。如果再搭配上男人不耐烦的语气，妻子可能立刻就不哭了，因为男人成功地把妻子的难过转变成愤怒和委屈。本来出于好心的提问，却变成了吵架的导火索，这样可不好。

所以提问要具体，有指向性，避免笼统。在某些特殊情况下要先共情，然后再提问。同时要注意副词的使用，注意提问的语气和态度。那么，当你看到孩子在哭，别问"你怎么了"，而是要先共情，表达你了解他的感受。哭有很多原因，可能是悲伤的哭，可能是害怕或愤怒的哭，也可能是受了委屈的哭。如果还不确定孩子哭的原因，只要表达你看到他的不舒服就可以了，原因之后再问。而不是一上来就问："你怎么又哭了？" 安抚情绪、帮助孩子平静以后，可以问："你有些不开心，发生什么事了呢？说说看。"这样，孩子知道你明白他不开心了，也知道你问的问题是发生的事情，他也知道回答什么了。你的态度也很好，还安慰了他，给他支持，他也愿意把事情说出来。问到原因的时候，尽量避免问"为什么"。很多孩子，尤其是年龄小的孩子，语言能力和思维能力还比较弱，很难回答"为什么"的问题。而且有时候"为什么"容易激起孩子的逆反情绪。比如，面对"你为什么打弟弟"这个问题，孩子可能不愿意回答。而且孩子可能因为担心被惩罚而对抗或说谎。比如孩子可能回答："弟弟抢我东西。"而事实上弟弟可能并没有抢哥哥的东西。孩子也可能直接否认："我才没打他呢。"然后父母开始质疑孩子："你没打他，他怎么哭了？"接着就需要处理兄弟俩打架或说谎的问题了，事情就变得复杂了。

在这种情况下，首先要避免让孩子产生害怕惩罚的心理，然后有技巧地提出问题。假设弟弟真的被哥哥打了，然后找到你告状，先安抚弟弟的情绪，了解他的感受，接着了解事情经过。之后，可以去找哥哥提问。"你为什么打弟弟"这个问题是无效的。很明显这是在质问孩子，那么在孩子听起来就是指责。要把提问改成询问的语气，孩子感觉你不是要惩罚他，只是询问情况，他才愿意说出事实。而且你的态度比较好，如果真是他做错了，他自己也会觉得不好意思。所以可以问："刚刚弟弟哭着找我，他可能有些不开心了，发生什么事情了，可以告诉我吗？"然后就可以尝试帮助兄弟俩握手言和了。当然，在有多个孩子的家庭中，家长很难做到公平。所以孩子之间的事情，尽量让孩子们自己解决，家长可以从中协调，解决办法让孩子们去商量、提出并确定就好。

最后简单说一下中医四诊的"切"，是指摸脉象，也就是要用到我们的触觉。我们平时会和孩子有很多肢体接触，会抚摸、拥抱孩子。那么在这些肢体接触的时候，也能够观察到很多信息。我们知道，并不是所有触摸都会让自己感到舒服。有时候即使亲近的人拥抱自己也会感到不自在。有时我们去拥抱别人，也可能会感受到对方的僵硬和拒绝。这些微小的肢体信息就可以反映出人们当时的情绪和双方的关系状态，可以帮助人们了解情况、进行反思。

"望闻问切"的技巧能极大地提升我们的洞察力。除了这些具体的技巧，我们还要用心、用第六感。《小王子》中的狐狸说："用心才能看得清，实质性的东西用眼睛是看不到的。"多多练习之后，我们可以放下一切技巧，用心去体会孩子的一切。

很多时候，我们并没有使用或者根本没有意识到在使用某些技巧。我们需要真实的感受。做家长的都知道，孩子在画画的时候通常没有像画家一样使用各种绘画技巧，也并不担心画错比例、用错颜色。但是孩子的画却非常逼真，能够抓住事物特点。孩子是用心在感受世界的。我们都有"心"的能力，所以我们也能用心去感受孩子。

我们站着、用心地听孩子说话，感受孩子的一切，就十分美好。

图7-2　小朋友画的我，真实有情感

图7-2是孩子画的我，她画的时候还问我喜欢什么形状和颜色做背景装饰，非常用心。

发现隐藏的情绪

讲完了观察的方法，还要讲一下观察的内容。我们究竟要观察孩子哪些方面呢？概括来说就是"观其形，察其情"。俗语说"打蛇打七寸"，孩子的问题或者说我们所有的关系问题，其"七寸"都是情绪。抓住并处理了情绪问题，那么其他问题就更容易解决。这一节主要分析和我们情绪有关的那些事儿。如果大家还能够根据文中的一些方法和孩子进行练习，一定会收效显著，也能够成为情绪专家。

系统而专业的育儿心理课程及情商培养等课程都是从认识情绪、理解情绪开始的，就是因为情绪对人类来说实在太重要了。离开了情绪，连能不能生存都是问题。人类的情绪与饮食、睡眠一样是本能。婴儿一出生自带感知和表达情绪的"出厂系统软件"，因此，人类这个地球上最高级的有机体才能够正常运作。

情绪有几个基本特点：

（1）所有人都有情绪的体验，有体验的一致性，也有个体的独特性和主观性。也就是说面对同样的事件，每个人的反应会有差异，受到个人经历、人格、价值观等因素的影响。

（2）所有的情绪都是正常的，都是可以的，没有任何一种情绪是禁忌的。而行为是有选择的，有可以和不可以的区别。

（3）情绪并没有好与坏的分别，都是我们的一部分。我们可以思考一下，消极情绪是不好的吗？如果没有消极情绪会如何？只要没有消极情绪，我们就会幸福吗？情绪就像数轴一样是连续的，中间是平衡的状态（0），向左是消极情绪（负数－），向右是积极情绪（正数＋），如图7-3所示。我们的情绪状态就是数轴上不同的点，不断移动。比如我今天早上的状态可能不太好，情绪在0的左边，下午发生了一件让我开心的事情，情绪就在0的右边。如果数轴没有了左边的部分，那么我们也失去了一半的"生命"。正如心理学家卡尔·荣格所说：即使快乐的生活也有其阴暗笔触，如果没有"悲哀"提供平衡，那么"愉快"一词就会失去意义。

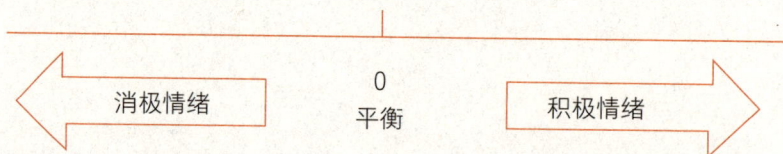

図7-3　情绪数轴

（4）消极情绪是有益而且有意义的。愤怒、悲伤、害怕等消极情绪反映我们当下的状态，起到自我保护的作用。另外，这些情绪也提醒我们自己和周围的人，我们需要帮助和支持，也就是寻求社会支持的作用。

可以说，情绪是我们一辈子的朋友，终生陪伴、不离不弃。理解这位朋友并与之和谐相处是非常重要的事情。因此，发现情绪，父母不仅要发现孩子的，更要发现自己的隐藏情绪。情绪归根结底是自己感受到并且表达出来的。如果你自己不想生气，别人是没有办法让你生气的。我们说一个人是否容易被激怒，是说这个人本身的状态。这是一个"被动"的状态，并没有主动地、适当地去认识、体验、调节和表达情绪。激怒我们的人只是个"开关"，但是控制这个开关的人还是我们自己，而我们是有能力控制开关的。迁怒于激怒我们的人是无济于事的，人不是问题所在，事情才是。如果我们不能主动识别并控制这个开关，事情也无法得到根本地解决。

情绪能力主要包括对个人情绪的识别、体验和调节以及在人际关系中情绪的表达。虽然情绪能力是天生的，但情绪能力与其他能力一样，有高低强弱，因人而异。好消息是，情绪能力与智力不同，可以通过主动的学习和练习来提高。

情绪学习第一步——情绪的识别

孩子的整体状态、肢体动作、脸色和表情等都是情绪的首要标志。了解这些标志还不够，观察孩子的情绪，还要注意的一个重要原则就是：我们要关注的是孩子此时此刻面对这件事情产生的情绪，而不是我们面对这件事情产生的情绪。比如孩子正在吃冰激凌，没拿好不小心掉在地上。孩子就开始哭，可能是因为难过或生气。而你不会觉得难过，而会觉得可惜、心疼、也可能有点生气。孩子哭着说："我要冰激凌。"你安慰他说："没事，这个不要了，再买一个就是了。"他还是不依不饶，非要吃掉在地上的那个（确实有这样的孩子，新的不要，就要原来的）。这就是不同的情绪反应。在观察情绪时，我们可以把孩子的情绪与自己的情绪做比较，但是要更重视孩子的情绪。因为我们认为"没关系"的事情，在孩子眼中可能是"天大的事"。比较情绪的时候还可以有意识地模仿孩子的表情和动作，可以更加精准地了解孩子的感受。因为模仿类似的表情可以给自己的大脑反馈。这个过程类似计算机的编码，大脑会自动把这些表情信息解码成为情绪语言。跟随孩子的感受，才更容易感同身受。

练习情绪觉察的方法有很多，我会介绍几种情绪课堂中常用并且有效的活动，方便家长和孩子在家中练习。

寄情音乐

俄国作家托尔斯泰说过，"音乐是情感的简略表达"，"音乐乃是通过声音唤醒或传达某种既知的情感"。音乐与表情一样在世界范围内具有普遍性。即使说着不同语言、不同种族的人们也能够从旋律中感受到一致的情绪。东方人能够从贝多芬的《命运交响曲》中感受到激昂和力量，西方人也能从《好一朵美丽的茉莉花》中读出美好和宁静。因此，通过音乐传达的情感来练习识别情绪是直接而高级的方式。

用音乐给孩子做情绪练习是我常用的方法。有一次我在课堂上给孩子播放了两段情绪音乐。在听到主题为"雨"的音乐时，孩子画了一张流泪的脸，背景是乌云和雷雨交加。这个孩子对"雨"传达的情感理解比较精准：他听出了雨的感觉，同时进行了联想——下雨可能会让人伤心，伤心的人眼里心里都会下雨。听到"害怕"的音乐时，孩子的画面看起来有些像游戏。他说："音乐中声音大大小小的，可以用这个高低的线表示，也很像游戏里面闯过障碍。"他在图中画了闯关的人和小怪物，也体现了"害怕"这个主题。

家长可以用手机给孩子播放一些带有不同情绪的音乐片段，请孩子用画画的方式表达出来。孩子需要发挥右脑的功能：即识别情绪、理解音乐、联想及绘画的能力。孩子可以在纸上画任何他体会到的内容。形式也可以多种多样，铅笔、蜡笔、水彩笔、油画棒都可以拿来用。之后可以让孩子讲讲画中的内容，音乐中的哪些特点让他有什么样的感受等。少数孩子可能会有"联觉"的能力，简单说来就是感觉之间互相连通。他们可以从数字中看出颜色，比如3是蓝色的，15是红色的等；或者认为某些颜色是有味道的，或者某些日期带有特别的情绪……这些孩子的感觉通常比较细腻。我们不具备天生"联觉"能力的人也可以从音乐开始培养一点点"联觉"能力，也就是主动的联想能力。这对提高我们的记忆力也非常有帮助。

诗词大会

掌握尽可能多的情绪词汇可以帮助我们更好地识别情绪。喜怒哀惧等基本情绪很容易理解。但是像"内疚""失望""孤独""尴尬"等高级的和复杂的情绪就需要孩子慢慢学习。孩子不知道的情绪，家长需要帮助他了解。比如孩子做一件事情失败了有些难过并且发脾气说："我好生气。"可以告诉他，这种感觉叫作"受挫"，并不是生气。只有准确识别了情绪，之后才能很好地处理情绪。"受挫"和"生气"是不同性质的情绪，因此处理它们也要用不同的方法。

就算是基本的"开心"也有很多词可以表达，而且有不同的程度差异。就像我们学写英语作文时，老师告诉我们不要总是用happy、good这种基本词，要学着使用joyful、cheerful、excellent、gorgeous等高级词。汉语言丰富多彩，也有很多优美的语言来描述情绪。知道得多了，才能通过语言和文字表达出来。因此，家长可以帮助孩子增加情绪词汇的储备。比如，在家中举办"诗词大会"就是不错的方法。父母可以和孩子进行成语接龙，成语中必须有某种情绪。比如说这一轮大家要轮流说与"悲伤"有关的成语，那么有"乐极生悲""悲痛欲绝""痛心疾首"等。遇到有争议的词大家可以一起讨论，比如，孩子说："手舞足蹈。"这个成语是否与"悲伤"有关呢？有没有悲伤的人手舞足蹈的呢？其实是有可能的。思维需要发散不僵化。这种情况下我们可以求助字典或网络，看看这个成语的来源、最初的用法以及现在通用的用法。只要孩子能够理解成语的内涵，知道如何使用就可以。

诗词歌赋也可以拿来玩"飞花令"，当然也要有情绪的内容。家长还可以和孩子一起阅读。阅读时要注意书中涉及情绪的描写和修辞，可以请孩子用这些词造句子、讲故事。慢慢地，你会发现，孩子不仅学会了用高级的词汇来表达情绪，成语和诗词水平也会大大提高。

情绪的体验、调节与表达

情绪学习第二步——体验情绪

体验情绪的产生及变化的过程，有利于我们更迅速地聚焦并命名自己当下的情绪状态，以便采用更恰当的方式对自己的情绪进行解释和调节。情绪的产生和变化必然伴随着生理指标的改变。测谎仪就是通过测量人体在说谎的紧张情绪下产生的微弱生理变化（比如血压、呼吸频率、心跳频率、皮肤电等），来判断一个人是否说谎。我们都知道，人在紧张状态下会出汗，心跳、呼吸都会加快，血压也会升高。仪器可以轻易地测量出这些指标的改变。我还记得实验神经心理学考试的时候，有一个部分需要让教授当"嫌疑人"，我们提出问题，包括中性的问题以及能够引起紧张情绪的问题。我把设备连接到教授的手指上之后，提出了第一个问题："您的眼睛是蓝色的吗？"教授回答："不。"仪器上显示的生理指标没有任何改变。我又问了可能会引起他紧张的问题："您是否严重地伤害过别人？"教授回答："不。"（设定是只能否定回答）这时候仪器上的波形一下子就升高了。很明显，教授说谎了。

如果我们在经历情绪的时刻能够有意识地体验自己身体发生的变化，而不是任由情绪发展甚至失控，事情就容易处理得多。家长们可以自己先练习起来，然后再帮助孩子。可以在情绪的当下，用浅显易懂的语言引导孩子说出自己的感受。使用一些恰当的比喻就是个不错的办法。比如：

生气就像"头上冒火了"，心跳加快，想要抓住东西……

开心像"心里开花了"，整个人很轻快，想要跳起来……

难过就像"心里压着大石头"，不想说话，想躲起来静静……

当然，每个孩子可能对情绪有自己的描述方式，家长可以和他们约定"暗号"，用一些特定的词或动作来告诉对方自己的情绪体验。这些都是亲子间独特的小幸福。

我的宠物

我给学生或家长上课时，会用到一些特别的"宠物"帮助孩子体验情绪。有时候会用各种各样的笔，最常用的是核桃。我会拿一些核桃让孩子或家长选一个当宠物并给宠物取个名字。我会给他们几分钟的时间仔细观察自己的宠物。之后，我请他们把核桃放在一起，我会再混入几个核桃。然后我说："现在大家的任务是，找到自己的宠物。"几乎所有的孩子和家长听到任务之后的反应都是"啊？这怎么找啊？"这时，情绪就产生了。我说："这就是刚才让大家仔细观察的目的，每个核桃都不同，有自己的特点，你们刚刚仔细观察了一定能找到的，开始吧，不限时间。"所有人都会开始找，没有一个人会拒绝。有人找得很快，有人拿着两个核桃仔细比较、犹豫不决……

所有人都找到之后我会提出几个问题：

"大家听到我说要找出自己的宠物，有什么情绪产生？"

"找到自己的宠物了，有什么情绪？"

"不确定的时候，有什么情绪？"

"最后找不到的时候，有什么情绪？"

有人很紧张、担心自己找不到；有人很骄傲，因为记住了自己的核桃的特点；有人会自我怀疑，不知道最后找出来的是不是自己的核桃；有人会内疚，觉得找不到自己的核桃宠物，有些对不起它……

我建议家长们在家和孩子玩类似的宠物游戏，只要拿一些一样的东西，比如一把相同的筷子，几只相同的铅笔等，让孩子领养宠物，仔细观察。之后家长就可以问一些和情绪体验有关的问题啦。家长也一起玩，孩子会更积极地参与。

情绪学习第三步——调节情绪

关于情绪的调节很多人有一个误区，以为只有愤怒这种消极情绪需要调节，而正面情绪越多越好，其实不然。我们都知道"物极必反"和"乐极生悲"的道理，因此，我们要达到的情绪状态是平衡的、让人放松的。愤怒、悲伤、抑郁、兴奋等情绪都是需要调节的。

当事情发生，我们必然首先体验到情绪，然后才能开始思考。因为信息传递到情绪中枢（边缘系统：杏仁核）比传递到思维中枢（前额叶）要快得多。而且孩子的前额叶发育不成熟，思考的速度和水平更加弱于情绪的反应速度和水平。

当家长面对孩子的愤怒等激烈的情绪时，第一件事情是保证孩子安全，不会伤害自己和他人。然后可以陪伴孩子，可以和孩子一起深呼吸、数数，等待他们平静下来。如果孩子拒绝，家长可以在孩子旁边自己做，因为在这种情况下，家长也需要调节情绪，平静下来。家长也可以告诉孩子自己需要单独平静一下，平静之后再一起讨论问题（确定孩子的安全才能离开）。要给孩子时间，提醒自己理解、接纳孩子；做到陪伴、少说话，更要避免理性分析和讲道理。

如果孩子过于兴奋了，也可能发生不好的事情。家长可以和孩子约定，通过举手、双手抱肩膀等动作提示孩子，帮助孩子平静下来，而不要强硬地阻止。等孩子大一些，具备一定的思维能力，就可以经常用"认知偏误"的方法与孩子讨论一些事件。根据ABC理论，我们对事件的看法会影响情绪和行为。如果我们经常对事件做分析，就可以调整对事情的看法，调节情绪。常见的认知偏误有："应该"倾向、"非黑即白"的绝对化思考、个人化、过分夸大或缩小、选择性消极注视等，具体如表7-1所示。当我们意识到自己的认知偏误，对事件就会有不同的理解，情绪也会有所不同。

表7-1　认知偏误举例

认知偏误	解释	举例
"应该"倾向	用"应该"或"必须"等词要求自己和别人。	"我应该考满分。"
"非黑即白"的绝对化思考	坚持一种不现实的标准，认为达不到这个标准就是失败。	"我数学没考满分，我真失败。"

续表

认知偏误	解释	举例
个人化	主动为别人的过失或不幸承担责任。	"妈妈生病了一定是因为我考试不好气的，都怪我。"
过分夸大或缩小	夸大自己失误、缺陷的严重性，而贬低自己的成绩或优点。	"我数学没考满分……肯定考不上大学了。"
选择性消极注视	选择一个消极的细节，并且总是关注这个细节，而忽略其他方面。	"我数学错了一道题，我完蛋了。"

我们要明白"哪些方面自己可以改变""哪些方面通过努力或求助之后可以改变""哪些方面无论怎样努力也无法改变"。比如"我错了一道题，记住了下次不错就行了"。大家都会轻松很多。认知的改变不是一朝一夕就能够做到的，所以我们要经常有意识地、主动地分析我们对自己、对事物的"认知"，避免自己掉入"偏误"的陷阱。

另外，家长还可以和孩子通过表演的方式训练自己调节情绪的能力。在平静的时候表演一个生气的场景，或者按照绘本来表演包含情绪的内容。通过演示和分析，你和孩子会发现，有些事情其实是没有必要生气的，所以很多人发脾气之后才会觉得自己愚蠢无比。

情绪学习第四步——表达情绪

很多人都有表达情绪的欲望，看看我们多喜欢在微信聊天中使用表情包就清楚了。而且有些人还非常喜欢在微信群中斗图，都是在表达自己的情绪，只不过以表情和图片为手段罢了。能够恰当地表达情绪并不容易，不少成年人依然用发脾气甚至暴力的方式表达愤怒。

恰当的表达需要用语言把自己的情绪清晰准确地传达给对方，而不是用动作和脾气，并将情绪控制在彼此都能够接受的程度。毕竟表达的目的是让对方理解自己，而不是让自己陷入情绪的旋涡或"发动战争"。很多小朋友因为年纪小，语言水平比较弱，难以清晰地表达自己的情绪，或者他们不知道还能够用"说"的方式来告诉别人自己的情绪，因而倾向于用"行为"表达，比如大哭、大喊、发脾气或者躺在地上打滚。通常情况下，家长看到孩子这些行为会心烦意乱，很难平静对待，做出的回应也是不太恰当的。在孩子有激烈情绪时，冷处理比较好。在孩子平静下来之前，避免做任何事。你说的话孩子听不到。孩子说的话你听不清。所以这段时间的对话是没有意义和效果的。如果孩子想要达到某个目的或者解决某个问题，请他安静地用说话的方式告诉你。

会"说情绪"当然少不了平时的学习和练习。在识别情绪的部分，帮助孩子学习情绪词汇的目的就是让孩子知道"说什么"。这个部分会讲一些让孩子知道"怎么说"的技巧。

有样学样

父母通过示范自己说情绪的方法，就能够帮助孩子学会"怎么说"。作为爸爸妈妈，你每天都会有各种各样的情绪。这些情绪就是现成的教学资源。你可以经常和孩子分享工作中的感受：你遇到了什么事情，这些事情给你带来哪些情绪，你对这些事情的看法，你是如何处理这些情绪的……可以帮助孩子了解更高级、更复杂的情绪和相关的表达技巧。如果你分享的事件、情绪与孩子有关，那么一定要注意客观表达自己的感受，避免指责孩子。

情绪剧场

带入角色的表演最有利于我们体验和表达情绪了。父母可以和孩子一起创作剧本，制作道具，演一出好戏。大家不用担心剧本中是否包含足够的情绪内容，因为角色之间只要有互动和对话，就会有情绪产生。还有一种更简单的方法，就是把孩子常看的动画片静音播放，爸爸妈妈和孩子扮演其中的角色，依照片段中的画面，给角色配音。孩子不仅要观察动画人物的表情、动作以及与他人的互动，还要发挥想象力，并根据角色的性格特点、行为习惯等帮人物说出恰当的话。我给学生上课时常用一些卡片做情绪道具（有卡通人物的系列套卡，有只言片语桌游卡，也有心理咨询中会用到的Oh卡等）。我会请学生抽出若干张卡片，根据卡片内容讲故事。唯一的要求就是故事里要有情绪。他们可以自由发挥，也可以根据我给出的情绪词来讲故事。孩子们不仅要把几张卡片的内容联系在一起，把故事讲得逻辑合理，还要恰当地使用情绪词汇，确实不是容易的任务。不过实践下来，即使是一开始只能讲一两句话的孩子，经过练习也能够讲出完整而又情绪饱满的故事了。家长们可以在网络上找一些彩色卡片保存下来，或者直接购买成套的卡片，和孩子一起讲故事。不仅能够促进孩子情绪表达的能力和语言能力，甚至还有助于提高孩子写作文的水平。只要他能够说出来，就一定能写出来。我有一个三年级的学生，经过多次练习后甚至可以写出七百字的作文，让人刮目相看。

这个练习有三个注意事项：首先，图片的内容要适合孩子的年龄。图片的角色可以是卡通人物或动物，避免恐怖和暴力的内容。如果是购买的成套卡片，家长可以先把不适合的卡片筛选掉收起来。其次，难度要慢慢升级。开始的时候孩子只用一张卡片讲一个故事，随意使用一两个情绪词汇。难度升级方法：（1）一张卡片的故事要讲至少5句话。如果是对话，至少有5轮对话。（2）给定两三个不同类的情绪词汇，如悲伤、失望、骄傲，讲一个完整的故事。孩子就需要进行联想，在故事中设置转折。（3）让孩子用两张以上的卡片讲一个完整的故事。最后，记住这个练习是游戏，而不是任务，要注意鼓励和赞美孩子的表达。帮助孩子选择合适的词汇和情绪。父母可以先讲一个故事，之后让孩子用同一张卡片再讲一个。

亲子情绪小练习：

（1）和孩子一起做表情自拍或小视频；

（2）情绪猜猜猜：家长做表情动作，让孩子猜情绪；

（3）和孩子分享自己今天的情绪；

（4）和孩子制作一周的情绪披萨图，如图7-4所示。

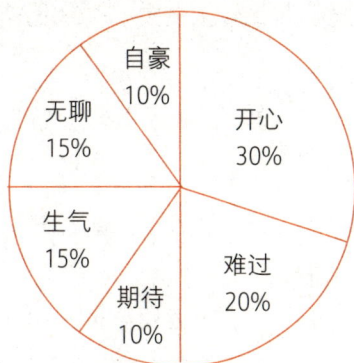

图7-4　情绪披萨

观察是一回事，但监视是另一回事

　　一位学生的爸爸跟我抱怨他家孩子不好好写作业：

　　"老师，你知道的，我带孩子测过智商的，根本不低啊，还高于平均水平。可是他成绩就是班级中下游，不应该啊，我看他就是不好好学。他写作业不认真还很慢，经常拖到半夜。"

　　"我知道很多孩子写作业都会拖拉的，他怎么会拖到半夜呢？作业很多很难吗？"

　　"当然不是，是他不好好写啊，在自己房间里玩这玩那的，就是不写。"爸爸挺生气，但更多的是无奈。

　　"所以你是让他在自己房间写作业，并不会陪着他吗？"

　　"是啊，我知道写作业是他自己的事情，他要自己完成的，所以我不陪着。"

　　"那你做得很好，作业确实是孩子的事情。"因为我知道很多家长会陪伴孩子写作业，这位爸爸的做法还是比较少见的。"你没陪他，他自己在房间玩这玩那你是怎么知道的呢？"

　　"我装了摄像头啊，他玩橡皮，鼓捣手指头，我可都看见了。"

　　"哦，这样啊，怎么想到要装摄像头呢？孩子不是没有隐私了？"

　　"不装怎么行呢？他关起门来，我都不知道他在房间里干什么，有没有写作业。"听起来爸爸的理由很充分。

　　"那你知他在房间干什么了，也没有写作业，你做什么了呢？有什么办法改变这个状况呢？"

"我就跟他讲，要写作业啊，不要玩橡皮什么的啊。"

"有用吗？"

"没用啊，他还是拖拖拉拉啊。"爸爸表现得很无助。

原来如此。家长在孩子房间装摄像头，就知道孩子在玩橡皮，玩手指头，没有写作业。然后拿这个证据来证明孩子没有写作业，再去批评孩子。而孩子明明知道爸爸能看见他玩橡皮玩手指头，还是没有任何改变，就是拖着不写作业。问题出在哪里呢？

我知道在现代家庭中，如果有单独的婴儿房，那么一般在宝宝出生后到婴儿期结束，父母会在孩子的房间放置baby phone（一种类似对讲机的电话）。当孩子哭了，父母就通过自己房间中的接收器听到，并迅速做出反应。这是为了保证孩子的安全和福祉。当孩子大一些，baby phone也就不用了。

我家里也装了摄像头，是为了我家的两只小狗。我的目的不是要监视它们是否乖乖的、是否拆家，而是为了安全。我设置了手机报警功能，万一它们在家中出事而我不能及时赶回家的话，我就可以联络邻居或物业帮助我处理。它们大多数时间都在安静地睡觉，听到我通过摄像头叫它们，也只是在睡梦中抬头看"我"一眼之后继续睡觉而已。所以我的目的是出于担心和关心。

那么这位爸爸在孩子的房间里装摄像头的目的是什么呢？三年级的孩子已经不会再像小婴儿一样需要父母时时刻刻、无微不至的照顾了。他的目的是出于担心和关心孩子吗？也许是的，初衷是为了督促孩子学习，想知道孩子在自己房间里，没有爸妈陪着的时候在做什么。最后却变成了监视孩子，并想通过监视来控制孩子。摄像头真正成了"监控器"。然而事与愿违，不但没有控制住孩子，反而被孩子控制了。孩子知道爸爸在监视他，他还是不紧不慢，把作业拖到半夜，控制了整个家庭的时间节奏，控制了父母的作息。因为写不完作业，谁也不能睡觉。有时候我们认为控制了对方，也许只是一种错觉，还有另一种解释。如图7-5所示，我们训练宠物狗"坐下"。它坐下，我们就给它小零食当奖励。反复几次之后，它把坐下和零食建立了条件关系，就学会了"坐下"。可是从宠物狗的角度看呢？它们会不会想："看这个人类，我把他训练得多好，我坐下，他就会给我好吃的。"是谁训练了谁，谁控制了谁呢？

图7-5　条件反射，控制与反控制

观察还是监视，在你一念之间

观察孩子是必要而重要的，但是如果把用心的观察变成了时时刻刻的监视，观察的初衷就变了，事情也变了味道，家里可不是上演谍战剧的地方。我们可以想象一下，你在公园小径散步，可是突然发现后面似乎有人跟着你，你回头看，发现那人似乎有意回避你的目光，还探头探脑地看着你，你是什么感觉？你是不是立刻紧张起来，感觉心跳加快，手脚出汗，开始脑补这个人跟着你的目的，然后加快脚步，想要尽快离开？离开之后，短暂升高的压力激素和肾上腺素水平会慢慢恢复正常。

如果一个孩子长期生活在被父母监视的环境中会如何呢？在这个环境中的孩子会体验到严重的不安全感和巨大的压力。压力激素持续处于较高的水平，不过数月，就可以造成大脑神经细胞的死亡，并改变神经细胞的联结方式，对记忆力、学习力造成严重影响。情绪上，孩子会胆战心惊、惶惶不可终日。

这位学生的爸爸教育理念比较开明，也非常积极好学，经常与我分享和孩子的交流和互动，却在摄像头这个问题上栽了跟头。他的想法也许真的出于关心孩子的学习，却用错了手段。把关心变成了监视，所以孩子在情绪上和学习上的一些问题，很难说与"被监视"无关。

虽然观察和监视都是获得信息的手段，但是两者却有本质的不同，一定要划清界限。观察是全面的看。目的是为了理解人或事物，为解决问题服务。比如研究人员做实验或研究，需要观察对象的实际状态、变化规律及环境等因素的影响，并记录下来形成观察报告、研究论文，以便在实际中用于发明创造、解决实际问题。而监视，是要看被监视的人有没有做坏事，目的是掌控。《中华人民共和国刑事诉讼法》中有一个"监视居住"的强制措施，是指限令犯罪嫌疑人、被告人在规定的期限内不得离开住处或者指定的居所，对其行为加以监视并限制其人身自由。观察是客观的、平等的、不干涉被观察对象的。监视是强制的、掌控的、让人不自由的。因此，不同的手段造成"被观察的孩子"与"被监视的孩子"情绪反应和行为方式必然是天差地别的。如何判断你是在观察还是在监视孩子呢？很简单，如果你的目的是要看孩子有没有做坏事（不是自己期待的事），就是在监视。

"监视"犯了为父母之大忌

有的家长可能会说，在孩子的房间里装摄像头也无可厚非。如果孩子心里坦荡，也不怕爸妈看。就是因为孩子做各种小动作、不专心学习才不愿意让爸妈看，才会紧张有压力。貌似说得通。不过我的问题是，就算孩子不专心、有小动作，就应该被父母"监视"隐私吗？父母有这个权力吗？孩子的隐私经常被父母有意或无意地忽视。很多父母经常不敲门就进孩子的房间。很多孩子也都被父母偷拆过信件，偷看过日记。孩子如果辩驳几句，父母就会搬出身份力量来压制："我怎么不能看了？你是我孩子，你什么事我还不能知道了？都是为你好！好好读书，别整天想乱七八糟的事……有什么事你都不和我讲，我不看日记怎么知道你整天都想这些事？"孩子只能把委屈和愤怒藏在心里，或者不再写日记，或者把日记加上锁藏好。孩子为什么有心事不与父母讲呢？父母是否反思过原因呢？

大多数中国父母认为孩子是不应该有隐私的，或者不应该和父母谈隐私。中国传统礼仪孝道认为，子女是父母的附属品。父母对子女做任何事都是有道理的，所谓"天下无不是的父母"。父母不会错，就算错了，也都是为了孩子好。

监视首先体现了父母的不自信，其次暗含着对孩子的不信任。父母不自信，很焦虑，对自己缺乏信心，不知道什么样的教育方式对孩子有利。父母也不会认为自己是在监视，而是在监督孩子。他们不信任孩子，觉得孩子离开了自己的"监督"就会偏离正确的方向。

没有一个孩子会喜欢父母时时刻刻盯着自己。因为监视，孩子会失去隐私、安全感和尊严。而父母会失去更多：孩子的亲近、信任、尊重和权威……却没有任何益处。父母无法通过监视孩子获得掌控感，只能体验到越来越多的失控。在这个世界上，我们唯一能掌控的人只有自己。美国著名的儿童心理学家德雷克斯在《父母·挑战》中写道："父母的毛病是不够克制。"这个不克制的毛病就是管孩子太多，控制不住自己想控制孩子的欲望。想要获得一个什么样的孩子，父母自己首先要成为什么样的人，如果严于律娃，宽于律己，如此的双标，会让孩子难受又不服气。于是，你说什么孩子都不听，你玩手机，他就不写作业；你熬夜，他就不睡觉。所以，要掌控的不是孩子，而是你自己。

父母脑子里一定要有"界限感"的意识。作为父母，我们真的拥有孩子的一切吗？并不是，父母只是旁观者和引导者。就像种一些藤本植物，我们给植物竖立一些支撑物或搭一些架子，植物自己就会顺着搭好的架子往上爬，根本不需要我们把植物硬掰过去。投入地观察孩子，适度地参与孩子的生活，搭好支撑，他们自己就能长得不错。千万别把晶莹剔透的葡萄，弄成"强扭的瓜"。

Part 8

我要和孩子站在同一阵营

　　一个家庭就像一个联邦制国家，每一个家庭成员都是一个成员国。大家既相互独立又完整地统一在一个阵营中。每个人都有独立的人格、独立的思想和不尽相同的行为方式。但是大家能够求同存异，为了家庭的共同目标而彼此相爱、互相支持。这也意味着父母需要给孩子无条件的依靠和信任，如同玩"两人三足"游戏，父母和孩子就是队友，合作取胜。

　　爱出于本能却又需要付出努力。努力需要正确的方向，否则可能与我们的愿望背道而驰。在亲子关系中，除了应该有权威的、无条件的爱与关怀，也要有如知己朋友一般的相互支持、推心置腹。请家长们努力走进孩子的内心，与孩子做朋友，做孩子理想中的父母，你的孩子也会成为你理想中的孩子。

父母要努力与孩子站在同一阵营

心理学家们一直在探讨父母和孩子的关系。美国心理学家艾里希·弗洛姆（Erich Fromm）在著作《爱的艺术》中描述了父母之爱，认为母爱和父爱是不同的。母爱是一种无条件的爱，只需要是母亲的孩子，什么也不用做就可以赢得母亲的爱。而父爱是有条件的，父亲的原则是："我爱你，因为你符合我的要求，因为你履行你的职责，因为你同我相像。"①父爱要求的是顺从。父母之爱的差异由于父系社会及继承原则等因素有以上差异，我们不过多讨论。重点在于父母爱孩子，不是因为孩子符合自己的要求和期待，而是因为他是父母的孩子。但是，在实际情况中很多父母的作为与弗洛姆描述的父爱并无不同，是附加了条件的。因此出现了很多困惑的孩子，他们在成年后都不知道父母是否真的爱自己，甚至有些人的原生家庭带给他们的压力、痛苦和伤害远远多于他们得到的爱。孩子从出生到整个童年期结束都没有独立生活的能力，唯一能够信任、依赖及获得关爱的人就是父母或亲密的抚养人。最爱的人给自己的伤痕是最难愈合的、痛苦是最难遗忘的。

关系是东方哲学的一个重要组成部分，甚至"Guanxi"已经成为一个英文单词出现在西方社会学家的研究论文里。在任何关系中，人们都应该做到平等和彼此尊重。父母子女之间更要如此。而且父母要做到的不仅是把孩子当成一个

---

① 摘自《爱的艺术》，美国心理学家艾里希·弗洛姆著，上海译文出版社，2011年，第53页。

独立的人，和孩子平等并尊重孩子，还要和孩子站在一起，共同面对一切问题和挑战。

有三个通用的指标来衡量亲子关系的质量：亲密性、矛盾性和依赖性。

亲密性是指父母能够感受到自己和孩子之间温暖的、开放的情感交流，能够体会孩子的需要，孩子也能把父母当作庇护和依靠。比如，当孩子感到难过时会向父母寻求安慰，孩子会主动和父母分享自己的经历和情绪等。如果亲子关系的亲密程度较低，孩子可能缺乏安全感和温暖的体验，觉得自己不被父母接纳和信任，难以得到父母的理解和支持。因此可能会产生一些不良行为，人际关系也会受到不利影响。到了青春期可能更加叛逆，忽视或完全无视父母，甚至对父母产生抗拒。

矛盾性是指父母和孩子之间的不良关系及冲突。比如，家长觉得和孩子总是处于矛盾和冲突之中，应对孩子时心力交瘁。孩子在被管教之后会生气或表现抗拒。孩子认为受到了家长的不公平对待，总是生家长的气；孩子认为总是得到父母的批评和惩罚等。如果父母和孩子之间矛盾和冲突较多，那么家庭气氛就会很紧张，亲子之间的互动也经常是权力斗争的方式。双方都会觉得对方不能理解自己，问题无法解决。孩子对父母以及其他成年人有较多的对抗行为。

依赖性是指孩子对父母的依赖是否适度，是否对与父母分离有过多抵触，并在不需要的时候向父母寻求帮助。比如，依赖性高的孩子难以接受和父母分离，甚至短暂的分离也会让孩子紧张、哭闹。比如，有的孩子在写作业时，一碰到不会的题目就立刻叫妈妈，20分钟之内要喊五六次妈妈，甚至一定要妈妈陪在身边才肯写作业。这样的孩子可能会缺乏安全感，通过各种寻求关注的方法来满足自己的安全感。同时由于孩子的过度依赖，家长也处于高度焦虑之中，认为孩子缺乏独立的能力，经常担心孩子出事等。

亲密性和矛盾性的关系通常是负相关，也就是说亲密性高、矛盾性低，这是合理的。不过也有例外，亲密性和矛盾性都很高，父母和孩子是一种相爱相杀的关系。家长们要努力和孩子建立良好的亲子关系，也就是亲密性高、矛盾性低、依赖性适度的亲子关系。我有个学生，是个小学三年级的男孩子。他和母亲的亲密性高、矛盾性低；和父亲的亲密性低、矛盾性高。因此父亲认为孩子的对抗行为比较多，而母亲则认为孩子没有对抗行为。因为父母和孩子的亲子关系有差异，因此影响了和孩子的互动模式，造成父母对孩子行为的感受非常不一致。而这些感受和互动模式又反过来影响亲子关系。所以我建议他们调整教养方式，从理念和行动上都保持一致，向对方学习有利于亲子关系的行为，改善和孩子的互动模式，就可以逐渐改善亲子关系了。

了解了良好的亲子关系的样子，我们就可以向这个目标努力，增进和孩子的感情，减少矛盾和依赖。在父母和孩子都压力山大的情况下，小冲突不断是常态，要建立和保持健康良好的亲子关系并不容易，所以才需要父母们付出精力和耐心，努力和孩子站在同一阵营里，绝对不能够和孩子对立，不允许有权力斗争。要牢记家庭的共同目标和共同利益，全家一体。

和孩子一体，就要经常使用"我们"这个温暖的词语。"我们"这个词语是有魔力的。请大家比较以下同一个场景中的两句话，你刚入职新公司，中午的时候，同事跟你说：

"你和我一起去吃饭吧。"

"我们一起去吃饭吧。"

是不是有很明显的不同呢？哪一句让你觉得更温暖一些呢？用"我们"的句子明显能感觉出两个人关系更近。如果是刚认识的人，用"我们"甚至"咱们"更容易迅速拉近彼此的距离。单独说"你""我"与说"我们"的最大区别就是"非自己人"和"自己人"的区别。很多好处是只有自己人才会享有的，比如一些公司的内部信息。在职场摸爬滚打多年的人都明白，如果了解公司的信息，和同事做"自己人"，做起事来会轻松许多，需要帮助的时候也会有很多人伸出援手。那么在家庭中，孩子把父母当成自己人，才能建立良好的亲子关系，有积极的沟通氛围，孩子才会把父母当作依靠，才会和父母讲心里话。

那么"我们"应该怎么用、什么时候用呢？任何时候都可以用，尤其在孩子受委屈、受挫、需要信任、需要支持的时候更要用。

我发现很多父母经常不相信自己的孩子，却相信别人说的话，这无疑会给受了委屈的孩子二次伤害，孩子的脆弱内心雪上加霜。

"他怎么不打别人就打你呢？一定是你有问题。"

"不是你做的？你冤枉？同学怎么不冤枉别人呢？肯定是你做的。做了坏事还撒谎。"

类似这种给孩子造成一万点伤害的话是很多家长经常会说的。孤立无援、无法反抗的孩子们会觉得无助、伤心、愤怒甚至自我怀疑："难道是我做错什么了吗？"在孩子得不到父母信任的时候，伤害会加倍。最应该信任自己的父母却没有站在自己这一边，反而相信"敌人的蛊惑"，和别人一起对付自己。因此他们可能为了证明自己的无辜和清白做出过激的行为。

孩子得不到信任，被人怀疑会有哪些反应呢？著名心理学家荣格在他的自传中提到了一件事情，非常细致地描述了一个孩子被老师怀疑的情绪反应。

事情是这样的：

老师给我们出了一个作文的题目，我破天荒地对此很有兴趣。所以我马上很有热情地坐下写了起来，写出了一篇我自己觉得很精致、也很成功的作品。我以为这篇文章至少可以在班里名列前茅……被第一个点评的是全班成绩最好的那位同学的作文，这不出我所料。接下来是别人的作文，我等着评到我的作文，但白等了一场；压根儿就没我……当所有的作文全被点评了一遍，老师歇了一口气后接着说："我这儿还有一篇作文，那是荣格写的。这篇写得最好，我本应给它打一个最高分。但可惜他是一个骗子。你从哪里抄来的？你坦白。"

我既吃惊又生气，从座位上跳了起来喊道："我不是抄来的，这是我自己花了很大的努力写出来的好作文！"但他也对我大声咆哮："你骗人！你根本不可能写出这样的作文来。没有人会相信的。说吧，你是从什么地方抄来的！"我的申辩徒劳而又无力……我的同学们向我投来怀疑的眼神，我似乎看到了他们的内心所想："哈，原来是这么一回事！"这太可怕了。我的申辩没有引发任何人的同情……我深感自己受到了侮辱，非常沮丧。发誓要对这位老师进行报复，假如当时有机会，我说不定真的会动用武力。我究竟该如何向世人证明，这篇作文不是我抄来的？……令我恼怒的是，人们竟认为我是一个骗子，对我从道德上做了一种宣判。[1]

荣格认为这件事情对他产生了持续的影响，形容为"犹如惊雷在我头上炸响"。就因为他之前的作文水平一般，写出一篇好作文就被老师怀疑是抄来的。因此产生了吃惊、伤心、屈辱、愤怒等情绪，还想要报复老师，之后又有了深深的无力感，觉得一切努力都是徒劳的。

怀疑甚至指责受害者是人类的一种认知偏差，20世纪60年代，梅尔文·勒纳提出了一个假设来解释类似的现象，就是"公正世界偏见"：在我们的认知中，世界是公正的，认为善有善报、恶有恶报。如果受害者是好人，就违背了公正世界的原则，人们会感到不安和危险，为了保护自己，维护自己的价值观，就要去指责受害者。人们实在无法接受没有理由的、随机的灾难和事故。

家长们一定要注意了，这种"公正世界偏见"千万不要用在孩子身上。孩子受了委屈或冤枉，受到了不公平的对待，这时非常需要父母的理解和支持。因此，在这种情况下，家长一定要无条件地给孩子信任和接纳，和孩子站在同一阵营，之后再来讨论事情的真相。我们做过"最令孩子生气的原因"调查[2]，"受到不公平对待"排在第二位。在孩子看来，不公平是非常严重的，能够引起强烈的愤怒，还会产生怀疑和受挫等情绪。有个家长跟我分享了一件让她很生气的事情。她的孩子确实有些调皮，但不会做坏事，老师却经常把班级中的事情安在自己孩子身上。老师和家长解释说：确实是冤枉了孩子，知道不是他做的，但是别的孩子这样说，老师就多一事不如少一事了。但是冤枉对孩子产生的伤害是非常严重的，所以家长怎么做就非常重要了。这位妈妈的做法就很好，她和孩子说："妈妈相信你是个善良的孩子，不会做这样的事情，老师听了同学的话认为是你做的，可能也不是老师的问题，班级那么多孩子，有些事情老师看不到也是正常的，你觉得委屈、伤心也是正常的。被冤枉都会有这样的感觉，妈妈能理解

---

[1] 摘自《荣格自传》，瑞士心理学家卡尔·荣格著，国际文化出版公司，2011年，第66和67页

[2] 让孩子生气的原因排在第一位的是家长"说话不算话"，第三位是"双标"，也就是父母对孩子和别人的要求标准不一样。

你。"妈妈不但接纳了孩子的情绪，信任他，还让孩子理解老师的难处，没有让孩子对老师产生不好的印象。

很多家长担心，如果无条件地信任孩子会助长孩子的说谎和不良行为，孩子觉得有父母撑腰，做什么都没关系。万一真是自家孩子的错呢？信任他岂不是养成"熊孩子"了吗？其实家长要先做到信任接纳，之后和孩子进行沟通与反思，以及建立正确价值观的过程也是非常重要的。只要处理好了，并不会助长说谎的行为。

说谎源于恐惧。大家可以回忆一下，自己曾经因为哪些理由而说谎呢？经常出现在医院中的那些善意的谎言——不告诉绝症病人真相的原因是什么呢？不管谎言有什么表面上的理由，最本质的原因一定是恐惧。孩子说谎是有理由的。第一个理由是害怕惩罚，为了逃避惩罚而说谎。孩子故意或无意中做了错事，为了避免即将到来的惩罚，就会编造一些谎言。如果成功了，说谎的行为就得到了强化，那么孩子之后遇到类似的事情会再次说谎。所以，父母需要给孩子承诺，就是不会惩罚孩子，只和孩子强调正面的、积极的家庭价值观，比如诚实、守信、负责等，让孩子明白什么事情可以做，什么事情绝对不能做。孩子不需要逃避惩罚，而且诚实还能够得到父母的肯定，自然也没有必要说谎。第二个理由是害怕自尊心受损，为了维护自己的自尊心而说谎。有些孩子的自尊心特别强，也就是"好面子"。这些孩子不能允许自己出错，但错误是任何人都无法避免的。因此一旦出错，为了避免伤到脆弱的面子，就要说谎，或者说"找借口"，比如和人约会却迟到了，就说谎表示自己碰巧有急事要处理一下，或者说堵车了。这种生活中非常普遍的谎言，我们每个人都说过。如果你并不害怕伤害和约会对象的关系，就没有必要说谎了，直接说，"我起床晚了"，或者"我在家里找衣服找了很久"等。

所以，在事情发生之后，首先要维护孩子自尊心，接纳孩子情绪，然后再和孩子进行讨论和反思，强调正确的价值观。有些孩子因为年龄小或表达能力欠缺等原因，有委屈、觉得被冤枉却说不出来，父母就一定要会观察，帮孩子说出情绪和真相。孩子是否说谎，父母要避免先入为主，用心和爱来倾听和体会。

经常和孩子说"我们一起"。在孩子受挫时，鼓励他说"我们可以一起试试，即使失败了我们也爱你"，而不是说"你可以再试试"。说"我们一起"也一定要落到实处，真正表现出来，不要像那些口口声声说爱妻子，却在关键时刻让妻子"孤军奋战"、自己却和母亲站在一起的丈夫。那样带给孩子的只有一次次的失望。

和孩子同一阵营意味着目标一致，利益一致，告诉孩子，你爱他，你和他是同盟：

我们，一起尝试挑战。

我们，一起面对失败。

我们，一起承担责任。

我们，一起规划未来。

有时候，在世界上只要还有一个人信任自己，就还有温暖和希望，不是吗？父母，一定要做相信孩子的人，当孩子说自己病了，抑郁了，一定要相信他们。父母的信任也许就是那些绝望的孩子手里最后一根可以救命的稻草。

青春期的孩子到底怎么了？

很多新手父母小心翼翼，度过孩子第一个叛逆期，也就是"可怕的两岁"。刚想喘口气却发现，那些孩子上幼儿园和小学的家长更加不容易。这时，家里有个青春期孩子的家长微微一笑说："和青春期相比，你们那都算简单了，我们现在就像是在打地狱模式的游戏。" 孩子的成长虽然让父母欣喜又欣慰，但在大多数父母看来，青春期的孩子最可怕，青春期的问题也最多。

青春期究竟是个什么妖怪，让众多父母如临大敌、谈之色变呢？

在青春期，青少年由于大脑的进一步发育，产生了几个比较重要的变化：情绪易燃易爆，冒险行为和暴力行为增加。由于控制情绪的前额叶皮层尚未成熟，造成情感压倒理智。青少年会追求让人兴奋、新奇的东西和经历，比如吸烟、饮酒及危险性行为等。为什么这些问题到青春期才集中爆发，之前为什么没有出现这么多的问题呢？

儿童从11岁开始，抽象思维、演绎推理能力开始迅速提升，这种变化让青少年的认知水平达到一个新的高度。他们思考的范围更广、思考内容更多更深入。他们的身体机能等各方面的能力也相应提高，有一句俗语可以恰当地描述这个状态，就是"翅膀硬了"。于是，在好奇心的驱使和能力的加持下，缺乏理性的少年们，犹如一匹匹脱缰的野马在父母担忧的目光中闪亮登场。一方面他们认为自己各方面已经与成年人无异，想要独立，然而还要依靠父母，父母还给他们诸多限制。因此，第一个冲突就是想要独立的愿望（理想）与无法独立（现实）之间的冲突。另一方面，由于成长和环境的影响，青少年已经可以做很多事情，然而他们的思维不成熟，又缺乏判断力和抑制力，因此，就产生了第二个冲突，"做正确的事"和"做想做的事"之间的冲突。

在青春期阶段，孩子们开始频繁地接触社会，获取信息的渠道也随之增加，父母已经不再是孩子心中的权威。青少年在同龄人团体中寻找归属感，对朋友和同伴保持信任和忠诚。他们与同伴、朋友在一起的机会更多、时间更长，因此受他们的影响也更大。在这个阶段，同龄人对青少年的影响开始超过父母的影响。亲子关系的黏合度开始下降，同伴关系的重要性开始提升。因此，父母们一定要努力和青春期的孩子做朋友。

有一部分父母为了保证权威性，很难放下家长的身段和孩子做朋友。那么第一步，父母至少先做到不要让青春期的孩子讨厌，然后再让他们喜欢上自己。不让孩子讨厌，就要知道青春期的孩子讨厌什么，然后避开这些雷区。

第一，他们讨厌不被理解，讨厌自己的兴趣爱好被否定。少年们自我意识的发展速度加快，开始认识到自己的特质。他们对自己喜欢什么、不喜欢什么，擅长什么、不擅长什么等问题慢慢清晰。他们把一部分时间花在电子游戏和偶像上。追星其实也是孩子寻找自己的一个过程。偶像身上的一些特质是让他们认可和期待的，或者跟他们相像的，是一种自我的投射。因此他们不喜欢自己的偶像被否定、被攻击。这是比否定和攻击他们自己还要严重的事情。家长们也要注意这一点，如果想和孩子拉近关系，和他们讨论偶像是一个不错的选择。询问他们为什么喜欢这个人，被他们的哪些特质所吸引，一个偶像是如何成为偶像的等，但是不要上纲上线，讨论一些严肃的问题，比如"你觉得他身上有什么值得你学习的地方呀？""你怎么做才能像他一样成功啊？"这种问题没有必要提出来，因为孩子在选择偶像的时候潜意识中已经有答案了。再问的话会让孩子觉得你的目的很可疑。因此，不要否定和批评孩子喜欢的事物，他们有自己的理由。家长要尝试去理解，从孩子的角度思考。大家可以回忆一下，自己年轻的时候是不是也喜欢过"四大天王""小虎队""玉女掌门"等明星呢？

第二，他们讨厌被限制自由。孩子们觉得自己长大了，可以拥有像成年人一样的自由了，然而他们惊奇地发现，事实并非如此。自由不但没有更多，还很有可能变得更少。很多家长因为孩子要中高考及保证安全等原因，给孩子更多的自由限制。比如，我的妈妈从不允许我在朋友家过夜，放学必须直接回家。尤其对女孩子来说，这些安全预防是非常必要的，以免发生无法挽回的悲剧。适当的自由限制无可厚非，但是要考虑到孩子成长和想要独立的事实，和孩子一起讨论自由和安全的意义和家庭规则，而不是粗暴地"禁止"和"不允许"。心理学家布雷姆（J. Brehm）的"抗拒理论"指出，如果人们感到自己的自由受到威胁，就会激发一种很不愉快的抗拒心态，为了减少这种不愉快的心态，人们就会更多地从事受到威胁的行为，越禁止越要做。与"严禁吸烟"相比，"为了您和他人的健康，请勿吸烟"比较不容易让人产生抗拒。

第三，少年们讨厌家长过度操心。在父母面前，多大的孩子都还是孩子。出于关心和爱护，父母总是跟在孩子后面各种提醒和嘱咐。他们已经长大，可是父母还把他们当小孩子看待，就会让他们反感。你以为是关心，他们觉得是约束、是多管闲事；你以为是谆谆教诲，他们觉得是唠叨。所以你以为的并不是你以为的。有的孩子态度好一些，会说："我知道啦。"有的孩子根本不理会，只在内心默默反抗："真烦人，天天唠叨，这么不信任我。"然后依旧我行我素，想不穿秋裤还是不穿秋裤，宁愿冻得打哆嗦也不穿。

第四，他们还讨厌被批评。青春期少年的自尊心极强却易碎，在被批评时为了维护自己的自尊心就会对抗。他们要么和父母短兵相接，要么长期冷战。我记得中学时有一天傍晚放学，一个关系比较好的男同学送我回家，被我爸爸看见了。之后我被批评了一顿，至于爸爸说了什么我已经不记得了，只是那之后很长一段时间我都不和爸爸讲话，冷战很久。当时妈妈把爸爸教训了一顿："天快黑了，有男生送女儿回家怎么了，我们家这边又偏，这样不是挺好吗？你自己女儿什么样你还不知道，为什么要说她呢？"还是妈妈懂我啊。批评会把孩子推开，一旦推开了，再想要拉回来就很难，需要付出很多努力才行。物理课有学过"力的相互作用"，你越用力，得到的反作用力就越大。所以，一定不能跟孩子对立，不能"对力"。可以想象一下你和孩子面对面伸出手掌并合在一起，你用力推，孩子也会用力推，你放松，孩子自然也放松了。不信？可以试试。

和青春期的孩子做朋友

父母和孩子做朋友，一方面要像孩子的同龄朋友一样理解他们，对他们的世界好奇，他们才能向你敞开内心，能够放心地向你求助，而不会通过其他途径解决问题。另一方面，你可以把自己的生活经验传授给孩子，让他们从你的经历中吸取教训，而不必自己再去经历一次。和孩子做朋友，有几个重要的原则要遵守。第一，是理解和接纳孩子。第二是适当控制行为，不控制自我意识。第三，多看多听少说话，必要时给予协助。

理解和接纳包括三个方面：

第一，理解孩子所作所为的原因。很多事情并不是他们的错，而是因为他们思维还不够成熟，激素和大脑的混乱状态也在推波助澜。理解了孩子们思维的不成熟性，对他们的行为就比较容易接受了。心理学家大卫·埃尔金德指出，青少年思维的不成熟体现在以下六个方面：

（1）他们比较理想主义，喜欢批判。当发现现实和理想差距太大时，内心就会产生很多冲突，不能批判自己，就去批判外界，所以经常认为父母和大人们是错的。

（2）他们爱争论。少年们总是想办法证明自己是对的。选择能支持自己观点的证据，忽视其他证据，还会觉得全世界都和自己作对。

（3）他们优柔寡断，有选择困难症。这也是因为前额叶皮层不成熟造成的，因为理性、决策及计划等都是需要前额叶皮层参与的。

（4）他们言行不一，经常说一套做一套。

（5）他们的自我意识增强，认为自己是焦点，所以关注自己的同时认为别人也在关注自己，也就是把别人都当成"假想观众"，因此会紧张甚至自惭形秽。

（6）认为自己独一无二，自己很特别，自己的经历是唯一的、独特的，别人都无法理解，而且认为规则都是用来约束别人的。

第二，要理解孩子的不知所措。很多事情他们第一次经历，不知道如何面对，情绪起伏较大，容易失控。而你已经有过经验了，知道其实并不严重，所以不必苛责孩子。

第三，父母最好懂一些青少年的"方言"和"网络用语"，拉近距离的同时，更便于理解孩子的内心世界。和孩子在同一个频率上沟通会事半功倍。

适当控制行为，不控制自我意识的内涵是要给孩子"心理自主权"。拥有心理自主权的孩子自尊心较强，比较自信，独立能力也较强。让孩子有独立意识的同时强调家庭规则，即涉及安全、健康和价值观的规则。在这些规则下，坚持底线，让孩子明白哪些事情必须做到，哪些行为是绝对不允许的，比如几点前一定要回家，要按时、健康饮食，不能为了身材而节食等。其他不涉及原则的问题同样按照家庭规则执行。孩子可以想任何事，但是能做什么就要进行思考和衡量。

多看多听少说话，必要时给予协助。这一点非常重要，多看是要观察孩子的情绪状态，观察他们是否有困惑、是否需要帮助；多听是要倾听他们的心声，了解他们真正的需求；少说话是避免唠叨、催促和约束，把话说在点子上，避免孩子讨厌自己。在必要的时候协助是在孩子真的需要或主动求助时提供帮助，而不是事事插手。父母协助的时候也要以孩子为主，引导他们思考做出选择和决定，而不是代替他们解决问题。孩子思考和纠结的过程再困难，父母也要坚持，这些锻炼对孩子大脑皮层的发育是非常必要的养分。现实中不平坦的沟沟坎坎才能塑造孩子大脑中更多、更精致的"沟"和"回"，所图8-1所示，大脑皮层的褶皱越多，则表面积越大，神经细胞越多，智力水平相对越高。肯定没有人会想要拥有一个平滑的大脑。

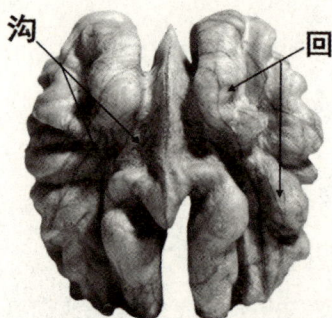

图8-1　"沟"与"回"示意

在青春期，父母需要在以下几个方面给孩子必要的协助：

第一是要协助孩子形成"自我同一性"，避免同一性混乱。青少年期（约12～18岁）处于埃里克森心理社会阶段的第五个阶段，这个阶段的主要任务就是形成"自我同一性"。"同一性"包括价值观的完善，职业方向的选择及满意的性别同一性。父母在这些方面能做的努力很多，包括言传和身教。可以和孩子讨论社会热点，表达自己的看法，也请孩子分享观点，引导正确的价值观。和孩子分享自己的工作内容和感受，帮助孩子理解工作的意义。和孩子一起思考他们的优势和特长，这些优势和特长适合什么类型的职业。孩子自己喜欢哪些职业，如果要选择喜欢的职业需要具备哪些知识和能力，如何获得等。关于性别的同一性，很多家长可能觉得难以启齿，这时可以借助一些科普读物，把性别和性知识深入浅出又有趣地教给孩子，帮助孩子形成健康、安全的性观念，了解各种危险性行为的后果，为自己负责。父母要保持一个开放的态度。因为越禁止、越讳莫如深，孩子就越好奇，越想去了解。

第二是和孩子一起面对和解决心理问题。青春期孩子的焦虑、抑郁、厌食、厌学等问题比较多。家长需要重视，但要避免过度紧张。如果观察到孩子有类似的问题，可以求助学校的心理老师或专业的心理咨询机构。一定要相信孩子，别觉得他们是矫情或想引起你的注意。忽视这些问题很可能造成严重的后果。

第三要帮助孩子理解同伴关系的意义。青春期的孩子更加重视同伴关系、珍视友谊。为了保持对朋友的忠诚，可能会做一些违背自己意愿和价值观的事情。

从众的压力很大，不是每个人都可以克服的，坚持做自己并不容易。父母需要让孩子明白，勇敢是敢于和别人不一样，敢于不听从朋友的建议。明明知道不对的事情还去做并不是勇敢，恰恰是懦弱的表现。如果因为没有和朋友做一样的事情（比如听从朋友去吸烟或欺负同学）而失去了朋友，反而是一件好事。父母要坚定地给孩子支持。

和孩子做朋友，就是和他们站在一起，共同探索，共同面对。

如果你不知道孩子怎么了，不妨回忆一下自己的青春期发生了什么。如果你不能理解孩子的情绪，不妨回忆自己在类似的经历中有哪些体验，毕竟太阳底下无新事，孩子现在经历的，你肯定也经历过；孩子对异性心动，你也一定心动过。如果你不知道孩子在想什么，不妨回忆自己在青春期都做过哪些白日梦。因为"所有的大人都曾经是小孩，虽然，只有少数的人记得"。

合作的最好途径，就是平等、尊重地解决问题

　　经常有家长跟我吐槽："老师你说我们家孩子怎么回事呢？让写作业就不写，让好好写字就不听，好好的格子非要写到格子外面，怎么就不合作呢？"我想很多家长可能搞错了合作的意思，认为孩子不听话、不配合自己就是不合作。孩子的这种"非暴力不合作"现象非常普遍。家长说家长的，孩子做孩子的，家长心里一股气，孩子心里也一股气，所有人都不开心。我很想问问吐槽的家长们，孩子不合作，那么您合作了吗？

　　要知道孩子为什么不合作，我们先要知道合作的真正含义。合作，指共同创作；共同从事；二人或多人一起工作以达到共同目的。我们从小就听过很多要合作不要单打独斗的故事和寓言。对于合作的定义，国内外很多心理学家做了不同的解释。《心理学大词典》中表明："合作是为了共同的目标由两个以上的个体共同完成某一行为，是个体间协调作用的最高水平"。看看，不管哪种定义，合作都是指共同做一件事，而不是一方配合另一方，或者听从另一方。

　　合作从根本上来说是一种社交活动。既然是社交活动，就必须遵守社交规则。所以家长认为孩子不合作，那就是和孩子的社交出了问题，也就是关系出了问题。人类宝宝不是一出生就会合作的，他们要在与他人的互动、玩耍和游戏中学习合作的方法并锻炼合作能力。心理学家皮亚杰认为，儿童要合作，不仅需要自己有行动计划，还要知道伙伴的行动计划。因此，只有在认知能力，如观点采择等心理理论发展完善，合作能力才能得到很好的发展。孩子在6岁以后才有了真正意义上的合作。

虽然家长们搞错了合作的含义，不过他们对孩子不合作的担心是值得重视的。任何一种群居动物，最基本的生存技巧都是合作。食草动物需要仗着"人多势众"来对抗捕食者，狼群需要组团打猎，猴群则需要互相梳毛并在寒冷的冬季里抱团取暖。人类社会更加复杂，很多问题不是一个单独的个体能够解决的。而且合作的目的是合众人之力，解决独自一人难以解决的问题，或者把事情做得更好。正因为合作，每个人都没有必要成为全才，只要互相依靠和支持、优势互补，就可以完成大家的目标。合作能力是人际关系的基础，对每个人的发展甚至幸福感的获得都有非常重要的影响。

合作要遵守人际交往的社会规则。而理解和观察社会规则，需要一项特别的品格，即社会兴趣。社会兴趣是我们每个人具备的社会参与感，目的是与他人合作且适应所在的集体。社会兴趣决定了我们整个人生的成功和幸福，决定了我们能够在多大程度上与其他人合作，决定了我们能否赢得并维持友谊，能否获得认可，能否在问题出现时正确领会并采取相应的、合适的行动。合作与社会规则是互相影响、相互促进的。

合作为什么还会影响幸福感呢？我们知道哈佛大学有一项持续75年的幸福感研究。心理学家们通过追踪724名研究对象的人生，得出了出乎意料的结论：构成美好生活的最重要因素并非富有、成功，而是良好的身心健康及温暖、和谐、亲密的人际关系。只有拥有高质量的人际关系，在需要陪伴和帮助的时候才能找到可以给自己社会支持的人，才能够度过人生中那些不愉快、不顺利的时刻。所以人类才会如此害怕孤独和寂寞。合作与对人际交往规则的理解和遵守互为因果，所以我们可以说善于合作的人是那些人际关系良好的人，那么这些人也就是幸福感比较高的人。

现在的孩子因为课内课外负担重，和同龄人玩耍的时间大大减少，因而孩子和父母的有益交流和互动就显得更加重要。孩子通过和家长的互动和游戏来学习与他人交际和合作，这个过程是与社会、其他人合作的预演。

孩子为什么不合作呢?

很多家长着急了,合作这么重要,咱家孩子不跟人合作可怎么办!答案说起来简单,做起来却不容易!因为一个合作的行为包括合作的意愿和合作的能力。合作意愿和能力又受很多因素影响。很多孩子不与父母合作是因为亲子关系的问题。亲子冲突会影响团结,会影响合作的愿望和成果。如果安全感、亲密度不够,孩子在关系中没有感受到平等、尊重和公平的对待,这就会造成孩子不信任父母。而研究指出,儿童青少年的合作意愿会受到关系质量的影响。他们只有信任对方才可能与对方合作,如果合作后感到与合作对象的关系是不公平的,之后就会拒绝继续合作。所以如果父母欺骗了孩子一次,答应孩子的事情没有做到,孩子与父母合作的结果和感受就是不好的,他们当然会拒绝再次合作。父母"说话不算话"排在最让孩子生气的原因第一位。明明孩子提前完成作业了可以玩喜欢的游戏或看电视,结果家长临时给孩子增加写字一页或口算一页。换成我下次也不要提前完成作业了,孩子以后能听话才奇怪呢。另外,孩子如果得不到父母的尊重,甚至受到父母的压制和强迫,还很可能采取一些非暴力的行为,比如忽视父母的指示,或者即使听从了指示,却不好好完成。因为孩子在无声的反抗甚至是报复父母的严厉管教。

孩子有了合作的意愿,才可能进一步产生合作的行为。但同时需要孩子具备合作的能力。合作能力主要是需要认知方面的能力。因为合作需要与合作对象交流想法,就需要我们能够对他人的信念、意图、愿望和情绪等心理状态有正确的认知,能够进行角色采择,即对自己及他人在合作中发挥的角色有正确的理解。因为任何一种合作都有一个共同的目标,需要所有人考虑共同的利益,而不是自我中心,只考虑自己的利益。

当家长让孩子配合的时候,是否有考虑过孩子的利益呢?家长会觉得:"我让你学习,让你好好写作业不是为了你好吗?难道是为了我自己学习吗?"但是对孩子来说,有时候配合家长、听家长的话只满足了家长的利益,自己的利益却没有满足。为什么呢?在孩子没有认识到学习的重要意义,并且学习压力如此之大,严重挤压了他们的玩耍时间的情况下,孩子对学习、作业甚至老师都有反感的情绪。此时再加上父母的逼迫、唠叨，孩子的学习和作业的问题根本没有得到平等、尊重的解决，完全是父母单方面在施加压力，何谈合作呢？父母一厢情愿地认为，孩子应该理解到自己的良苦用心，应该与自己合作，认识到学习的重要性，有自我驱动力，最后可以不用操心孩子的学习。相信很多父母都有这样的愿望。有愿望是好事，但是许愿之后也要付出努力，想让孩子合作，父母就要知道如何让孩子合作，自己应该如何与孩子合作。

如何培养孩子的合作精神呢？

人际交往的社会规则就是平等、尊重、己所不欲勿施于人。要合作，最直接的途径就是做到平等、尊重地沟通、解决问题最后实现目标。父母想要孩子能够配合自己，最根本的方法就是调整自己的教养方式、改善与孩子的亲子关系。这一步虽然不容易，但是做好了就能够一劳永逸。如果觉得难就不做，问题就会永远存在甚至会愈演愈烈。家长所有为了"省事"而走"捷径"（特指惩罚等有害手段）节省的时间总会在其他地方浪费掉，而且这些方式对孩子是百害而无一利的。我们父母那一代人不知何为理解、何为尊重，很多人是被打大的。父母还说："什么科学育儿、平等尊重，你现在不也挺好吗？"他们认为你现在也许还不错，但是他们不知道也无法想象的是，如果你小时候得到的是他们理解和尊重的爱，今天会好成什么样子！就像我的外婆，她87岁去世，算是高寿了，但是如果她不是因为吸烟得了肺癌，活过百岁肯定没有问题。

研究发现，在父母倾向专制的、高压教养方式的家庭中，孩子缺乏合作精神。在专制的家庭中，父母子女的关系显然是不平等的，孩子得不到父母的尊重，根本没有话语权。孩子在家中唯一能做的就是服从。但是这种服从也可能是表面的。父母让做什么就做什么，至于做成什么样子很难讲。孩子内心的抗拒和叛逆已经注定了事情的结果。而权威型的家长，即高要求、高关注的"双高"家长，他们能够平等尊重地对待孩子，会更多地通过建议和鼓励激发孩子的良好行为，和孩子通过建设性的沟通来解决各种问题。因此，在民主的教养方式下，亲子之间互相信任和依靠，孩子会表现出更多的合作行为，也锻炼了合作的能力。而在学校里、社会上，孩子因为有安全感和对他人的信任感，也更愿意与他人合作。

　　同样，培养孩子合作能力也要避免说教。事实的体验是更有力量的方法。爸妈们在家中要做起合作的示范。抓住全家人一起做事的机会，把事情做得又快又好。比如一起准备周末大餐，一起晒衣服收衣服，有共同目标又能发挥优势各司其职。孩子可以体验到合作的好处，每人只要做一个部分，还节省了时间。而不是只有妈妈一个人在厨房辛苦忙碌，爸爸和孩子却在沙发上"葛优瘫"。这种家庭走出去的孩子，女儿长大后可能像妈妈一样辛苦，儿子可能像爸爸一样不体谅妻子的辛苦，都不是幸福的模样。懂得有效沟通是良好人际关系的保障，拥有合作精神与合作能力，才能在瞬息万变的社会中成长。

耐心、理解和包容，你就是孩子心中的理想父母

　　每个父母都想象过理想中孩子的样子：懂事、勤奋好学、各方面都很优秀……每一个孩子又何尝没想象过理想中父母的样子呢：有耐心、理解自己、温和又包容……我是一个幸运的孩子，拥有爱我理解我的父母。我也希望，所有的孩子都能同我一样幸运。虽然只有父母子女之爱最为长久，但要做到永远无私，不附加任何条件也非常艰难。很多家长来找我的时候总是会问："怎样才能让孩子……？怎么改变他？"我想说的是，我们永远无法改变别人，能改变的只有自己。而且我们也没有资格要求别人为了我们改变。我会告诉家长："孩子的改变需要时间，要慢慢来。又快又相对容易的方法是，你先改变，孩子的变化就会自然而然地发生。"社会学家费孝通说："在父母的眼中，孩子常是自我的一部分，子女是他理想自我再来一次的机会。"想要有一个理想中的孩子，首先你要做理想的父母，为了这个目的，你原来没有做好的地方，因为孩子的存在，有了重新开始的机会和动机。

　　做理想中的父母并不难。我先要纠正一个认识：做理想中的父母并不是做满分父母、完美父母，而是做适合你自己孩子的刚刚好父母。所有人都会犯错，没有人能做到完美无瑕，因为只要有一点点小缺憾就是不完美的。从来没有一个孩子希望自己拥有完美的父母，他们要的只是真正爱他们、和他们在一起的父母。所以，父母们也要放下想要一个"完美孩子"的执念。理想父母的关键词就是：耐心、理解和包容，其中每一个词都体现了对孩子的重视和无私的爱。

心理咨询中常用的原则和技巧可以帮助家长们逐渐成长为理想父母。来看看怎么做吧。

信任为先，坦诚相待

我的学生们都喜欢和我分享他们的情绪和经历。当我和家长们提到孩子的事情时，他们经常觉得难以置信："孩子怎么都不跟我说的，什么都跟你说。"看来家长们要好好反思一下原因了。作为心理咨询师，和来访者要做的第一件事就是建立良好的信任关系，坦诚相待。人们为了保护自己不被伤害，只有完全的信任才能放心地把自己真实的一面暴露给对方。

天然的亲子关系并不会带来信任。信任感是需要培养和维护的。建立信任感的过程很难，破坏信任感却很容易。孩子们信任我、坦诚地跟我分享心里话，可能是因为我长相温和，让人安心、舒服，但更重要的因为是我对待他们的方式：我的耐心、信任和坦诚。我会经常和孩子分享自己的情绪和经历，有时还会寻求他们的建议和帮助。孩子们感受到我对他们的信任和平等相待，也会投桃报李，向我袒露内心。有时候孩子会强调说这件事不能告诉父母，我也会严格保守秘密。不向第三人透露来访者的秘密是一个心理咨询师的职业操守。

想要坦诚并不容易，很多父母虽然觉得自己的压力很大，但是还要自己处理，不想给孩子带来麻烦。但是这样做对孩子并没有好处。加拿大心理学者宝妮（Bomie Le）和艾米丽（Emily Impett）研究280个家庭发现，父母在育儿过程中，过度控制和伪装自己的情绪会产生不良后果。父母的压力和消极情绪虽然被压抑，但还是会通过不恰当的语言、行为等方式表现出来。另外，如果父母伪装自己的情绪会带来更严重的后果。例如，本来很生气很伤心，却怕伤害孩子而选择压抑情绪，或者本来没有开心的事情却强装开心。这样做，父母会觉得体验到的情绪不真实，会使幸福感、亲子关系的满意度、照顾孩子的责任感降低，还会感受到更多的育儿困难。而且因为父母的这些表现，孩子的心情也会受到不良影响。

如果你下班回家很累了，孩子却要缠着你、让你陪他玩游戏，你完全可以很坦诚地告诉他："妈妈现在好累，我需要先休息一下。"或者在你心情不好的时候，孩子让你陪她唱歌，你也可以很坦诚地告诉她："我心情不太好，没办法陪你唱歌呢。"你坦诚地说出自己的感受，孩子的反应会让你欣慰。

无条件积极关注

孩子在表达自己的时候，我们要做到无条件积极关注，就是带着积极的、尊重的、客观的态度去倾听孩子，关注他"此时此地"的感受。美国人本主义心理学家卡尔·罗杰斯写道："每当我得到人们的倾听和理解，我就可以用新的眼光看世界，并继续前进……这真神奇啊！一旦有人倾听，看起来无法解决的问题就有了解决办法，千头万绪的思路也会变得清晰起来。"

我们都有倾诉的需求，也有被人倾听的需求。有人能够倾听自己，就满足了自己获得安全感和被尊重的需求。我给学生上课的时候，偶尔会被孩子的倾诉欲望打断。如果我不顾他们想要表达的愿望继续上课，那么孩子会不断地提起这件事。所以只要孩子想要倾诉一些事情，我就会暂停上课，听他们说完，并给他们一些反馈。因为通常他们想要表达的东西是被课程内容激发出来的。对孩子来说，重要的是他们的情绪和心声被听见；对我来说，重要的是满足孩子情绪的需求，而这正是情绪课程本身的意义。与关注孩子、倾听孩子相比，其他的事情都显得不重要了。

调整好自己的情绪

察觉自己的感受，才能迅速地调整好状态来面对孩子的情绪的问题。助人要先自助，就像飞机上的安全须知："请先戴好氧气面罩，再去帮助你的孩子。"如果我们带着情绪，就无法积极地、客观地倾听孩子。

很多家长面对孩子的时候会很着急，恨不得立刻把所有问题解决掉。解决问题需要时间也需要时机。面对孩子的问题，要先情感再理性。情感处理好之后，才到解决问题的时机。在情绪中做出的任何决定都很可能是"坏的"，当然不能解决问题。所以遇到事情，不要急着说话，也别急着做决定。等到情绪高潮过去。

做孩子的翻译

孩子因为各方面能力的限制，很多时候表达的内容并不清晰，就需要父母进行分析、推测并翻译出来。有时候孩子不说，不是因为不想说，是不知道如何说。父母不要放弃每一个交流的机会，要发挥积极性，动用全部感知觉进行观察，帮助孩子把话说出来。在心理咨询中，这个过程类似"释意"。我们要对孩子表达的内容做出诠释，并与孩子达成共识："你是想说你想……吗？我理解的对吗？"释意要做到简洁明了，用孩子能听懂的语言进行解释。

恰当的引导和回应

就像咨询师不能强迫来访者开口一样，我们也不能强迫孩子和我们交流。交流的时机和内容都应该由孩子决定。只有他们有交流的状态和愿望的时候，交流才有意义。只有交流他们感兴趣并且能够理解的内容，交流才有效果。父母能做的就是适当地回应和引导，激发孩子思考的能力，最终让他自己解决问题并得到成长。

恰当的回应首先要做到避免批判和贴标签。很多家长都有一个很严重的问题，就是听到孩子说了什么事，第一个反应就是批判："是不是你做错了？""你做得不对。""你怎么能这样呢？""说谎是坏孩子做的事情。"孩子听到这种回应，要么缄默不语，要么摩拳擦掌开始对抗。亲子交流就此中断。

恰当的回应还要体现理解。当孩子表达完意见或者描述了事情经过以后，你可以说："我觉得你想得有道理，那么我们再考虑一下，如果……""哦，原来是这样啊，在你看来这样做似乎有些道理，那么别人怎么想的你知道吗？如果……"只有孩子觉得你理解他而不是指责他，交流才能继续进行，才有可能讨论解决方法。

如果你不小心哪句话说错了让孩子产生了防御或对抗，也还来得及修改。我们可以主动向孩子寻求帮助，而不是放弃交流或开战。我们只要问："刚才我可能说的不对（或者：刚才我态度不好，有些着急了），我怎么说，能让你感觉好一些呢？"然后孩子就会告诉你答案。这就是引导的作用。如果孩子不理你，也别着急，要多试几次。毕竟你的突然改变也让孩子感到措手不及，他需要时间思考和接受。有时候我们做出回应或安慰，并不是要让对方感到好受，而是要让对方感到被理解。他感受到理解之后，自己就会知道做什么会好受一些。而如果你直接告诉他要怎样做，他根本不会听你的。就像咨询师的工作从来不是给来访者提建议，而是给他们支持、理解，引导他们自己从内心生长出面对和解决问题的力量。

回到开头的问题：你如何让孩子改变呢？答案就是改变你自己。菲利普·拉金在《这就是诗》中调侃道：

> 你的老爸老妈，把你搞得一团糟。
> 他们不是故意的，但结果就是如此。
> 他们不仅把自己全部的缺点遗传给你，
> 还给你的缺点添油加醋。

孩子的优点、缺点都是从父母那里得到的。父母不改，叫他们怎么改呢？短期焦点治疗中有一个技巧叫作"奇迹提问"。大家可以试试：

有一天早上你醒来，发现孩子完全变成了你期待中的样子，你不喜欢的那些毛病全都没有了。因为你在睡梦中做了些事情让孩子完全改变了。但是一觉醒来你忘记做过什么了。现在你来想想，你觉得你做了什么让孩子发生了这些变化呢？

做父母也是一种工作，和任何其他工作一样，需要我们常常反思。请你问自己以下两个问题：

"有了孩子以后，你变好了还是不好了？为什么？"

"你做了什么让孩子变好了，你做了什么不好的事情，让孩子变不好了？"

如果你没有变好，反而变成自己讨厌的样子，那么请好好思考一下你和孩子的相处方式和教育模式，究竟是哪里出了问题。作家马克·吐温说："生命如此短暂，我们没有时间争吵、道歉、伤心。我们只有时间去爱。"开始改变，趁一切还来得及。